JIAOYU ZHUANXING

Lilun Jizhi yu Jiangou

江苏省高校优势学科建设工程（教育学）资助项目

教育转型

理论、机制与建构

鲁　洁　冯建军　王建华　吕丽艳　孙迎光　著

教育科学出版社
·北　京·

序　言

鲁　洁

“教育转型”在当下是一个被广泛关注的议题。在这本书中，我们研究小组的同志对它也提出了许多很有见识的看法。现在仅就我自己在这个问题上的思之所及，提出两个问题，与大家共同研讨。

第一个问题：教育因何而转型？教育转型的根本动因何在？这里所涉及的问题在：是教育的“转型”，还是教育的“被转型”？

从理论上考察：在我们这里，曾经占主导地位的唯物史观对“教育”和“教育的变化与发展”是这样界定的：教育属于社会的上层建筑，它为社会的经济基础所决定，它也必定随着经济基础的改变而改变。而政治则是经济的集中表现。在这种“决定论”的观念中，教育转型或称之为教育革命、教育改革等，总之，教育的变革和发展的根本动因都是在社会的政治、经济，它本身从根本上说是“被动”的。以此来说明教育转型，它只能是一种“被转型”，正如当今我们有的学者所说的，教育是被政治经济“牵着鼻子走”的。如今，苏联教科书式的政治经济决定论虽然已经遭到批判，但是，它的影响至今并未彻底消除。

从现实生活来考察：我们可以看到，现今的教育转型，它的根本动因、甚至直接动因似乎都在政治或经济领域，而不在教育、大学自身。这种教育“被转型”的状况不仅存在于中国，同样也普遍存在于世界各国，不仅存在于当今，而是存在于整个现代化过程中。

早在20世纪60年代，德国的雅斯贝尔斯在他的《大学之理念》中就曾就国家这一政治机器对大学及其改变的控制提出过警告。他说：社会不仅可以间接影响大学的整个精神，还可以通过政治的手段施加直接而有目的的影响。在从一个历史阶段到下一个历史阶段的变化中，这种社会对大学施加影响的方式也有翻天覆地的变化。不幸的是，洪堡给予政府的永远都不要认为离开了自己就不行的建议，在大学与国家合作的历史上，除了少数几个罕见的、也是著名的时刻以外，从来都不被人注意。①

50年前，雅氏为德国大学所发出的忠告，对于今日中国的大学是否还具有它的现实意义？当今中国大学的日益“行政化”已经成为一个不争的事实，这种“行政化”的本身也许就是权力操纵下的一种大学之转型。而这种转型之结果，是不是会使大学越来越成为“贯彻实施上级权力机构政治决定”的机构？会使它越来越陷于“被转型”的地位？希望我的担心不要成为事实。不幸的是，现在已经有人在感叹“中国的大学越来越像官场”（陈平原）。

产生大学在权力操作下“被转型”的原因：一方面，是国家的政治机器相对大学而言，很容易处于一种优势地位。事实上，它也总是在掌控着大学。“离开了国家，大学就是无助的。”（雅斯贝尔斯）另一方面，则是大学由于自身原因而落败。在大学作出决定时，它所依据的往往不是内在于大学自身的需要和标准，而只是“对外界所施于教育的压力做毫无原则的妥协。”在《大学之理念》中，雅斯贝尔斯特别对大学教授们发出了忠告：“大学教授不是公务员，而是一个自给自足的法团成员。公务员所做的不过是贯彻实施上级权力机关的政治决定。……他的德性在于按照字面的意思将上级的指定贯彻下去。相反，教授的基本工作是作出自己的选择……他作出决定所依据的是内在他所从事的工作的标准。”②

在现代化的过程中，当市场经济成为整个社会的支配力量时，大学和大学的转型又为商品经济和它的制度——市场所掌控。

在当今的时代中，有不少人都认同经济主义的现代性统治，主张教育要和社会的经济生活相融合，肯定教育的经济生活化。事实上，现实生活中的大学教育，已越来越成为一种商品，越来越为现实的经济利益所淹没。不论人们在理论上是如何论证的，也不论有关当局持肯定或否定的态度，当今大学教育的产业化、市场化的转向已经是一个事实。从这个转向中的某个事件里，也许可以发现，教育是如何为经济所“劫持”的。

21世纪初，我本人曾经参加过一次教育部所召开的关于高校扩招的讨论会。这次与会人员和以往类似会议有所不同，除了常见面的教育界的、高校的一部分老相识外，还有相当一部分来自于经济学界的知名人士，他

---

① 雅斯贝尔斯．大学之理念［M］．邱立波，译．上海：上海人民出版社，2007：175.

② 雅斯贝尔斯．大学之理念［M］．邱立波，译．上海：上海人民出版社，2007：179.

们中的不少身居要职，是参与国家经济决策的人员。会议一开始，就有人为会议定了调，说研究教育不能只是“就教育谈教育”，而要站在教育之外来看教育。过去我们研究教育所存在的问题就是“就教育谈教育”。为此，这次会议特地请了一部分经济学家来参加。教育界人士一听这话，觉得确有道理，也正因如此，我们在整个会议中都处于一种“失语”状态之中（我本人自始至终未发一言）。于是经济学家们开始发话。主要的观点是，在当今的商品市场中绝大多数商品都是供大于求，唯有高等教育才是供不应求的短缺商品，而当前我国高校在招生问题上却是显得十分保守。经济学家们又为我们算一笔扩招的经济账，似乎当时的经济复苏靠的就是高校的扩招了。在这次会上除了一部分边远地区的教育行政部门表示由于师资、校舍等的短缺，难于扩招外，高校的扩招就在商品经济的逻辑推演中成为定局。据说，中国的高等教育通过这次扩招就由“精英教育”转型为“大众教育”。这个转型过程似乎并不是在教育自身的运行逻辑中推进的。

最近在报上读到曾主管高等教育的前教育部副部长吴启迪有关扩招的一则讲话，她说：“我们的国家是比较强的政府，有这样的安排（指扩招），你不想做也得做。很无奈的。”①

有人说：“在中国，是经济界有自信，教育界没有自信。……因为国家的重商主义、功利主义，以经济为中心……教育的政策和改革经常是由经济部门提出、决定的，按其意愿来规划、实行的。”② 这话说得确实不错！

文化人类学家哈维兰提出，在现代化过程中，人们面对着一种“结构性的暴力”（Structure Violence）的问题，这是一种由现代化处境、制度以及政治、经济结构所造成的系统性、整体性的问题。它并不是由某个特定的人所引发的，而源自于一种“匿名”的结构。它不是表现于单个主体、单个要素中的问题，而是整体性、“结构性”的问题。它之所以被称为“暴力”，是因为它对于人的活动具有强制性，并且是与人性的发展不相符的，甚至是与人为敌的。这种“结构性的暴力”普遍存在于各个领域的生活之中，人的各种活动都要为这种暴力所左右、所强制，没有哪个领域、哪个人能游离于这种暴力之外，却又没有哪个人、哪个组织能为它承担责任。现代社会其实就是一个“有组织的、不负责任的社会”。我们每一个人、每种组织都是处在这样的现代社会之中。教育、大学也都是在“结构性暴力”

---

① 教育部原副部长：就业率低不能全指责学校［N］．南方周末，2009－10－22（B10）．

② 叶赋桂．教育改革不能回避历史［J］．复旦教育论坛，2009（3）．

的施压中“被转型”的。

通过关于大学“转型”和“被转型”的讨论，也许需要我们去认真思考以下的问题：

第一个问题：教育和大学究竟能不能摆脱“被转型”的命运？

首先，教育、大学的发展变化有没有它自身的规律、内在的逻辑？还是它的发展变化的唯一规律和逻辑就是服从、服务于政治经济的需要？如果教育和大学有它内在的发展规律和逻辑的话，它们又是什么？其次，大学除了要适应政治经济的现实需要，要为这种现实需要服务外，还有没有超越于政治、经济，引领政治经济发展的功能与使命？最后，大学和我们大学中的每个成员又应该怎样在自赎中以拯救被宰制、被决定、被转型的命运？使大学教育能真正实现和政治经济的平等对话。

第二个问题：教育和大学的改变有没有它的边界？这里所涉及的问题是转型中的“变”与“不变”。

对于大学转型的最直观的认识，就是它的“变”。转型就表现为大学的“变”。研究大学的转型就必定要研究它的“变”。

“变化”是事物存在的本性。“世事皆变，万物皆化”。在生物界，通过自身的改变以适应环境的变化，这是所有的物种都具有的机能。然而，从生物界的适应性变化中，我们却又看到“变”的另一面——“不变”。所谓适应性的变化，是指有机体对于现有环境的一种有利调整的过程，它所产生的结果是使有机体的各种特性得以更好地适应它所处的环境，它是在使相应的物种得以继续生存下去，并获得更好的发展。“变”是为了“不变”。在关于科学革命的研究中，也有人发现科学革命经常是表现为某些外围理论的调整和变化，这种调整变化其实是在“保卫”它的核心理论不致解体。因此，我们又说，“本源不变，根基不化”，“变”与“不变”是相互限定的。“变”限定了“不变”，反过来，“不变”也限定了“变”。为此，“变”是有边界的。以这样的观点来考察大学的转型，可以认为，不论大学怎样去适应政治、经济的需要，发生怎样的变化，作为大学本质规定性的东西是不能变的。否则，大学也就不成其为大学，大学也就消亡了。这也就不是我们所要讨论的转型问题了。

从当代大学的现状来看，“大学正在变成一个全然不同的机构”①。它正

① 雷丁斯．废墟中的大学［M］．郭军，等，译．北京：北京大学出版社，2008：3.

在紧紧地拥抱着市场，变得更加市场化、商业化、公司化，它的身份正在改变，它与商业机构的界限日益模糊。这种大学的转型始于美国，现正席卷全球。

真正给大学带来困扰的是金钱的原始力量对高等教育很多方面的作用。美国的大学正在忙于彻底改造以适应激烈竞争的压力。学术界曾认为企业家的野心必然是邪恶的，而现在它却成了一种美德。“我们是在经商，”康涅狄克大学的教务长坦率地说，“我们的股东是学生、职工和康涅狄克州。”甚至加利福尼亚大学的校长也声称“加利福尼亚大学意味着经商”①。

大学这种“公司化”的转型在我国也并不陌生。其实，当人们在理论上把商品货币关系和它对社会的一元化的统治看作现代性的实质，并且又把这种现代性当成历史的必然时，大学这种学术机构的商品化、公司化，也就得到了它的合理性证明。在现实利益的推动下，也就没有什么力量可以抑制这股潮流的行进了。

面对当今大学转型的现实，迫使我们要去认真思考存在于大学转型中的“变”与“不变”的问题。

一方面，我们必须承认：大学立足于社会，它必须回应社会的要求，大学的转型，它的改变是必然的。另一方面，当今大学转型的现实是不是也在拷问着我们：大学作为与社会其他机构不同的组织，是不是有它独特的质的规定性？具有需要它去坚守的恒定的价值？“转型”作为一种否定是否就包含了对事物本身规定性的一种肯定？通过转型这种否定，有限的规定性可以被超越，但它并不意味着规定性的完全消失，它往往会被保存在作为改变结果的更高、更丰富的概念之中。因此，“转型”也可以说是对某种规定性的“拯救”，是一种“拯救性”的改变。需要我们去探究的是作为大学它的质的规定和恒定的价值是什么？它们是不是“不可变”的？作为大学中一名成员我们又怎样去承续大学教育的“基因”？使大学这特定的“物种”还能继续存在下去。

① 刘东．多向度视角解读大学［J］．新华文摘，2009（18）．

目　录

专题一　教育转型的理论分析

专题二　影响教育转型的外部因素

专题三　教育转型的内部机制

专题四　教育转型的价值变迁与期待

专题一

教育转型的理论分析

转型期的社会，教育作为社会的重要组成部分，也在发生着转型。那么，什么是教育转型？教育转型的内涵、轨迹、核心是什么？教育转型与社会转型的关系如何？中国教育转型的特殊性如何？这些问题急需要我们探讨，以明了新时期教育发展的趋势与方向。

一、教育转型的形式内涵

形式内涵是与实质内涵相对应的。实质内涵在于回答“教育将转向哪里”，如从传统教育向现代教育转型；形式内涵则在于回答转型“意味着什么”，是一种什么样的变化过程，它不具体回答特定的教育转向哪里，只回答“教育转型”具有哪些特性。

（一）相关的概念

虽然教育是一种永恒的社会现象，但教育的性质、教育的形态不是永恒的，而是处于不断的变化之中，教育的历史、教育的发展就是教育变化的过程。在这个意义上，“变”是教育的突出特征，教育被“变化”所包围，在绝对意义上，没有一成不变的教育。

但教育变化的性质、范围、大小、程度等方面存在着不同，所以，有“教育变迁”“教育变革”“教育改革”“教育革命”“教育发展”“教育转型”等不同的术语。这些术语的共同之处是“教育的变化”。不管怎样变化，都是教育变化的一种形态。教育变化是它们共同的上位概念。正因为它们有共同之处，所以，在不大讲究准确性的日常用语中，我们可以交替使用这些术语；但在科学研究上，需要区别它们的不同，以准确定位不同的研究对象。

教育变迁是教育的一种自然历史变化过程，在范围上指教育发生的一切变化，这其中既有质的突变，也有量的积累；既有正向的、积极的发展，也有负向的变化和倒退；既有外力推动的变革，也有自生的内在变革。在这个意义上，教育变迁等同于教育的变化，但变化程度有大有小，周期有长有短。变迁通常指一个历史时期所发生的较大的变化，教育变迁是教育发展历史分期的标志之一，通常为教育史学所研究，着眼于教育发展的历史阶段，是一种客观的历史描述，不带有发展的预期与变革的要求。

教育变革是西方学者使用较多的一个词。“教育变革的内涵，西方教育变革理论界并不存在过多的争议。据国际著名教育变革理论专家 R. G. 哈维洛克（R. G. Havelock）教授的概括，教育变革就是‘教育现状所发生的任何有意义的转变’。这里所说的有意义的转变，指教育变革有着显见的具体效应或结果，意味着教育的最初状态与今后状态的不同”①。R. G. 哈维洛克和 C. V. 古德根据变革的方式把教育变革划分为有计划教育变革（Planned change of education）和自然的教育变革（natural change of education）两类。“有计划教育变革”，指凭借一定方案推行的蓄意的（deliberate）教育变革；“自然的教育变革”，指没有专门的变革方案和没有明显蓄意性的教育变革。教育变革更着眼于教育的现实，是对教育现状的改变，它多为社会学所关注，研究变革的过程及动因。变革可能是外在强加的，也可能是自愿参与的，甚至是因为我们对现状不满意、不协调或者不能容忍。但无论哪种情况，“不确定性”是变革的显著特征。迈克尔·富兰（Michael Fullan）指出，“真正的变革，不论我们是否期待它的发生，都代表着个人和集体的一种重要经历，而这些经历以不确定性的矛盾为特征。”② 他也引用舍恩德（Schönd）的说法，“所有真正的变革都要通过不确定地带，就像在大海里，或者是迷失了方向，遭遇了众多无法处理的信息。”③ 正因为变革具有不确定性，所以未必保证变革所产生的结果都是积极的、正向的。换句话说，教育变革的结果可以是正向的（教育改进），也可以是负向的（教育退步）。

---

① 王万俊．略析教育变革理论中的变革、改革、革新、革命四概念［J］．教育理论与实践，1998（1）．

②③ Michael Fullan. 教育变革的新意义［M］．武云斐，译．上海：华东师范大学出版社，2010：18.

教育改革是我国学者使用得最多的词汇。与西方学者把“教育变革”作为一个中性词不同，我国学者更多地把“教育改革”作为一个褒义词，改革都是针对现实的不合理现状而言的，去除陈旧的、错误的、有缺陷的东西，用以改善教育之现状，追求一种合理乃至完满。所以，与教育变革不同，变革可能是有计划的、蓄意的，也可能是自然发生的、非预期的，如地震导致对学校的破坏等。但教育改革一定是预期的自觉活动，属于有计划的教育变革。改革有着明确的预期，其预期在改革者看来是积极的、合理的、可行的。教育改革有计划地推行，有着改革的实施方案。改革可以是局部的，如课程改革、教学改革、管理体制改革等，也可以是整体的，如综合改革、国家中长期教育改革等。改革可以是国家“自上而下”的推动，如我国基础教育课程改革，也可以是学校内部自发的，如某种教学方法、教学模式的探索等。改革的预期是好的，但改革不一定都能取得成功，改革也存在失败。其中的因素是复杂的，自上而下的改革可能遭到教育实践者的抵制或者不被认同，是改革失败的重要原因。研究教育改革，更注重于改革的方向、计划、方案及改革的推行，这是保证改革成功的根本。

教育革新和教育革命，二者都有“革”字，“革”是“变革”“更改”的意思，通过对旧事物的变革或改变，创造新事物的过程。教育革新也属于有计划的教育变革，这一点和教育改革相同，但改革主要是改革“旧”的不合理的现状，革新主要在于提出和引入新观念、新方法、新技术、新制度、新的行为标准等。从这一点看，教育革新的目标与教育改革的目标是有一定区别的。① 革命有广义和狭义两种。广义的革命是事物发生的根本性变革，一种从旧质到新质的飞跃；狭义的革命只指政治意义的社会变革。革命的广、狭两义在教育中都有使用，如苏联学者柯尔切柯在其 1973 年出版的《科学技术革命和教育中的革命》一书中，将科学技术革命给教育带来的根本性变化称为教育革命②，使用的就是广义革命的含义。我们通常也说，教育发展史上的几次革命，指的就是教育领域中的根本性变革。狭义的革命通常作为政治运动或社会革命的一部分，指政权变革时期所发生的教育权力的变化，包括教育为哪个阶级服务，教育的领导权为谁所有，受教育的权利如何分配，等等。这个意义上的教育革命，尤指为社会的底层

①② 王万俊．略析教育变革理论中的变革、改革、革新、革命四概念［J］．教育理论与实践，1998（1）．

或弱势群体争取受教育的权利。

教育发展，通常与教育改革相联系，教育改革的目标是期望教育的发展。通过改革促发展，教育发展指一种积极的教育变化，指向教育的进步。其实，教育发展不仅是教育改革的结果，教育变革、教育革新、教育革命都可能导致教育的发展。只不过改革作为一种有明确指向的自觉的变革，发展是其根本追求，否则，改革就没有意义。成功的改革，能够促进发展；失败的改革，带来的可能是教育的倒退。发展与改革是目的与手段的关系。

（二）教育转型的内涵

教育转型，作为一个术语，目前的使用和讨论还不多，我们提出“教育转型”这一概念，更多地受启于“社会转型”的提法。

社会转型（social transformation）的概念，最初也是对生物学 transformation 的转用。在生物学中，某物内部构成要素以及该物同周围他物的各种交换关系因有着特定而有效的组合，使该物具有相对稳定的存在方式。这种稳定的组合方式，叫“成型”。“型”就是指該事物的稳定结构及存在方式。“转型”是指生物物种间的变异，即结构的转变。西方社会学家借用这个概念来描述和分析社会结构具有进化意义的转换和性变，说明传统社会向现代社会的转变，称为“社会转型”。西方学者较早使用“社会转型”一词的是社会学者 D. 哈利生，他在《现代化与发展社会学》（*The Sociology of Modernization and Development*）一书中多次使用这一概念。

“社会转型”一词，自 20 世纪 90 年代逐渐进入中国的学术语系，普遍地为哲学、社会学、历史学、文化学甚至文学等学科所接受和运用。但对社会转型的所指，认识不完全一致。

大多数学者立足于社会形态的变化，社会转型是一种社会形态向另一种社会形态的转变。如郑杭生等指出，社会转型“意指社会从传统型向现代型的转变，或者说由传统型社会向现代型社会转型的过程，就是从农业的、乡村的、封闭半封闭的传统社会，向工业的、城镇的、开放的现代型社会的转型，着重强调的是社会结构的转型”①。陆学艺等也指出，“社会转型是指中国社会从传统社会向现代社会、从农业社会向工业社会、从封闭

① 郑杭生，李强，等. 当代中国社会结构和社会关系研究［M］. 北京：首都师范大学出版社，1997：19.

性社会向开放性社会的社会变迁和发展”①。孙立平、王汉生等人指出，改革开放前中国是一个总体性的社会，改革开放后，社会结构各方面都发生了变化，成为一个分化程度较高的社会，社会结构的变迁促使中国社会从整体性社会向分化社会转变。② 这些观点都把社会结构看作社会转型的主体，社会转型实质上是一种特殊的结构性变动，是全面的社会结构的转换。

也有学者把社会转型视为体制转型，表现为改革开放后，我国从“计划经济体制向市场经济体制的转变”。这一观点认为，社会转型的根本是社会体制的转变，是社会制度的创新，也有人称为“体制转轨”。

无论是立足于社会结构，还是立足于体制转轨，对社会转型的认识都是对中国当代社会转型的实质性判断，而不是对社会转型的一般性认识。从一般性意义来说，有学者认为“社会转型是社会系统的序变，是社会结构模式的转换，是社会立体结构的转变”③。“社会转型是一种整体性的发展，是一种特殊的结构性变动”，“社会转型就是构成社会的诸要素如政治、经济、文化、价值体系在不同的社会形态之间发生的质变或同一社会形态内部发生的部分质变或量变过程”。④

在一般性意义上，很多学者都认同社会转型实质上是一种社会突变，是一种社会结构、社会形态向另一种社会结构、社会形态的转换。这种转换是一种根本性的整体变革，是社会历史发展过程中一种质的飞跃，造就了一个完全有别于传统的新社会形态。转型是一种社会进化，但并非所有的社会进化都是转型。“转”是由社会结构的变化而导致社会存在形态的变化，强调的是转变的方向性和整体性。如果只是社会存在的某方面的量变，而不是社会整体的性质变化，那么就不能说是社会转型。

但社会整体的性质变化，又离不开社会局部的量变，正是这些局部的量变积累到一定程度才产生了社会的转型。因此，社会转型有一个转变的过程。这个转变的过程，可以是社会局部的量变、整体结构的量变，也可以是社会某方面性质的突变，如政治体制、经济发展模式、文化价值观念的转变，这些都是社会转型的必要准备，是社会变迁的一部分，而转型就是社会变迁当中的“惊险一跳”，只有社会的结构及存在状态发生方向性

① 陆学艺，景天魁．转型中的中国社会［M］．哈尔滨：黑龙江人民出版社，1994：前言．
② 孙立平，王汉生，等．改革以来中国社会结构的变迁［J］．中国社会科学，1994（2）．
③ 杨桂华．转型社会控制论［M］．太原：山西教育出版社，1998：259．
④ 李培林．“另一只看不见的手”：社会结构转型［J］．中国社会科学，1992（5）．

的、整体性的、根本性的变革，从原有的发展轨道进入到新的发展轨道，才称得上是“社会转型”。

社会不同于教育，社会转型也不同于教育转型，但学界有关一般社会转型的思想、理论及其方法同样可以用于研究教育转型。

毫无疑问，教育转型是教育从一种形态向另一种形态的转变，这种转变是整体性的、根本性的变化。教育转型可以发生在不同社会形态的转换中，表现为教育社会属性的转换，如从农业社会向工业社会教育的转型，从半殖民地半封建教育向社会主义教育的转型，等等；也可以发生在同一社会形态中，表现为教育自身性质的转换，如从制度化教育向终身教育的转型，从应试教育向素质教育的转型，从精英教育向大众教育的转型，等等。教育性质的转换，是教育质的变化，是两种教育形态的转换，此为教育转型的典型形态，通常发生在社会裂变或政权突变的情况下。一般来说，教育转型更多地表现在同一社会形态中，即在社会性质不变的情况下，构成教育的诸要素如教育价值、教育理念、教育目的、教育结构、教育规模、教育组织、课程与教学方式方法等所发生的部分质变或量变过程。

教育转型是一种整体性的变换，决定整体性变换的主导因素是教育目的，因为所有的教育要素和教育工作都是围绕着教育目的的确立而实施的。所以，教育转型以教育目的为主体。

教育转型可以有不同的层面，如宏观上的教育系统转型、中观上的学校转型、微观上的教育活动转型等。不同的层面，转型的侧重点不同。宏观的教育系统转型在于教育性质、教育形态的转型，中观的学校转型在于学校组织形态、运行机制的转型，微观的教育活动转型在于教育理念、教育方式方法的转型。但无论哪个层面的教育转型，最根本或者最关键的都是教育目的。教育目的是一切教育工作的出发点，也是一切教育活动的归宿。

根据以上分析，我们尝试给教育转型做如下的界定：教育转型是教育在外部（如社会转型或社会发展的需要）和内部（如教育自身发展的需要）条件共同作用下，以教育目的为核心的教育诸要素在不同的教育形态之间所发生的质变过程和结果，或在同一教育形态内部所发生的部分质变的过程和结果。

（三）在相关概念辨析中认识“教育转型”

无论是整体的质变，还是部分质变或量变，教育转型都意味着前后两种教育之间的变化。所以，教育转型也隶属于教育变化，与前面提到的教育变迁、教育变革等具有共同性。这里，再尝试厘清它们之间的差别，以便更加明了教育转型的内涵与外延。

教育转型与教育变迁。教育转型是一种教育变迁，但它是一种彻底的教育变迁，是教育变迁中质的“惊险一跳”。也就是说，并非所有的教育变迁都可以成为教育转型。转型与变迁的区别在于，变迁可以是质变，也可以是量变，但转型更多强调的是质变；变迁可以是局部的，可以是整体的，但转型更多强调的是整体的。变迁重在历史的延续和发展，转型重在形态的更迭与转换。变迁是一个自然的历史发展过程，是对历史发展的客观描述，没有明确的预期。转型重要的不在于历史，而在于对现实的变革，有转向哪里的强烈预期。

教育转型与教育变革、教育改革。无论是有无预期计划的教育变革，还是有目的的教育改革，重点都在于“改”。通过“改”，可能导致教育发生变化，也可能没有变化；变革、改革可能促进教育转型，但也可能没有促进教育转型。教育转型可以通过教育变革、教育改革，由外力来推动，但也可以是内生的，是教育系统的“自组织”。对于“早发”的现代化国家来说，转型更多地带有内生的成分；对“后发”的现代化国家而言，为了赶上发达国家的现代化，其转型更多的是靠改革的外力推动的。

教育转型与教育革新、教育革命。革新和革命一方面强调“革”除旧的，另一方面强调生成“新”的。教育革新、教育革命是教育转型的促动因素，但不必然导致教育转型。如果在广义上使用“教育革命”一词，指教育的根本性变化，如我们说“教育发展史上的第三次革命”，则是指教育的第三次转型。

教育转型与教育发展。教育转型是中性的，转型后的教育可能是发展的，也可能是倒退的。教育发展可能是局部的变化，量的变化，也可能是根本性的，质的转换。在后一个意义上，教育发展表现为一种教育转型。所以，教育发展与教育转型有交叉与重合之处。发展中有转型的部分，转型中有发展的部分。

总之，教育转型不同于教育变迁、教育变革、教育改革、教育革新等，就在于它是教育的结构形态、运转模型和教育性质、观念的根本性转变过程。

（四）教育转型的特点

从上述对“教育转型”的有关分析和比较中，可以看出，教育转型有如下关键特征。

第一，教育转型是教育从一种类型向另一种类型转变的过程和结果。把“转型”当动词（偏重于“转”），教育转型是“转”的过程；把“转型”当名词（偏重于“型”），教育转型是“转”后的结果。教育转型可以看作是一种教育范式的“革命”，我们研究的是处于危机中的前一种形态的教育“怎么转型”为后一种形态，而不是研究转型后新的教育形态。新的教育形态的形成，标志着教育转型的完成。

第二，教育转型是教育整体的质的转换。教育转型不是教育的局部变化，而是教育形态的整体转型，一种整体性的教育发展过程。转型是一种形态的教育向另一种形态教育的转换，前后是两种不同性质的教育。教育转型是教育变迁过程中的一种质变，一种“飞跃”。

第三，教育转型是以教育目的为核心的结构性变动。教育是一个复杂的、开放的社会系统，这个系统内部各要素组成有序的结构，并与外部环境保持联系和相互作用，使教育具有整体性。教育转型作为一种整体性转型，不是教育某个要素的转变，而是全面的结构性转变，只有这样，才能带动系统的整体转变。教育要素众多，但所有的要素都以教育目的为核心而组织，因此，教育转型以教育目的为主体，由教育目的转型带动教育要素的结构性转变。

第四，教育转型具有异质性和冲突性。教育转型要有一个过程，这个过程就是教育的转型期。处于转型期的教育可称为“转型中的教育”。转型期中，“旧辙已破，新辙未立”，前后两种异质的教育形态并存，整个转型过程充满着新与旧、传统与现代的矛盾与冲突。经过这样一个变动剧烈、时间相对短暂的转型期，旧的教育形态被打破，形成了新的教育形态，教育转型即告完成。

第五，教育转型具有情境性和不确定性。教育转型发生在教育历史的变迁中，但教育具体向哪里转，不存在一个永恒的答案。任何的转型都是特定时代、特定社会、特定国家的教育转型，是当时教育内外因素综合作用的结果。所以，教育的发展必然伴随着教育转型，但转向哪里，怎么转，由不同转型主体的状态与客观环境的适应程度而决定，具有情境性。正是这种情境性，使教育转型充满着变数，具有不确定性和复杂性。

（五）教育转型的类型

对教育转型考察的角度和范围不同，教育转型可以分为不同的类型。

第一，依据教育系统的层次结构，教育转型可以分为宏观教育转型、中观教育转型和微观教育转型。宏观教育转型着眼于社会的要求，是教育的整体转型和系统变革；中观教育转型着眼于学校的转型，是学校层面的整体变革；微观教育转型着眼于教育活动，是教育活动要素的局部变革。三种教育转型是相互联系、相互影响的。宏观教育转型影响着中观和微观转型的方向，微观和中观教育转型使得宏观教育转型得以实现。

第二，依据教育的类型，教育转型可以分为学校教育转型、家庭教育转型和社会教育转型。在学校教育转型中，又有学前教育转型、基础教育转型、高等教育转型、研究生教育转型、职业教育转型、成人教育转型、教师教育转型，等等。每种类型的转型，既有历史的转型，又有现实的转型。现实的转型是在改革现实教育不合理基础上的新的教育发展。

第三，依据教育的构成要素，教育转型可以分为教育理念转型、教育目的转型、教育制度转型、教育结构转型、教育实践转型、知识转型、课程与教学转型、人才培养模式转型，等等。必须说明的是，教育转型是一种整体性的转型，应立足于整体考察教育的内在结构及其存在样态的全方位的变化。教育要素的转型只能作为教育转型的要素而存在。教育转型不是单个要素的转型，而是诸要素的结构性整体转型。

二、教育转型的实质内涵

从形式上分析，教育转型是教育从一种形态到另一种形态的整体转换，或者是同一种形态内教育构成要素的部分质变。这一认识对于人类教育发展史上任何时期的转型都具有普遍性。但对教育转型的这种认识，并没有回答不同时期教育“该怎么转”“转向哪里”的问题，所以，对教育转型的认识，我们还需要结合不同历史时期的教育变迁、教育发展作出实质性的回答。

典型的教育转型，意味着一种教育形态到另一种教育形态的转换。从总体上看，教育有不同形态的转换，这就构成了教育发展的不同阶段。当然，不同国家的教育转型还具有情境性和差异性，有一国教育转型的特殊性。这里只论述教育的一般转型。

对教育转型阶段的划分，还取决于我们怎么看待“教育”。这里，我们从三个视角加以分析：第一，从教育与社会的关系分析作为社会现象的教育转型；第二，从教育与人类的关系分析作为培养人的活动的教育转型；第三，从教育系统自身的发展分析教育系统自身的转型。

（一）社会系统中的教育转型

教育作为社会的重要组成部分，随着社会的转型而转型。社会的转型可以依据不同的维度来判断。

依据生产关系的性质，通常把社会发展分为原始社会、奴隶社会、封建社会、资本主义社会和社会主义社会五种形态，相应地，教育的发展也依次经历了原始社会教育、奴隶社会教育、封建社会教育、资本主义社会教育和社会主义社会教育五种形态的转型，不同形态的教育具有不同的特点。

依据生产力的发展和生产工具的使用，社会分为使用手工工具的古代社会和使用机器的现代社会，社会发展经历了由古代社会到现代社会的转型，相应地，教育也经历着从古代教育到现代教育的转型。工业革命以前的教育都属于古代教育，包括原始社会教育、奴隶社会教育和封建社会教育；工业革命之后的教育，包括资本主义社会教育和社会主义社会教育，都属于现代教育。

我们这里重点考察依据生产方式划分的社会发展类型。从社会生产方式变迁的角度看，阿尔温·托夫勒（Alvin Toffler）对人类文明的进程作了一个形象的描绘：历时数千年的农业革命是人类文明的第一次浪潮，至今不过300年的工业文明引发了第二次浪潮，而第三次浪潮正在被今天的人们所缔造[①]。农业社会大约开始于公元前8000年，到17世纪末蒸汽动力的诞生；工业社会始于17世纪末，到20世纪中叶；丹尼尔·贝尔（Daniel Bell）所说的“后工业社会”（也称“信息社会”）自20世纪中叶始，至今还在发展之中。与从农业社会到工业社会，以及正在形成中的后工业社会的转型相应，教育也经历着从农业社会教育到工业社会教育的转型，当前正在向

① 托夫勒. 第三次浪潮［M］. 朱志焱，潘琪，张焱，译. 北京：生活·读书·新知三联书店，1983：51-53.

后工业社会教育发展。

农业社会是以农业为主体生产方式的社会，它是人类社会发展过程中出现的第一种经济结构类型。在农业社会，劳动工具以手工工具为主，以体力劳动为主，劳动过程本身采取个体劳动的方式，缺乏分工与协作，社会总体上变化比较缓慢。农业社会的上述特征也导致其教育的变化。农业社会教育的特征是：第一，农业社会劳动者本身不需要受独立教育，手工劳动本身就是劳动能力再生的“学校”，带有排斥教育的自然倾向；第二，农业社会的学校教育是一种培养政治人才的精英教育；第三，农业社会具有明显的身份等级差异，教育也因此具有鲜明的阶级性和等级性；第四，农业社会教育采用个别的方式，无固定教育内容、教育场所、修业年限，具有非制度化的特征。

工业社会是以工业为主体生产方式的社会，是农业社会之后人类社会出现的第二种经济结构类型。18 世纪中叶，瓦特改良蒸汽机之后，由一系列技术革命引起了手工劳动向动力机器生产转变的重大飞跃。工业社会以机器生产逐步取代手工劳动，以大规模工厂化生产取代个体工场手工生产。与农业社会的手工劳动相比，工业社会生产过程中工具的技术含量极大地提高，体力劳动在生产劳动中的比重降低，脑力劳动的比重增加；社会化大生产导致农业社会自给自足的生产方式解体，而成为一种社会协作的生产方式；商品经济代替了自然经济，使工业社会形成了人与人之间平等的相互依赖关系。工业社会的这些特征都要求教育有与之相适应的形式。第一，机器生产对劳动者素质的要求提高，直接推动了教育的普及与发展；第二，劳动力的专门培养和训练成为学校教育的主要任务。学校承担着培养劳动者的专门任务，改变了教育脱离生产劳动的倾向，发展起完备的现代科学教育，突出了教育的现代生产属性，为满足工业上的需要而储备足够的劳动力；第三，建基于商品经济平等交换的基础上，教育走出了农业社会的等级制，面向社会所有阶层的子女，使每个人都有平等的教育权利和入学机会。教育维护一种形式上的平等关系；第四，协作化、规模化、标准化是工业生产的主要特征。与工业化生产相适应，教育过程也表现出协作化、规模化、标准化的工业化模式。

后工业社会是以信息为主导的产业社会，信息技术（智能化技术）、知识、情报、管理等因素在生产中占据绝对地位，智力劳动在经济发展中的地位越来越重要，很大程度上改变了社会的经济结构。后工业社会是智能化的生产方式，小型化生产协作，全球化的社会网络。后工业社会的生产方式对教育提出了新的要求。第一，后工业社会对知识、技术、情报、信息的依赖越来越多，这意味着对人的智力的依赖越来越多，教育因此成为社会生产和生活的根基；第二，后工业社会信息的世界化和商业的全球化，使人类的发展在某些方面已经真正成为“世界历史”，世界成为一个“地球村”，这为培养全面自由发展的类主体提供了客观条件；第三，后工业社会使终身教育和学习化社会成为必要，并逐步成为现实。教育不再是某些杰出人才的特权（农业社会的特征），也不再是某一特定年龄的规定活动（工业社会的特征），教育正在日益向着包括整个社会和个人终身的方向发展；第四，后工业社会要求一种个性化的教育模式。信息技术结束了标准化的历史，而使人类的生活走向多样。因此，教育与工业时代的划一性宣告割裂，而踏入多样化、个性化的教育时代，这就是由信息技术而改变的个性化的学习方式。

教育的发展，从农业社会教育到工业社会教育，完成了教育发展史上的第一次转型。农业社会教育渐渐隐退，工业社会教育成为现代教育的主流。20 世纪 80 年代，伴随着电子信息技术的广泛应用，后工业社会已经来临，教育正面临着后工业社会的挑战，逐渐从工业社会教育向后工业社会教育转型，这是人类教育的第二次转型。西方发达国家基本完成了教育的第二次转型，开始实施后工业社会的教育。中国作为“后发”实现现代化的国家，工业化依然是现代化的重点，但面对信息化的冲击，又不能错失实现信息化的良机。因此，面对信息化带来的社会转型，中国的教育转型不仅要实现从农业社会教育向工业社会教育的转型，还必须实现从工业社会教育向信息社会教育的过渡。

（二）人类发展中的教育转型

教育固然是一种社会现象，教育的转型固然受到社会政治、经济、文化转型的影响，但教育转型的核心在于人的生存状态和方式的转型。人的生存状态，决定着教育的存在状态。

马克思在《〈政治经济学批判〉（1857—1858 年草稿）》中曾提出了关于人类发展的“三大形态”：“最初的人的依赖关系的形态”“以物的依赖性为基础的人的独立性的第二大形态”“建立在个人全面发展和他们共同的社会生产能力成为他们的社会财富这一基础上的自由个性的最高形态”。人类社会的三大形态，反映了不同社会人的发展状态，分别是群体主体下的依附性人格、个人主体的独立人格、类主体的自由人格。不同社会人的发展状态，既是教育的出发点，又是教育的归宿。与人类发展过程中人的三种状态相一致，必然存在三种教育，即依附性教育、个人主体教育和类主体教育。人类的教育转型就是从依附性教育到个人主体教育，当代正逐步走向类主体的教育。

在原始社会生产方式下，人凭着血缘或地缘关系生活在自然的种群共同体中。从原始社会到古代阶级社会，取代原始种群共同体的是神权等级共同体或皇权等级共同体，人在宗教或宗法的等级关系中并未摆脱“人的依附关系”的生存形态。无论哪种依附关系，个人都属于群体，没有自身的独立性。古代社会人的依附关系，决定了古代教育只能被动地适应社会的要求，满足原始社会生产的需要和统治阶级利益的要求，教育仅是人身依附关系的训练而已。这就是人类教育的第一种形态——依附性教育。

商品经济取代自然经济，拉开了近代社会的序幕。商品经济的出现，“形成了普遍的社会物质交换，全面的关系，多方面的需求以及全面的能力体系”。[①] 其自由、自愿的平等交换原则，打破了“对人的依赖关系”，促进了个体独立人格的形成。近代教育传授科学技术，致力于发展人的技术理性，培养人征服改造自然的能力，使其成为理性的主体；致力于对人的自由、平等的尊重，培养其独立自我的人格，使其成为自我的主体。

从无个人主体的依附性教育到个人主体的教育，完成了人类教育的第一次转型，这一转型极大地解放了人、促进了人的自由和发展，使教育从无“人”的教育走向有“人”的教育。

但以物的依赖性为基础的个人主体性，孕育着人的发展的不完善性。在当代社会，其表现越来越明显：拜金主义、享乐主义盛行；技术理性张狂，价值理性迷失；单子式自我存在对他人存在的漠视，人与人之间斗争与竞争残酷；国家主义、民族主义、霸权主义导致人类战争频繁发生，和平丧失；人类中心主义导致日益严重的生态、环境问题，人类的生存家园遭到破坏；等等。这一切问题的根源都在于个人过度发达的主体性。所以，有学者指出，从农业社会向工业社会的转型，人的生存状态经历了从“人的依赖关系”到“物的依附性”的历史转型，其结果具有双刃剑的性质，

① 马克思恩格斯全集：第46卷（上）[M]. 北京：人民出版社，1979：104.

它既使人获得了独立性，又使人陷入了“自我异化”之中，致使社会出现“人的困境”。[①]

走出个人主体性的困境，不是要否定个人主体性，而是要完善个人主体性。这种完善不仅是拯救危机的需要，也是当代社会发展的要求。“人类活动范围的世界化走向”“信息传播的全球化”“全球相互依赖的多种表现形式”[②]，标志着“历史走向世界历史”的真正形成，“狭隘地域性的个人为世界历史性的、真正普遍的个人所代替”，“各个个人的世界历史性的存在意味着他们的存在是与世界直接联系的”[③]，是世界历史性的、类的存在。单子式的个人主体性也因此转变为主体间性，理性与价值、个人与他人、社会和自然的分裂状态将转变为个体的全面发展和自由个性的存在状态。

全球化时代的到来，呼唤人类走出自我的局限而成为世界的公民、类的主体，这就使人类的教育形态从个人主体教育转为主体间性教育、类主体教育，这是人类教育的第二次转型。

总之，从依附性的无“人”的教育到个人主体性的有“人”的教育，从不完善的“单子式”个人主体教育到完善的“主体间性”的类主体教育，教育通过两次转型，越来越接近“人”的本真，使人成为真正的“人”。

（三）教育系统自身的转型

教育受社会发展和人类发展形态的制约，使教育的内涵不断地发生着转型。除此之外，教育自身的形式结构也在历史过程中发生着转型。从融于生活的教育，到独立形态的学校的产生，再到学校系统的形成、学制的出现，以至于当代对制度化教育的反思、终身教育和学习化社会的形成，教育系统自身也在不断地转型。

第一，从融于生活到别于生活，教育的第一次转型。

教育伴随人类社会的产生而产生，但人类最初的教育不是独立形态的，而是融合在生活之中，在生活中进行的。《学会生存——教育世界的今天和明天》如此描述人类教育最初的情景：“家庭生活或氏族生活、工作或游

① 孙正聿．塑造和引导新的时代精神［J］．中国社会科学，2001（5）：25－26.

② 联合国教科文组织国际21世纪教育委员会．教育——财富蕴藏其中［M］．北京：教育科学出版社，1996：25，27，28.

③ 马克思恩格斯选集：第1卷［M］．北京：人民出版社，1972：40－41.

戏、仪式和典礼等都是每天遇到的学习机会，从家里母亲的照顾到狩猎父亲的教导，从观察一年四季的变化到照顾家畜或聆听长者讲故事和氏族巫士唱赞美诗，到处都是学习的机会。”[①] 从这一意义上说，生活就是教育，教育与生活没有一点区别。

随着人类生产劳动经验和社会生活经验的积累，人们虽然还在生活中，但生活中的交往出现了有意识的传递经验的活动，这就是有别于生活的最初的教育。它从与生活浑然一体，逐步有别于生活，走向生活的特殊化；从生活中的无意识模仿，走向辨别符号的学习。所以，叶澜教授指出，原始形态的教育源于交往，但它是交往的特殊化，当生活中交往的双方以传递经验、影响人的身心发展为直接目的时，生活的交往就转化为教育。[②] 从融于生活到别于生活，专门的教育意识产生了，这可以看作教育形式的第一次转型。

第二，从有“教育”到有“学校”，实现教育的第二次转型。

教育形式的第二次转型，是学校的出现。教育不等于学校，学校是特定历史阶段的产物。学校的产生，使人类的教育从生活中分离出来，进入到了一个独立的阶段。学校是生产力发展到一定阶段、能够为一部分人提供闲暇机会的产物，也是社会政治和文化发展的要求。学校产生后，教育开始分为学校教育和社会生活教育。社会生活教育依然在社会生产、生活中进行，学校教育则在专门的教育机构——学校中进行。在形式上，学校教育与社会生活教育的区别在于：学校教育是专门化的活动，有专门从事教育活动的教师，教育对象相对稳定，有专门的教育场所，有专门的教育内容，以及有系统、有组织的教育活动。学校的出现，不仅使教育独立于生活，还使得教育逐渐专门化。

第三，从古代的学校到近代制度化教育的形成，实现教育的第三次转型。

古代社会已经出现了专门的学校，而且学校的类型不断增加。我国自夏朝就有了学校的萌芽，商朝奠基，到西周时期学校已经发展为国学和乡学并存。国学是专为奴隶主贵族子弟设立的，分为小学和大学；乡学是指设在王都郊外乡一级行政区中的官学，主要为一般奴隶主和庶民子弟设立，

---

① 联合国教科文组织国际教育发展委员会．学会生存——教育世界的今天和明天［M］．北京：教育科学出版社，1996：27.

② 叶澜．教育概论［M］．北京：人民教育出版社，1991：41.

规模简单，只有小学一级。西方国家也先后出现了宗教教育的学校和世俗教育的学校。宗教教育的学校主要传播宗教教义，培养神职人员和虔诚的宗教信仰者；世俗教育的学校教育内容世俗化，培养官吏、文士和初步掌握读写算知识的市民。虽然说古代社会有了学校，而且有了多样的学校类型，但学校没有严格的程度划分，没有学习年限的规定，学校之间缺乏联系，即便是我国西周时期有了大学与小学，大学与小学之间也没有递升关系。因此，古代学校处于游离状态，没有形成一个密切联系的系统。教育形式的第三次转型则是从游离状态的学校到学校系统的形成，以学制的出现为标志。

古代学校以满足政治的需要，培养政治人才为目标，教育内容脱离生产劳动，偏于政治教化，教育形式主要是个别教学。18 世纪中期，欧洲先后开始了工业革命。工业革命的发展，要求扩大教育范围，由此促进了各类学校的发展，学校之间出现了分工，形成了一个分工明确、相互联系的系统。19 世纪末 20 世纪初，学校教育制度首先在西方得以确立。所谓学校教育制度，简称学制，是指各级各类学校的系统，它规定了各级各类学校的性质、任务、入学条件、修业年限以及它们之间的衔接和关系。学制的出现，完成了古代学校到近代学校的转型。近代学校与古代学校的不同，在于它纳入了制度化教育之中。制度化教育是一个有着有序结构的封闭系统，具有正规化、封闭化和划一性的特征。① 把学校教育等同于教育，把非学校教育排除在教育之外，学校教育成为一个孤立的封闭系统。学校系统内部按照既定的标准和规范科学管理，保持学校教育的统一性和有序性。

在 19 世纪 60 年代我国兴起的洋务运动中，以李鸿章、张之洞、左宗棠为首的洋务派主张学习外国的“船坚炮利”，模仿西方，先后在全国建立了外国语学堂、技术学堂和军事学堂。这些学堂改变了以儒家思想为主的教育内容，增添了外国语、科学知识、实用技术、军事等，培养了我国第一批新式人才。洋务运动创办的新式学堂，也是西方教育制度在中国实践的先声，它为中国引进西方现代教育制度开了先河。1904 年颁布执行的癸卯学制，是我国第一个确立并实行的新教育制度。“新教育制度的建立，标志着中国几千年封建传统教育的瓦解，资产阶级新教育制度在形式上的正式确立。它是中国封建教育制度向资本主义教育制度的转化，在形式上完成

① 冯建军．当代教育原理［M］．南京：南京师范大学出版社，2009：164.

了的重要标志。”① 1905年年末颁布新学制，废除科举制，并在全国范围内推广新式学校，西学逐渐成为学校教育的主要内容。相对于中国封建社会的学校，新式学校吸收了资产阶级教育的成果，在课程上采用分科的形式，增加自然科学与人文史地；在教学形式上，以班级授课制为基本的学校教育组织方式；在教学方法上，也改变了单纯的呆读死记，增加了实验等实践操作的方法。

第四，从制度化教育到终身教育，从近代学校到现代学校，实现教育的第四次转型。

从无学校到有学校，从游离状态的学校到系统化的学校，学校越来越规范，教育却越来越“死板”，把自己固定在狭窄的学校之中，失去了与社会生活的联系。学生为学习而学习，“为教育而生活”，而不是“为生活而教育”；学习成了目的，而不是生活成了目的。教育内容局限于科学世界，注重科学知识的传授和技术理性的培养，忽视了人文世界和生活世界，忽视了人文关怀和人格的养成。制度化教育的等级结构，使教育扮演着人才筛选的职能，教育只能为部分精英所具有，排斥了全体人受教育的可能性。近代学校的这些特点，决定了它难以满足现代社会发展的需要，改革制度化教育势在必行。“教育，如果像过去一样，局限于按照某些预定的组织规划、需要和见解去训练未来社会的领袖，或想一劳永逸地培养一定规格的青年，这是不可能的了。教育已不再是某些杰出人才的特权或某一特定年龄的规定性活动：教育正在日益向着包括整个社会和个人终身的方向发展。”② 这预示了当代教育的发展方向：终身教育和学习化社会。

一方面，学校教育系统日益开放，在时间上和空间上扩展到整个人生的各个阶段、各个方面，把教育的起点从学龄儿童下延到学前儿童，把教育的终点从职前提升到职后，把教育的空间从学校扩大到社会生活的各个方面、社会的每一个角落。另一方面，各种非学校教育机构越来越承担起教育的责任，成为学校之外教育的另一支“生力军”。“从现在起，所有这些途径，不论是正规的还是非正规的，不论是制度化的还是非制度化的，原则上，我们认为它们是同样有效的。”③ 学校教育与非学校教育之间的隔离将逐渐变得模糊，并趋向消失。

---

① 王炳照，等. 简明中国教育史［M］. 北京：北京师范大学出版社，2007：305.

②③ 联合国教科文组织国际教育发展委员会. 学会生存——教育世界的今天和明天［M］. 北京：教育科学出版社，1996：200，228.

叶澜教授在《实现转型：新世纪初中国学校变革的走向》一文中提出了21世纪我国学校的变革方向：由“近代型学校”向“现代型学校”的转型。她认为，近代型学校是从清末民初开始，模仿西方工业社会中形成的大、中、小“学校”形态，其基本特征是按工业化、批量性生产的模式来“塑造”学生，学校的基本任务是传递知识和培养社会不同领域需要的规范人才。21世纪以来，随着农业社会向工业社会转型的加速，计划经济向市场经济转型的完成，伴随着全球化和信息化的发展，要求我们建立现代型学校。与近代型学校相比，现代型学校表现在价值提升、重心下移、结构开放、过程互动、动力内化等诸多方面。所谓价值提升，是从以传递知识为本转向以培养人的主动发展意识与能力为本。重心下移表现在教育对象和教育目标上，由关注少部分精英转向关注每一个人，由关注人的局部转向关注人的整体；表现在教育内容上，以关注学科知识为主的教学内容移向关注学科领域与生活领域、社会职业世界的沟通；在管理上，表现为学校管理权的下放，调动每个教师和学生参与教育的积极性。教育的结构开放，除了表现为整个学制的开放性和弹性化以外，在学校结构层面上，表现为一是向外的，对网络、媒体的开放，对社区、社会的开放，以及学校间、相关教育机构的相互开放；二是向内的，在管理上向师生的开放和教育教学活动中向学生发展的可能世界开放。过程互动，是指与近代型学校以单向知识传递为主转向现代学校教学过程中的多元、多层、多向、多群的状态。在发展动力上，近代型学校指向外，更看重对外部社会发展、变化的回应，看重外在的标准，显性的、可计量的成果和社会舆论的承认，看重在同类学校中的地位，等等；现代型学校指向内，把自己内在的发展需求、动机视为发展的动力。① 叶澜教授提出我国由近代型学校转向现代型学校的变革方向，反映的就是制度化教育中的学校向终身教育中的学校的变化。

三、促使人的转型：教育转型的核心

尽管教育可以随着社会的转型而转型，但随着教育系统的形式变化而转型，在一定意义上还都属于教育的外部转型。教育转型的核心是教育目

① 叶澜．实现转型：新世纪初中国学校变革的走向［J］．探索与争鸣，2002（7）．

的的转型，即培养什么样人的转型，所有的外部转型都是围绕着“怎么培养人”的转型。因此，教育转型当以促进人的转型为核心。

（一）教育的原点是育人

原点是事物最初的点，开始的点，也是事物原初的点。教育的原点就是要澄清教育本来是什么，什么才是教育本来的出发点。对教育原点的追问，可以使教育回到本真状态。

1. “教育”词源的考察

在古代文字中，“教”“学”“育”都含有今天“教育”的意思。“教”的甲骨文的写法是“[illegible]”，金文的写法是“[illegible]”。它左上方的“爻”读 yao，是一种类似八卦的经典，是教的内容；左下方的“子”，表示一个孩子，是教的对象；右边的“攴”，表示成人的一只手，手里拿着一根棍子或鞭子，是教的方法和手段。整个“教”字象形地表示：儿童必须学习被认为是经典的内容，不能违背经典的要求。如若违背，成人则手持棍棒加以惩罚。所以，许慎在《说文解字》中说：“教，上所施，下所效也。”当然，中国的教育也不完全是压制和体罚式的，《中庸》曰：“天命之为性，率性之为道，修道之为教。”教育则是顺应人性，引导人性之发展的活动。

“学”的甲骨文写法是“[illegible]”，金文的写法是“[illegible]”。“学”字上方表示两只手，手中拿的“爻”表示学习的内容。中间的“冖”表示房屋，是学习的场所，下边的“子”表示孩子，是学习的主体。整个“学”字形象地表示：孩子在一所房屋里学习有关的知识。《礼记・王制》中曰：“学者，觉也，以反其质。”“反”同“返”；“觉”是“自觉、觉悟”；“质”是儒家倡导的“仁、义、礼、智、信”。这就是说，学习的目的是对仁义礼智信的自觉，实现人性的觉悟，使之朝人性方向发展。

“育”的甲骨文写法是“[illegible]”，形象地表示妇女腹中怀着孩子，意味着孩子在妇女的孕育下成长。其意义在《说文解字》中解释为：“育，养子使做善也”。养育下一代，使之具有善的品质。

可见，在中文中，无论是“教”“学”还是“育”，其词源指向的都是人性的发展，使人学会做人。

在西语中，名词“教育”，英语为“education”，法语为“éducation”，德语为“erziehung”，皆起源于拉丁语名词“educare”。而名词“educare”是由动词“educĕre”转化而来的。动词“educĕre”是由前缀“e-”和词根

“ducĕre”合成，其中前缀“e-”有“出”的意思，而词根“ducĕre”则表示“引导”，二者合起来是“引出”的意思。可见，西文“教育”一词有内发之意，强调教育是一种顺其自然的活动，旨在把自然人所固有的或潜在的素质自内而外引导出来，以使之成为现实的发展状态。

我们看出，无论是中国的象形文字“教”“育”“学”，还是西语中的“教育”，表示的都与儿童有关，都是与人有关的一种活动，这种活动在于养育或培养儿童，促使他们成长和成人。因此，我们可以说，“教育”一词的原始含义即为儿童教育，是一种使儿童学做人的活动，目的在于引导人性的发展。

2. 教育发生学的考察

教育因“什么”而发生？通常认为，教育产生于生产劳动，或者是社会生产、生活的需要。因此，教育就是要满足物质生产和生活的需要，注重教育的外在价值。教育的产生固然离不开生产劳动，但这只是教育产生的外在条件。教育为人所特有，人之生命的需要是教育产生的内在根基。只有认识到教育是基于生命的需要而产生的，才能使“育人”成为教育的原点，使教育成为促进人发展的活动。

教育何以源于生命的需要？这与人的生命特性有关。

唯物主义认为，人是自然进化的产物。人首先是一种自然生物，具有生命的躯体和生物的属性。人的生物性，是与动物共同具有的，是物种生命的呈现，即种生命的存在。但人又异于动物，“动物和它的生命活动是直接同一的，……它就是这种生命活动。人则使自己的生命活动本身变成自己的意志和意识的对象”,①人能够有意识支配自己的生命活动，超越生命的被动性，这代表着人之为人的生命，即类生命。人区别于动物，就在于人有动物所不具有的类生命。类生命是人之本质所在。

种生命是一种自然的生命，由自然给予，表现为肉体、本能、天性与身心发展、成熟。种生命是自在的生命，由人的自然发展所决定，其生命主动权不是人所控制的，它受自然的支配和主宰。人也具有自然的种生命，但种生命的发育程度与动物不同。人类学的研究表明，动物的种生命是特性化的，其器官的发育与特定的环境完全适应，动物的生命完全受环境的控制。如果环境变化了，动物难以适应，就导致动物的灭绝或变种。特性

---

① 马克思恩格斯全集：第42卷［M］. 北京：人民出版社，1979：96.

化意味着本能的完善性，动物完全依靠本能生活，这就是马克思所说的，它的生命与其活动是一致的。与动物种生命的特性化相比，人的种生命是未特性化的。换言之，“人是所有生物中最无能的，但这种生物学意义上的脆弱性，正是人之力量的基础，也是人所独有的特性发展的基本原则”①。种生命的未特性化，一方面意味着自然不能完全主宰人的生命，另一方面也意味着人的生活不能完全依靠自然生命，还需要类生命，人的文化、智慧、精神、价值等作为类生命的要素都是对种生命的弥补。

类生命是人之特有的，是支配自然生命的超生命存在。正是类生命的存在，使人摆脱了自然的主宰，改变了人对自然的被动依赖关系，使人能够有意识地支配自己的生命、创造自己的生命，成为类的存在物。马克思指出，“人不仅仅是自然存在物，而且是人的自然存在物，也就是说，是为自身而存在着的存在物，因而是类存在物。”② 人作为人的自然存在物，不同于动物，就在于人能够摆脱种生命的限制，“为自身而存在”，成为自己生命的创造者和主宰者，因而，人的生命不同于动物，就在于人的类生命。对动物来说，种生命是其全部，它只能为自然所控制；但对人来说，人摆脱了自然的绝对控制和主宰，把生命变成“自我规定”的自由存在，超越种生命的局限，去追求一种无限、开放和创造的生命。因此，人是“超生命的生命”，超生命是人的本性所在。③

对于动物来说，种生命的特性化意味着动物功能的完善和教育的不可能性，动物不需要教育，它依靠环境的自然赐予而生存。但对人来说，未特性化的种生命使人无法依靠特定化的图式实现自我。这就决定了人具有发展的需要和对教育的需求。人类学家兰格维尔特指出，“人是教育的、受教育的和需要教育的生物”，“其根源都在于人的身体素质方面”④。

但人之所以需要教育，生物性素质的发展要求只是其一，更根本的还在于人特殊的类生命的要求。类生命在内容上表现为人的社会生命、文化生命、智慧生命、精神生命、价值生命等，在形式上表现为人的超越生命、自为生命、自由生命等。动物的生命是与生俱来的，人除了与生俱来的种生命，还必须二次生成类生命。只有经过类生命的二次生成，人才能成为

---

① 弗洛姆．为自己的人［M］．北京：生活·读书·新知三联书店，1988：55.

② 马克思恩格斯全集：第42卷［M］．北京：人民出版社，1979：169.

③ 高清海，等．人的“类生命”与“类哲学”［M］．长春：吉林人民出版社，1988：32.

④ 博尔诺夫．教育人类学［M］．李其龙，等，译．上海：华东师范大学出版社，1999：36.

“人”。因此，动物不需要学习“怎样做动物”，但人必须学习“怎样做人”，学习“为人之道”。只有通过学习“为人之道”，人才能形成类生命，自觉地成为人。柏拉图在《理想国》中用一个“洞穴人”隐喻了教育的重要性，正是教育才使人成为人。康德在《论教育》中也说，“人只有受过教育，才能成为人”。

因此，从生命的发生来看，人的生命发展离不开教育，教育是生命存在的形式。这就意味着，教育活动的展开当以生命为根基，任何脱离根基的教育，都不是真正的教育，或是对教育的异化。

3. 时代对教育原点的认识

教育因为人的生命而发生，离开了生命及其活动就没有人类的教育。教育就其本真意义来说，是“直面人的生命、通过人的生命、为了人的生命质量的提高而进行的社会活动”①。叶澜教授指出，教育就是通过“教天地人事”，实现“育生命自觉”的目的。“天地人事”是教的内容，是育人的手段，育人的目的是实现“生命自觉”、生命的超越与发展。

鲁洁教授深刻地批判了当代教育异化于社会政治、经济的状况，提出使教育回到人、回到人的生活中，把促进人的发展和生活的完善作为教育的根本出发点和归宿，使教育真正地站到人的立场上来，以人之生成、完善为基本出发点，将人的发展作为衡量的根本尺度，以人自我生成的逻辑去理解和运作教育。②

新中国成立之后，我国的教育发展在经历了“为了政治的教育”“为了经济的教育”之后，也深深认识到教育当是“为了人的教育”。2010年颁布的《国家中长期教育改革和发展规划纲要（2010—2020年）》明确地把“育人为本”作为“教育工作的根本要求”，“把促进学生健康成长作为学校一切工作的出发点和落脚点”；提出要“关心每个学生，促进每个学生主动地、生动活泼地发展，尊重教育规律和学生身心发展规律，为每个学生提供适合的教育”。

（二）“人的自我期待”转型与教育认识的转型

人既是一个实然的存在，又是一个应然的存在。作为一个实然的存在，是因为人之所以是人，有其固定不变的本质，人的生理、心理以及身心所

① 叶澜，等．教育理论与学校实践［M］．北京：高等教育出版社，2000：136.

② 鲁洁．教育的原点：育人［J］．华东师范大学学报：教育科学版，2008（4）.

具有的发展水平，都构成了人的实然状态。作为一个应然的存在，是因为人是一个不确定的、开放的、可能的存在，这种可能不仅受客观条件的影响，而且受人的自我期待①的影响。也就是说，期待人成为什么形态，就可能成为什么形态。当然，这个过程不是自然发生的，而是要通过教育来完成的。所以，对教育来说，改变的不是人的实然状态，而是人的应然状态。教育在于促使人从“应然”走向“实然”，将人的应然状态转化为实然状态，成为一个理想中的人。

人不是抽象的，而是具体的。在个体上，表现为个体差异性；在社会发展上，表现为历史性。不同历史发展阶段，人的发展形态不同。前面提到的“群体主体下的依附性人格”“个人主体的独立人格”“类主体的自由人格”就是社会发展对人类总体的客观要求，是社会发展所决定的人之实然的一面。人的应然的一面，则是人的自我期待，即人“想成为什么样人”的期待。只不过这种应然的期待要与社会的客观要求相符合，否则，就没有实现的可能性。

其实，任何教育活动，任何一种教育理论，都内在地包含着教育使人成为什么样的人的期待，这是教育培养人的核心问题。只不过，有的期待表达得明显些，有的期待是隐含的。正如有学者所指出的，“古今中外教育学发展史上的重要流派纷争和时代性的转换，都以对‘人’的认识的重大区别和变化为标志”②。这里，我们对教育思想史中有影响的人的自我期待进行梳理。人不同的自我期待对教育有着不同的认识、不同的要求，它们对教育实践产生着较大的影响。

人的自我期待已经引起了许多学者的注意。马克斯·舍勒（Max Scheler）按照时间顺序概括出历史上五种人的自我形象：“宗教人”（homo religious）、“智慧人”（homo sapien）、“工艺人”（homo fabel）、表现人堕落本性的“迪奥尼索斯人”（homo dionysiacus），以及表现人性中积极进取一面的“创造人”（homo creator）。石中英在其《教育哲学》中较为全面地梳理了教育知识传统中人的形象，包括“宗教人”“自然人”“理性人”“社会人”，在分析批判传统人的形象缺失的基础上，提出了重塑教育中新人的形

① 这里的“自我期待”不是个体的期待，而是人对人成为什么样人的期待。区别于人的实然状态，期待反映的是人的应然状态。有学者也以“人的形象”或“人的图像”表示教育思想史中人的这种自我期待。

② 叶澜．中国教育创新呼唤“具体个人”［J］．中国社会科学，2003（1）．

象，包括“游戏人”“文化人”“制造人”①。周志平在《从“抽象的人”到“具体的人”——从人的“图像”的转变看教育哲学的转型》② 一文中，也提出教育中传统人的形象，包括宗教人、理性人、生物人、自然人、文化人，分析批判了传统人的普遍性和抽象性，提出了教育哲学中“具体个人”的新形象。不同学者提出的新人的形象，代表着人之发展的方向，尚在或正在形成与孕育之中。就教育思想史而言，影响较大的人的形象或者人的自我期待主要是“宗教人”“自然人”“精神人”“社会人”“理性人”“完人”（全人）等。

1. 宗教人的教育

原始教育是一种无意识的教育，没有明确的人的自我意识和期待。人类教育中出现的第一种人的自我期待就是宗教人，因为人类早期的宗教仪式和神话都表现着“宗教人”的自我期待。这种期待在基督教占统治地位的中世纪成为人的主要期待。由于基督教是西方人长期信仰的宗教，直到今天，我们还可以说，宗教深刻地影响着西方人对自身的看法。

西方“宗教人”的观念发轫于希腊文化，但其主要来源是基督教信仰，形成于中世纪和16世纪宗教改革运动③。其主要的观念大致有以下几点。（1）人是神造的，是神的模仿。在希腊的神话中，神、人同形同性，“凡人们幻想着神是诞生出来的，穿着衣服，并且有着与他们同样的声音和形貌”④。神是被理想化了的人的自我形象。基督教《圣经·创世纪》也指出“神用地上的尘土造人，将生气吹在他鼻孔里，他就成了有灵的活人”。神按照自己的形象创造了人。神是完美的，人自认是被神所造，把神作为崇拜对象。希腊人虽然有宗教人的观念，但与后期基督教的认识不同，希腊人的认识中不具有基督教关于宗教人的“原罪”说，但“原罪”说是基督教的“宗教人”观念的核心内容。（2）原罪说。“原罪”说是使徒保罗根据《圣经》精神所阐发的一个教义。《圣经·创世纪》说，人类的祖先亚当和夏娃受蛇的诱惑因而有罪。这种罪使人与神的关系破裂，人不再听从神

① 石中英. 教育哲学［M］. 北京：北京师范大学出版社，2007：76－91.

② 周志平. 从“抽象的人”到“具体的人”——从人的“图像”的转变看教育哲学的转型［J］. 宁波大学学报：教育科学版，2005（3）.

③ 赵敦华. 西方“宗教人”的形象［EB/OL］. http://wenku.baidu.com/view/c4bf5dec4afe04a1b071def1.html（本节对宗教人的阐述参考并吸收了本文的观点）.

④ 北京大学哲学系外国哲学史教研室. 古希腊罗马哲学［M］. 北京：商务印书馆，1982：46.

的旨意与安排，使人失去了神的崇高和伟大，而走向堕落。保罗把亚当、夏娃的罪解释为“原罪”，原罪通过遗传代代相传，成为人堕落的本性。这种罪恶的本性有两种：一是“与神为仇”，没有了对上帝的崇拜和信仰，只崇拜那些能够满足其欲望的人和事；二是出于人的肉体的道德上的邪恶。保罗认为，它也随着肉体的遗传而遗传。总之，人的罪恶归根到底是由于人背离了神，使肉体堕落为罪恶之源。（3）因信称义。如何摆脱“原罪”呢？保罗的回答是，只有依靠上帝的恩典，人才能获救。这就是“因信称义”说。这里所说的“信”来自于上帝的恩典。保罗说：“世人都犯了罪，亏缺了神的荣耀；如今却蒙神的恩典，因基督耶稣的救赎，就白白的称义。”① “因信称义”的实质是因恩典而信，因恩典而称义。因此，人只能依靠恩典获救，靠着对恩典的信仰，摆脱那凭自身不可避免的肉欲的控制。“谁能救我脱离这取死的身体呢？感谢神，靠着我们的主耶稣基督就能脱离了。”② 所以，基督教倡导“你要尽心、尽性、尽意地爱主你的神”，神能够解救你。

宗教人的思想对中世纪教育产生着全面的决定性影响。恩格斯曾经指出，基督教作为一种新的世界宗教成为“统治中世纪精神文化的主要力量”，③ 它使中世纪的文化完全处于神学的控制之下，也使中世纪的教育披上了浓厚的宗教色彩。基督教树立了一个全知、全能、全善的至高无上的上帝的形象，上帝创造了世界，上帝的启示就是真理。人是上帝的摹本，但因亚当和夏娃偷吃禁果而背负原罪，所以，人要回到上帝，必须意识到自己的罪恶，通过信仰上帝拯救自己的灵魂，最后皈依上帝。因此，中世纪的教育以上帝为核心，培养人对上帝的虔诚信仰和服从，其“终极目标是实现在天国与上帝和救世主同在的生命不息，中期目标是在世上的日常生活中依上帝的旨意行事”。教育的内容主要是宗教教义，以《圣经》为蓝本，强调“按照基督教原则而生活”，传授上帝的天性和上帝的诫命，按照上帝的旨意救赎人的灵魂。教育的方法主要是通过直接讲道、唱圣歌、禁欲、暗示、惩罚等将人引向神圣之路，成为虔敬的信徒而获得永生。④

---

① 罗马书，3：23 – 24.

② 罗马书，7：23 – 25.

③ 马克思恩格斯选集：第4卷［M］. 北京：人民出版社，1972：251.

④ 胡森，波斯尔斯韦特. 教育大百科全书（二）［M］. 重庆：西南师范大学出版社，海口：海南出版社，2006：224 – 230.

2. 自然人的教育

如果说中世纪人的信条是上帝，人崇拜和敬仰上帝，那么从公元10世纪起，世俗文化抬头，历史出现了新的转机，由宗教支配一切转向世俗，表现在人的自我期待上就是由“宗教人”转向“自然人”。“12世纪知识分子的人文主义的最终信条，无疑认为人是自然的人”①，被称为“文艺复兴和人文主义之父”的彼特拉克（Francesco Petrarca）大声疾呼，“我不想变成上帝，或者居住在永恒中，……我是凡人，我只要求凡人的幸福”②。

自然人的期待形成于12世纪，兴盛于文艺复兴时期，成为西欧人文主义教育的主导思想，并且对西方的现代教育产生了深刻的影响。“自然人”作为与“宗教人”相反的人之自我期待，对“自然”有两种认识。一是夸美纽斯所强调的大自然的自然。在这种观念看来，人是自然界的一部分，是自然的存在物。人的发展是一个自然的过程，同样遵循着自然的规律、顺从大自然的秩序。因此，夸美纽斯说：“‘自然’，应理解为一切借助于事物内部的力量而自发产生和形成的东西。”③ 二是卢梭所强调的人的本性自然，或者说是不为社会所污染的美好人性。卢梭在《爱弥儿》开篇写道：“出自造物主之手的东西，都是好的，而一到了人的手里，就全变坏了。”因为他相信，“本性的最初冲动始终是正确的，因为在人的心灵中根本没有什么生来就有的邪恶，任何的邪恶我们都能说出它是怎样和从什么地方进入人心的”。④ 三是“自然人”的期待相信人性是善的，是美好的。人文主义教育家认为，人具有天赋的潜在能力和创造能力，这种本性和能力是潜在的，具有趋向完善的倾向。夸美纽斯在《大教学论》中引用西塞罗（Marcus Tullius Cicero）的说法，“假如我们把自然看作我们的向导，她是决不会把我们引入歧途的”，相信西塞罗的说法是正确的。⑤ 卢梭也认为，出自造物主的东西都是好的，人天生具有理性和良心等善良的天性。

在教育中，“自然人”首先表现在教育观念上，把人从神的奴役中解放出来，重塑人的主体地位。文艺复兴赞扬人的伟大，歌颂人的价值，提倡人的尊严，反对对人的压制，确立人的主体地位；反对强制，尊重人的天

---

① 勒格夫．中世纪的知识分子［M］．张弘，译．北京：商务印书馆，1999：51.

② 陈小川，等．文艺复兴史纲［M］．北京：中国人民大学出版社，1986：45.

③ 夸美纽斯．夸美纽斯教育论著选［M］．任钟印，选编．北京：人民教育出版社，2005：204.

④ 卢梭．爱弥儿：上卷［M］．李平沤，译．北京：人民教育出版社，2001：92.

⑤ 夸美纽斯．大教学论［M］．傅任敢，译．北京：人民教育出版社，1984：81.

性，宣扬人的自由意志和自由发展；反对禁欲主义，提倡现实生活和尘世享受。它真正地把人当成“人”，把人生而具有的一切特性还给人。其次，自然人的教育倡导教育要遵从人的天性，适应人的自然，以天性为师，反对人为的教育。维多里诺（Vittorino da Feltre）指出，“和其他任何的生物一样，孩子都擅长真正属于他本性的活动，……因此，要按照大自然的规律办事，在学校中清除过重的劳累现象，要尽量使学习能够自由和愉快”①。蒙田（Michel de Montaigne）也指出，“决不要揽起你的孩子天性的责任，让他们凭运气按自然和人类的规律发展吧”②。夸美纽斯也说，“没有必要从外部给人注入任何东西，只需要人自己所固有的蜷缩在内部的东西伸展出来，显现出来，只需要注意每一个个别的成分”③。再次，通过自然教育，培养自然人。在卢梭看来，自然人不是生活在原始自然中的野蛮人，也不是使人回到原始的自然状态。他说：“我的目的是：只要他处在社会生活的旋流中，不至于被种种欲念和人的偏见拖进旋涡里去就行了；只要他能够用他自己的眼睛去看，用他自己的心去想，而且，除了他自己的理智以外，不为任何其他的权威所控制就行了。”④ 所以，自然人依然是一个生活在社会中的人，但要成为一个不受社会所控制、所污染的自我独立的主体。“自然人完全是为他自己而生活的；他是数的单位，是绝对的统一体，只同他自己和他的同胞才有关系。”⑤

3. 精神人的教育

杜威说，自然人的教育奠定了现代教育的基调，“从卢梭那时以来，教育改革家所强调的种种主张，都源于这个概念”⑥。他们都在尊重人性的前提下，为自然人注入了人的精神发展的成分。他们不再仅仅强调人的自然性的发展，而强调人与动物不同的精神性发展，成为一种区别于“自然人”的“精神人”。精神人是多角度的，包括理性人、非理性人、道德人等。

理性人的期待，奠基于古希腊思想家。柏拉图认为，人的灵魂由理智、

① 伊丽莎白·劳伦斯．现代教育的起源和发展［M］．纪晓林，译．北京：北京语言学院出版社，1992：36.

② 蒙田．我知道什么呢——蒙田随笔集［M］．辛见，沈晖，译．上海：上海三联书店，1988：142.

③ 夸美纽斯．大教学论·教学法解析［M］．任钟印，译．北京：人民教育出版社，2006：6.

④ 卢梭．爱弥儿：上卷［M］．李平沤，译．北京：人民教育出版社，2001：362.

⑤ 卢梭．爱弥儿［M］．李平沤，译．北京：商务印书馆，1978：9.

⑥ 杜威．学校与社会·明日之学校［M］．赵祥麟，等，译．北京：人民教育出版社，1994：221.

激情、欲望所构成，其中理智居于统治地位，它驾驭和主导着激情和欲望，实现三者的和谐。亚里士多德则明确地提出“人是理性的动物”。人的生活应该是一种理性的生活，“对于人，符合理性的生活就是最好的和最愉快的生活，因而理性比其他任何东西都更加使人是人”①。但在欧洲漫长的中世纪，理性服从于宗教，对上帝和神学的尊崇使人的一切理性力量都被遮蔽。文艺复兴在把人性从神性中解放出来的同时，更多的是把人归还于自然，突出人的自然天性。17 世纪以后，伴随着近代科学的兴起，理性的传统再次复兴。笛卡尔的“我思故我在”，宣告了西方理性时代的到来。笛卡尔说，“严格来说，我只是一个在思维的东西，也就是说，一个精神，一种理智，或者一个理性。”② 自笛卡尔之后，经过莱布尼茨、斯宾诺莎、黑格尔和康德等的发展，重新确立并巩固了人的理性的地位，使之成为现代性的核心范畴。理性人的观念包括如下方面。（1）理性是人的本质属性，是人区别于动物之所在。人的伟大、崇高，就在于人有理性，有知识，有逻辑思维能力。（2）理性在心灵中居于主导地位，驾驭和引导着激情、欲望等，是人性中最崇高的品质。（3）理性是人对外部世界的高级认知能力，借助于理性和技术，人可以认识世界、支配世界、征服世界，包括征服自然和人类社会。（4）相信理性是万能的，人类凭借理性，可以带来幸福和美好的生活。理性的力量支配着一切，致使 18 世纪以来的近代教育主要是理性教育，甚至是唯理性教育。理性教育就是通过传授知识和科学技术，依靠着科学知识、技术、智慧征服世界，占用世界，使人成为一个对外界进行劫取和拷问的占有式主体。理性最后成为单一的技术理性、工具理性，而丧失了人文理性、实践理性，教育中的人也因此成为了只有理性而无人性的“单向度的人”。

“非理性人”是在批判理性人的基础上产生的。查尔斯·泰勒（Charles Taylor）指出：“理性从解放人开始，却通过对感性的遮蔽，给人性重新戴上了枷锁，它自己也随之走向了理性的非理性存在。”③ 叔本华（A. Schopenhauer）最先开始对理性主义的批判，建立了意志主义的思想体系，他认为人的本质不是理性，而是意志。“意志是第一性的，最原始的；

① 华东师大教育系，杭州大学教育系．西方古代教育论著选［M］．北京：人民教育出版社，1985：133.

② 笛卡尔．第一哲学沉思集［M］．庞景仁，译．北京：商务印书馆，1986：30.

③ 泰勒．现代性之隐忧［M］．程炼，译．北京：中央编译出版社，2001：5.

认识只是后来附加的。”理性和认识只是意志的“一种辅助工具、一种‘器械’”。意志独立于时间、空间，所有理性、知识都从属于它。叔本华的唯意志论开创了西方非理性主义之先河。尼采（F. W. Nietzsche）从叔本华那里受到启示，认为生命的本质就是意志，是一种贪得无厌的欲望和创造的本能，并提出人世间强力意志最高表现的“超人说”。尼采极力推崇体现阿波罗精神和狄奥尼修斯精神相结合的希腊悲剧精神，认为它全凭直觉，与理性无关。非理性主义者否认理性具有认识世界的能力，否认世界是一个合乎理性的和谐的整体，认为人的情感意志、本能冲动等非理性活动在人的整个精神存在中起决定作用，比理性更直接，更宝贵，甚至比理性更实在。[①] 非理性主义认为，认识是“理性所不能理解的”“逻辑概念所不能表达的”，它是一种本能的冲动、直觉洞察和生命的体验。非理性人的期待极大地影响着20世纪的教育思想，包括文化教育学、存在主义教育和人本主义教育等。发轫于狄尔泰（Wilhelm Dilthey）生命哲学思想的德国文化教育学，又称为精神科学教育学，其目的在于唤醒人的心灵。斯普朗格（Eduard Spranger）指出，“教育绝非单纯的文化传递。教育之所以为教育，正因为它是一个人格心灵的‘唤醒’，这是教育的核心所在。”[②] 教育以文化为材料，教育过程是文化化过程，是把客观的文化价值内化为个体精神的过程，以文化陶冶人性。教育的过程不是认知的过程，而是人与人之间体验、表达和理解的过程，教育只有通过教育者和受教育者之间的体验、表达和理解，只有通过教育爱，才能够凸显生命的意蕴和价值。教育的过程是心灵与心灵的对话，是教育者传递教育爱的过程，而不是对事物的理性认知过程。

“道德人”有着深远的根基。无论是在中国还是在西方，古代都有对于人性善恶的讨论。无论是主张性善，还是主张性恶，以及性无善无恶论、性亦善亦恶论等，其前提都认定人是一个道德人，只有道德才有善恶之别。古代的教育都是道德教育，至少可以说以道德教育为核心，培养一个道德人是古代教育共同的目标。只不过道德教育的方法不同，性善论主张内发、引导，性恶论主张灌输、改造。近代以来，伴随着工业革命的到来，近代化以理性尤其是以技术理性为主导，但这并不意味着道德完全被驱除出去。

---

① 巴雷特．非理性的人——存在主义哲学研究［M］．杨照明，艾平，译．北京：商务印书馆，1995：203.

② 邹进．现代德国文化教育学［M］．太原：山西教育出版社，1992：73.

康德也认为，人与动物的区别在于理性，他说："人自身实在有个使他与万物有别，并且与他受外物影响那方面的自我有别的能力，这个能力就是理性。"① 但康德理性的全部旨趣包括：我能够知道什么，我应当做什么，我可以希望什么。第一个问题是纯然思辨的，第二个问题是纯然实践的，第三个问题则是理论与实践的混合。据此，康德把理性分为理论理性和实践理性，理论理性是关于认知的，实践理性是关于道德的。理论理性是有限的，它只能按照自然的法则发挥作用；但实践理性的法则是一种道德法则，它以意志自由、自律为存在的依据。在康德看来，实践理性高于理论理性，道德法则是绝对的命令。受卢梭的影响，康德尊重人的天性，但他所谓的天性不是人的自然性，而是人的道德性，在他看来，道德是自由意志的反映，道德法则是道德主体的自律，而不是他律。他认为，一个有理性的人，应该并仅仅出于对道德规则的尊重而行动，这样的行动才有道德价值，这样的行动才是德行。因此，道德是自给自足的，它不需要宗教，也不需要他律。道德教育是实践理性的自律。赫尔巴特认为教育的目的有两个方面：是可能的目的，二是必要的目的。前者与未来的职业选择有关，重在培养多方面的兴趣；后者是儿童从事任何职业都必须具备的道德性格。他说，"教育的唯一工作与全部工作可以总结在这一概念之中：道德"，"道德普遍地被认为是人类最高的，因此也是教育的最高目的"。② 在当代，教育失去了对完整理性的关注而演变为技术理性，丧失了实践理性，因此，道德人的培养、道德人格的养成就显得更加必要。

4. 工具人的教育

自然人把人的自然性的发展作为根本，精神人把人的某方面精神发展作为根本，其目的都在于使人成为所期待的人，二者表现在教育目的上，都属于个人本位论。个人本位论是自由资本主义的产物。19 世纪 70 年代以后，自由资本主义向垄断资本主义过渡，教育目的也开始从个人本位观向社会本位观过渡。一个人受教育不是为了个体精神的发展和完善，而是为了满足社会的需要，成为社会所需要的工具人，这就是工具人的期待。所以，工具人不是指具有社会性的人，社会性是人的属性之一或者本质属性，具有社会性的人是"人"，而不是"工具"。这里所说的"工具人"，其实已经失去了人性自觉发展的需要，仅仅成为社会的工具。不同时期，社会

① 康德. 道德形而上学探本［M］. 唐钺，译. 北京：商务印书馆，1959：65.

② 张焕庭. 西方资产阶级教育论著选［M］. 北京：人民教育出版社，1964：249 - 250.

发展的重点和需要不同，可能是政治，也可能是经济。政治需要时，强调人的阶级性，期望人能够成为阶级斗争工具的“政治人”；经济需要时，强调人力资本，期望人能够成为经济发展工具的“经济人”。

工具人的期待，源自于古希腊亚里士多德的“人天生是一种政治的动物”①。他所谓的“政治动物”，是指人不可能独立生活，而是要依靠城邦生活。因此，人性必须符合城邦生活的要求，满足城邦生活的需要。工具人的假设包括以下方面：（1）社会是真实的存在，人依赖社会而存在。“社会学之父”孔德（Auguste Comte）指出，“真正的个人是不存在的，只有人类才能存在，因为不管从哪一方面看，我们个人的一切发展都亏着社会。”②涂尔干（Emile Durkheim）也认为，只有社会才是真实的存在，“人实际上因为生活在社会中才是人”。纳托普（Paul Natorp）也指出：“在事实上，个人是不存在的，因为人之所以为人，只因生在人群之中，并且参加社会生活。”③（2）社会的价值高于个人的价值，个人发展依赖于社会，个人发展的需要与社会要求产生矛盾时，首先满足的是社会的要求，而不是个人的需要，甚至为满足社会的要求可以牺牲个人的需要。个人价值的大小，以其对社会的贡献或社会的繁荣来衡量。（3）社会性是人的本质属性，人应该按照社会的要求，成为具有共性的人，而不是具有个性的人。

依工具人的观点看，教育的本质在于促进人的社会化，发展人的社会性，成为一个“社会的我”。涂尔干就说，“教育就是一种使年轻一代系统地社会化的过程”。在每个人的身上有两种特性：个体特性和社会特性，“教育的目的就是在我们每个人身上造就这种社会特性”④。教育目的就是要根据社会的需要来确定，个人只是教育加工的原料，必须服从社会需要。教育应以满足社会发展需要为首要目的，纳托普指出，“在教育目的的决定方面，个人不具有任何价值；个人不过是教育的原料；个人不可能成为教育的目的。”⑤教育目的就是要满足社会的需要，把受教育者培养成符合社会准则的“社会我”，这就是涂尔干所说的，“教育的目的就是在儿童身上唤起和培养一定数量的身体、智识和道德状态，以便适应整个政治社会的要

① 苗力田．亚里士多德全集：第九卷［M］．北京：中国人民大学出版社，1994：7.

②③⑤ 吴俊升．教育哲学大纲［M］．福州：福建教育出版社，2011：184，185，189.

④ 涂尔干．教育的性质与任务［M］//瞿葆奎．教育学文集·教育与社会发展．北京：人民教育出版社，1989：19－20.

求，以及他将来注定所处的特定环境的要求。”① 社会人，政治需要时，表现为培养具有国家意识、效忠国家的公民。德国教育家凯兴斯泰纳（Georg Kerschensteiner）就说，教育的目的只有一个，那就是造就国家有用的公民。② 在经济发展需要时，教育强调对人进行职业训练，开发人力资本。无论是培养政治公民，还是开发人力资本，注重的都是教育的外在价值，而丧失了教育的内在价值，使教育沦为社会的工具，放弃了自身的本质规定。

5. 完人的教育

完人的思想最早是由亚里士多德提出的。他把人的灵魂区分为植物的、动物的和理性的三个部分，并由此提出与之适应的德、智、体、美全面和谐发展的教育。文艺复兴时期的人文主义教育家继承古希腊的教育理想，提倡从人性出发，将人的身心或个性的全面发展作为教育目标，培养身心和谐发展的“新人”。拉伯雷（F. Rabelais）在《巨人传》中通过高康大对儿子的期望，表达了他的教育目的。高康大希望他的儿子成为“一个十全十美，毫无缺陷的人，无论是在品行、道德、才智方面，还是在丰富的实际知识方面”③。蒙田也批判中世纪经院主义教育只训练儿童的心智，没有发展其体力和良心。他说：“我们所训练的，不是心智，也不是身体，而是一个人，我们决不能把二者分开。”④ 因此，人文主义教育重视体育、人文学科和美育等内容。在近代社会发展中，古典人文主义教育家的美好理想受功利主义思想和科技发展的影响，使得教育越来越偏离完整的人，而成为单向度的理性人，甚至偏离人自身，成为社会的工具。

近代以来，理性人成为教育人的主导期待或主要形象，但20世纪后期出现的“告别理性”，走向非理性，并不是走向另一个非理性的极端，而是试图对理性作出纠偏，关注人的非理性，恢复人性的完整，努力“使每一个人成为人”、成为一个“完整的人”。

培养完人的思想在20世纪后期得到国际社会的广泛关注。联合国教科文组织国际教育发展委员会在《学会生存——教育世界的今天和明天》报告中批判教育中的人格分裂：“为了训练的目的，一个人的理智认识方面已

① 涂尔干．道德教育［M］．陈光金，等，译．上海：上海人民出版社，2001：309.

② 吴俊升．教育哲学大纲［M］．福州：福建教育出版社，2011：184，185，189.

③ 拉伯雷．巨人传［M］．成钰亭，译．上海：上海译文出版社，1981：270.

④ 华东师范大学教育系，杭州大学教育系．西方古代教育论著选［M］．2版．北京：人民教育出版社，2001：395.

经被分割得支离破碎，而其他方面不是被遗忘，就是被忽视；不是被还原到一种胚胎状态，就是随它在无政府状态下发展。为了科学研究和专门化的需要，对许多青年人原来应该进行的充分而全面的培养被弄得残缺不全。为从事某种内容分得很细或者某种效率不高的工作而进行的训练，过高地估计了提高技术才能的重要性而损害了其他更有人性的品质。”① 针对此，联合国教科文组织国际教育发展委员会明确提出了“培养完人”的教育目的：“把一个人在体力、智力、情绪、伦理各方面的因素综合起来，使他成为一个完整的人，这就是对教育目的的一个广义的界说。”② 但必须指出的是，完整的人不是终极的人。人本身具有未完成性，他不停地“进入生活”，不停地变成一个人。所以，培养完人的教育不仅是全面发展的教育，也是终身教育。

1996年由雅克·德洛尔（Jacques Delors）任主席的国际21世纪教育委员会在向联合国教科文组织提交的《教育——财富蕴藏其中》的研究报告中，提出了面向21世纪教育应围绕四种基本学习加以安排。可以说，这四种学习将是每个人一生中的知识支柱：学会认识，即获取理解的手段；学会做事，以便能够对自己所处的环境产生影响；学会共同生活，以便与他人一道参加人的所有活动并在这些活动中进行合作；学会生存，这是前三种学习成果的主要表现形式。“在任何一种有组织的教育中，这四种‘知识支柱’中的每一种应得到同等重视，使教育成为受教育者个人和社会成员在认识和实践方面的一种全面的、终生持续不断的经历。”③

（三）教育转型的核心：使人不断地成为“人”

上述对教育认识史中人的自我期待的回顾和展望，反映了教育中人的转型的轨迹。虽然人的转型来自于社会的发展和要求，但教育作为培育人、促进人发展的活动，理应促进人的转型。人应该向何处转型，成为什么类型的人，不同历史时期有着不同的答案。从历史发展的总体来看，人的转型应该不断地使人走向完善，不断地成为一个真正的人。所以，教育转型

---

① 联合国教科文组织国际教育发展委员会．学会生存——教育世界的今天和明天［M］．北京：教育科学出版社，1996：193.

② 联合国教科文组织国际教育发展委员会．学会生存——教育世界的今天和明天［M］．北京：教育科学出版社，1996：195.

③ 联合国教科文组织国际21世纪教育委员会．教育——财富蕴藏其中［M］．北京：教育科学出版社，1996：76.

的根本在于促进人的转型，不管具体转向哪里，总体上就是使人走上“人道”，更具有“人性”，不断地成为真正的“人”①。

那么，教育如何促进人的转型呢？

首先，其前提条件就是要确立教育的人学立场，明确人的转向。教育是育人的事业，教育的立场必须是育人的立场。如果教育偏离了人，也就偏离了自身的本质。虽然表面上看，任何教育面对的受教育者都是人，但教育并没有从人的发展和要求出发，而往往从社会的要求出发，把满足社会政治、经济发展的要求作为教育的根本追求。人只能按照不同社会的政治、经济的需要塑造自我，成为社会政治、经济需要的工具人。工具人的教育把人打造为社会的工具，而失去了对人自身的关照。教育也因此成为培养追逐社会目的的工具之工具，而非育人的事业。教育转型要促进人的转型，必须正确地把握方向，这就是：坚守教育的人学立场，以人为教育的出发点，使教育沿着育人的方向前进。这一进程是无止境的，因为人没有终极的完善。教育对人的发展，无论促进多少，前行多远，其方向首先要保证正确。

其次，要明确教育指向什么样的人，育什么样的人，这是解决了育人方向后，需要确立的另一个重要问题。从上述教育历史发展中人的不同形态的考察中我们可以看出，从中世纪的宗教人，到文艺复兴的自然人、近代工业社会的理性人，以及20世纪后期批判理性人出现的非理性人，等等，这些都是不同时期教育中人的自我认识和自我期待。我们不是希望在诸多教育人的形态之后再增添一种，而是要反思这种形态背后的合理性。历史上人之各种形态都有其合理性，也有其片面性②。但最大的不合理就在于把人之各种形态都视为一种普遍的、永恒的、终极的形态，将其客观化、固定化、模式化，并把这种人看作超越历史时空、脱离具体社会的最完美的人。这是一种“以物的方式”来认识人，是以物性的思维、物性的逻辑对人的把握，因此，看到的是一种“抽象的人”。无论是从人类历史发展的角度看，还是从个体差异的角度看，人都不可能是普遍的、固定的、终极的，人都具有时代性、差异性和个体性。因此，人都是“具体的人”，每个时代的人不同，每个个体的人更不同。“抽象的人”是对人的误读，是不存

① 此为鲁洁教授在我们课题组讨论中提出的观点，并成为课题组的共识。

② 石中英在《教育哲学》中对教育传统中的宗教人、自然人、理性人、社会人的形象作了分析和批判。石中英．教育哲学［M］．北京：北京师范大学出版社，2007：82－85.

在的。

以人的方式来认识人，人是具有时代性的，不同时代的人有其不同的形态；人是具体的人，不同的人具有个体的差异性。因此，每个人都是特定时代、特定社会中某一具体的人。具体的人，才是教育的对象，才是教育的出发点。《学会生存——教育世界的今天和明天》指出，“每一个学习者的确是一个非常具体的人。他有他自己的历史，这个历史是不能和其他任何别人的历史混淆的。他有自己的个性，这种个性随着年龄的增长而越来越被一个由许多因素组成的复合体所决定，这个复合体……对于每一个人来说都是各不相同的。进入教育过程的个体是一个具有文化遗产的儿童，他具有特殊的心理特征，在他的内心有家庭环境的影响和四周经济状况的影响。”① 以往大多数教育体系讲究整体划一，讲究规范管理，“无论是在它的机制方面，还是在它的精神方面，都不把个人看作具有特性的人”。所以，“我们如果不改革教育管理，不改革教育程序并使教育活动个别化，我们就既无法履行也不能取得具体人的职责。”② 从“抽象人”到“具体人”之自我期待的转型，教育的目的不再使人“成为一类人”，而是“成为他自己”，因而必须推动教育理论和教育实践从划一性教育向个性教育的转型。

最后，教育促使人的转型，就是要促使人不断地成为人。人没有终极的完善形态，但存在着成人的方向，这就是人的全面发展、自由发展和个性发展。为此，转型的教育就是不断地培育人的完整生命，促进人的自由发展，张扬生命的个性。

教育要培育完整的生命。教育指向具体的人，这种人不是抽象的人性，而是鲜活的生命。生命体的人，是由自然生命、社会生命和精神生命组成的完整的生命有机体。自然生命，亦即肉体生命，是生命的生物性体现，是人之生命的物质载体。社会生命，亦即人际生命，是人对社会的适应，是其社会性的体现。人不是单个人的存在，而是一个社会的存在，社会性是人存在的社会基础。精神生命，是人的自然生命、社会生命的升华。精神可以是无限的，接近宇宙和上帝，因此也是永恒的。人作为有意识的超

---

① 联合国教科文组织国际教育发展委员会．学会生存——教育世界的今天和明天［M］．北京：教育科学出版社，1996：195－196.

② 联合国教科文组织国际教育发展委员会．学会生存——教育世界的今天和明天［M］．北京：教育科学出版社，1996：196.

物存在，表现为有着不同于动物的精神意义和价值信念。在一个世俗的功利社会，大部分人都是活在两重生命里——同时具有自然的和社会的生命，而精神生命等于零或甚微，他们努力适应社会，改变自我，在社会中“悠然自得、自得其乐”，成为社会的工具，而不是社会的主体。最可怕的是只有第一重生命，成为几近无所事事的“行尸走肉”。生命是完整的，有着生物的躯体，能够适应社会的要求，还具有超越肉体和社会生命的精神追求。精神是人之发展和进步的不懈动力。人之所以不断地成为人，就在于人有着对自我、对现实的不满和超越。但我们在教育实践中并没有把人当作全面而完整的生命体，致使不能把人培养成为全面而完整的人。完整人的教育，首先要教人敬畏人的自然生命、珍惜人的自然生命、热爱人的自然生命，而不是摧残人的自然生命、规劝人放弃自然生命而追求社会生命和精神生命的崇高。社会性是人之社会生活的根本要求。教育要促使人的社会化，具有社会生活所要求的道德、责任、社会行为，以适应社会生活的要求。精神是人之生命的魂灵，没有精神追求的人，不是行尸走肉，就是社会的“应声虫”。教育必须唤醒人的精神，使之不断地超越自我，超越生命的实然，追求生命的应然和崇高，追求人生的意义和价值的实现。教育必须实现自然生命、社会生命和精神生命的有机统一，割裂任何一个方面，都不是完整的教育，也不能使人成为完整的人。

教育要促进人自由自主地发展。人的生命具有未完成性，而且生命需要后天的发展，因此，人的生命不断地突破自然的限制，遵从自然，但不受自然所宰制，而是把发展的主动权掌握在自己手中，不断地改造自然，进而创造人自身。因此，人的生命是一种自由自主、主动发展的生命。马克思说：“人的类特性恰恰就是自由的自觉的活动。”① 自主是自由的基础，是自由的初级状态，自由是自主的升华和高级状态，二者都表现为生命发展的主动和自觉的态势。正因为生命的发展是主动的，所以，教育必须创造条件，给学生的发展留有自由自主的空间，唤醒他们发展的自觉意识，培养他们的独立人格和主体意识，赋予他们发展的主动权，使他们享有思想的自由、心灵的自由、怀疑和批判的自由、选择的自由、发展的自由、创造的自由、自我实现的自由等。在教育实践中，要改变传统的教师本位和教师中心，确立学生为本的思想，使学生真正成为教育的主体，使教育

① 马克思恩格斯全集：第42卷［M］．北京：人民出版社，1979：96.

真正成为学生自我教育、自我发展的过程。

教育要张扬生命的个性。个体的全面发展，要关注生命的每个方面，但不要求每个方面都得到均衡的发展。个体的自由发展只能根据全面发展中个体的优势所在，使优势素质更优，其他素质也得以提高。因此，全面而自由发展的人必定是充满个性的独特的生命体。所谓教育面向“具体的人”，就是面向一个具有差异的独特的生命体。教育培养全面发展的人，不是培养各方面发展都好的人，而是根据个体的差异，在自由发展中，因材施教，扬长避短，培养充满个性的人。“教育的目的就在于使人成为他自己，变成他自己。”① 为此，要反对基于“抽象人”的划一性教育，而倡导基于“具体人”的个性化教育。教育要遵循个体身心发展的要求，尊重个体的独特性和差异性，实施特色教育和分化教育，促进他们全面发展基础上的自由发展、自主选择，进而成长为各具个性的人。教育要创造个性发展的条件张扬个性，而不是以规范化的要求压制个性。

总之，所谓教育的转型，就是不断地促使教育走向人的全面、自由和个性化发展的道路，使每个人成为发展全面的个性人。这是教育转型的终极价值和永恒追求，是教育之为教育的根本，也是教育转型的根本。

四、教育转型引导社会转型

教育离不开社会，教育转型也离不开社会转型。对教育转型的认识与考察，不能不涉及它与社会转型的关系。

（一）教育为社会转型所制约的合理性与有限性

传统的教科书把“教育与社会发展”作为教育的规律之一（也有人把其看作教育的外部规律），认为社会的政治、经济制约或决定着教育，教育与社会相适应，复制社会的要求，促进人的社会化，培养社会所需要的人，维系社会的稳定。基于“教育与社会相适应”的观点认识教育转型与社会转型的关系，那么它就如社会学家涂尔干所说，“教育的转型始终是社会转型的结果和征候，要从社会转型的角度入手来说明教育的转型”②。因此，

① 联合国教科文组织国际教育发展委员会．学会生存——教育世界的今天和明天［M］．北京：教育科学出版社，1996：14.

② 爱弥尔·涂尔干．教育思想的演进［M］．李康，译．上海：上海人民出版社，2003：228.

我们往往根据社会转型认识教育转型，社会转型成为教育转型的推动者，主导着教育的转型。教育转型由社会转型引发而落后于社会转型。

从社会转型的角度看待教育转型，认为社会转型制约着教育转型，教育随社会转型而转型。这一观点具有外在和内在的根据。其外在根据主要是：教育是一种社会现象，是整个社会系统中的一个子系统。教育不是孤立的，它必定与社会的其他子系统产生相互作用、发生相互联系，特别是构成社会基础的经济及其集中表现的政治。社会的经济发展水平制约着教育发展的规模、速度、结构、人才培养的规格，以及教育内容、教育手段和教育组织形式等；社会的政治制度制约着教育的性质、教育宗旨和教育目的、教育的领导权和受教育权，以及教育管理体制、教育内容等。任何的教育都是特定社会需要的教育，“超社会”的教育是根本不存在的。所以，确立教育的发展形态，必须考虑社会的需要，尤其是社会经济、政治、文化的发展要求。其内在根据主要是：教育作为培养人的社会活动，要按照社会的要求，促进人的社会化，使受教育者具有现实社会所必要的规定性，成为一个现实社会的人。现实社会的各种因素，尤其是文化因素，必定内在地渗透于教育之中，成为人发展中的营养素。

从社会转型看教育转型，社会转型是教育转型的外部动力，教育转型是社会转型的一部分，教育随着社会转型而转型。这种教育是一种以维护社会为主旨的工具性教育。工具性教育把社会的逻辑当作教育的逻辑，以不同时期社会的政治、经济和文化要求教育，使教育蜕变为政治、经济、文化的附庸，而失去自身的独立性。如果说教育转型的逻辑是政治和经济，而不是教育自身的需要，那么教育转型就不是以人的转型为核心，而是以社会转型的需要为重点。因此，工具性教育以社会转型为动力，使教育作为社会的工具“被转型”。教育所奉行的不是教育的规律、人的发展规律，而是政治斗争和市场功利的需要。教育转型的目的不是为了“使人更符合人性的发展”，而是为了更好地再现和复制现实社会的要求。

深层次上检视工具性教育背后的依据，是基于一种社会机械决定论的假设：社会是外在于人的实体存在，社会的发展是由机械因果决定的自然过程，它不以人的意志为转移。在这种社会哲学观看来，只有社会的存在，没有个体的存在。社会具有压倒优势和绝对支配地位，人只能作为社会的客体，被社会所塑造。社会转型也表现为自然的、自发的社会变迁，而缺少社会主体自觉的、有目的的变革与改革。人在社会中失去了存在的地位，淹没于既有的社会存在之中，没有任何的作用。教育作为社会的构成部分，顺应社会的要求，教育转型自然也成为社会转型的产物，随社会转型而被转型。教育与社会保持一种肯定式的适应关系，而失去了对社会的批判与超越。如此的工具性教育，只能充当复制已有社会的工具，而不能成为尚未存在的社会的创造者；只能维持社会的稳定，而不能推动社会的发展。

作为一种社会现象和社会活动，教育受一定社会经济和政治等制约，培养一定社会需要的人，与特定社会相适应，使教育转型更加符合社会实际，更加具有现实性。因此，教育转型受社会转型的影响，具有合理性。但不能由此忽视了教育的独立性，而使其成为社会的工具。教育之所以为教育，其核心在于人的培养，教育转型的核心也在于促使人不断地转型、不断地成“人”。教育的社会性只是教育的派生属性，社会转型也只能是教育转型的外部影响因素，外因必须通过内因起作用。教育转型以人的转型为核心，对教育转型与社会转型的分析，当以此为出发点。

（二）教育何以引导社会转型

以人为核心看待社会转型和教育转型，社会转型成为社会主体人的自觉变革活动，教育通过引导人不断地实现转型，培养人成为社会发展的主体，促使社会转型。所以，教育通过促使人的不断转型，而实现对社会转型的引导。这意味着人与社会的关系、教育与社会的关系、教育转型与社会转型的关系实现了不同于传统的变革。人不再是社会被动的产物，而是社会的主体；教育不再只适应社会，而要在适应的基础上超越社会；教育转型不再只为社会转型而制约，而是要引导社会转型。

教育引导社会转型有其外在和内在的根据。其外在的根据是：人是社会的创造者，社会是人创造的社会。传统的哲学教科书把社会的发展视为一个自然历史过程，具有不以人的意志为转移的“似自然”的客观规律，因而丧失了对人在社会发展中作用的考察，这不符合马克思的实践唯物主义。马克思在《关于费尔巴哈的提纲》第三条明确批判了旧唯物主义关于“人是环境和教育的产物”的观点，指出“这种学说忘记了：环境正是由人来改变的”。他的结论是：“环境的改变和人的活动的一致，只能被看作并合理地理解为革命的实践。”① 这句话应该理解为：在实践中人创造了新的

① 马克思恩格斯全集：第 3 卷［M］. 北京：人民出版社，1975：4.

环境，创造了新的社会关系，也创造了人新的认识思维能力和价值追求水平。重视实践的价值是马克思唯物主义与旧唯物主义的根本区别。人凭借实践创造了社会，创造了人自身。所以，社会不是无主体的自然运动，而是人类社会实践的创造。人是社会历史的创造者，尽管人也是社会历史的“剧中人”，但社会的发展，根本上是靠人通过实践创造的，人是社会发展的根本动因和动力，是历史的“剧作者”。马克思说：“历史并不是把人当作达到自己目的的工具来利用的某种特殊的人格，历史不过是追求着自己目的的人的活动而已。”① “整个人类历史无非是人类本性的不断改变而已。”② 人的发展既决定于又决定着社会的发展。社会的发展、社会的转型，都是人通过实践活动推动的，忽视人在社会历史发展中的创造作用，不是马克思主义的观点。

教育引导社会转型的内在根据是：人是超越性的存在，超越性是人的本性。尽管西方哲学家也论述生命的超越性，但大多是建立在抽象的人性论和宗教的基础上，论述人对于现实生活的超越源于虚无或神秘的启示。马克思则立足于人的实践活动，使人的超越性基于实践，根植于人的生活，超越性成为人的一种生命存在状态和生活方式。实践是人对现实的客观世界的改变活动，通过对客观世界的改变也改变着人自身的主观世界。超越性是实践的本性，人在实践中，通过实践活动，超越了客观世界，创造着新的世界、新的社会，也超越了现实的自我，创造着新的自我和新的生活。“人是一种超越性的存在。他总是在超越现存的生活、超越现实的规定性中存在着的。超越是人的存在方式，也唯有人是以这样的方式存在的。”③ 人作为社会的存在，现实社会赋予了人的社会性，使人适应社会的现实，但既定的社会关系只能规定人的现在，不能规定人的未来，人的未来是人在实践活动中创造的。所以，人是什么，成为什么，既不是生物本能的规定，也不是社会的规定，而是人的实践生成，是人自我创生的结果。

教育转型的社会适应论和制约论，其根本假设就在于把社会看作一个外在于人的自足的实体，社会有其自身的客观运行规律；人是社会的被动产物，从既定的社会中获得自身的规定，因此必须服从社会的要求，听任

① 马克思恩格斯全集：第2卷［M］. 北京：人民出版社，1957：118－119.

② 马克思恩格斯选集：第1卷［M］. 北京：人民出版社，1972：138.

③ 鲁洁. 超越性的存在——兼析病态适应的教育［J］. 华东师范大学学报：教育科学版，2007（4）.

社会的摆布。教育作为培养人的活动，也只能是促进人的社会化，根据既定社会的要求，培养社会需要的人。以马克思主义实践唯物主义的观点来看，人的本性是超越性，蕴藏着对社会、对客观世界和对人之现实规定性的超越精神与潜能。教育培养具有超越性精神的人，在适应现实社会的基础上，更要超越现实社会，引导创造一种新的社会。因此，教育既可能复制现实的社会，再现已有的社会关系，也可能预示某些新的社会状态，引导社会的转型。这是两种不同的教育，前者是工具性教育，后者是超越性教育。

应该看到，人作为社会转型和变革的主体，只有在人的主体性觉醒之后才有可能。马克思主义不同于唯心主义，还在于它是一种历史唯物主义。在历史唯物主义看来，人、人性的发展不能离开社会而存在，就像不能"揪着自己的头发离开地球"一样。马克思对人类社会进行了划分，大工业革命前的原始状态和古代社会是最初的"人的依赖关系"形态，人依附于自然、依附于群体，人与自然、个体与群体处于未分化的状态，只有群体的主体性，而没有个人的主体性，作为主体的个人不存在。社会不是人的有意识的改造，而是一个自发的历史变迁。但随着近代产业革命和市场经济的兴起，具有独立人格的个人开始出现，人与社会的关系发生了逆转。人不仅要适应社会，更要创造社会。所以，社会转型不再是自然的、自发的社会变迁，而是社会行为主体自觉改造客观世界的能动过程。人因此成为社会的创造者、社会转型的主体，而社会转型正是在理性社会主体的自觉主动推动下进行的。[①] 这也正如法国著名经济学家弗朗索瓦·佩鲁所指出的，社会转型的实质是一场"人的革命"，人的变革将牵动着整个社会的变革与发展。罗马俱乐部报告也指出：一个新型社会只有在其形成过程中有新人产生时，或更确切地说，只有当占优势的人类各结构彻底变革时，才能出现。

同样，超越性也是有条件的。如同鲁洁教授所说，"超越虽是人的本质属性，但它只是在人的自觉认识、自觉行动中呈现，要通过人的自觉活动才得以成为人的现实品性。"[②] 本性不是本能，本能无论条件如何都会自然

---

① 和学新．社会转型与当代中国的教育转型［J］．华中师范大学学报：人文社会科学版，2006（2）．

② 鲁洁．超越性的存在——兼析病态适应的教育［J］．华东师范大学学报：教育科学版，2007（4）．

呈现，本性只能是一种潜在的倾向，需要有意识地激发和培育。现实规定着人、制约着人，使人必须适应现实，但人又必须超越现实的规定，这种超越需要勇气，需要自觉。“一个缺乏自觉的人容易被给定的体制、习惯、思想等所‘裹挟’‘同化’，本能地按既定的模式去生活，形成因循的生活机制，不假思索的生活惯性，使生活的超越和非给定的本性得不到应有的理解。”① 没有自觉超越性的人，超越性不会变成现实，而人只能成为现实社会的“奴仆”。工具性教育教人适应社会，成为社会需要的工具人，而放弃了对超越性的唤醒。人在既有的社会体制面前，无论体制正当与否，都缺乏批判的能力，而极易成为不正当体制的帮凶。一个按照体制循规蹈矩的人，在这个社会制造着阿伦特所说的“平庸的恶”。教育必须培养人的超越性，培养敢于直面社会现实，勇于批判现实、打破旧体制的主体。

由此看来，教育可以适应社会转型的需要，也可以引导社会的转型，关键在于什么样的教育，我们这个时代需要什么样的教育。在当代，“人是主体”的社会条件已经成熟，社会发展为发展个人的主体性提供了前提和可能。教育作为培养人的活动，必须唤醒人的超越性，自觉地把人作为社会的主体来培养。只有这样的教育，才能够发挥对社会转型的引导作用。

（三）教育以何引导社会转型

传统的教育是一种社会适应论教育，依照社会的需要培养社会的客体，只能顺应和满足既定社会的要求，却无法推动社会的发展。依照马克思实践唯物主义和历史唯物主义的观点，人是社会历史活动的主体，是社会历史的创造者。人要适应于社会，但又要超越于社会；人的发展既取决于社会的发展，又决定着社会的发展。教育作为培养人的活动，必须定位于培养社会历史活动的主体，才能实现人对社会的超越、教育对社会发展的引导。这种教育就是当代所必需的超越性教育。适应性教育培养社会的工具，再现既定的社会；超越性教育培养社会的主体，创造新的社会。

教育要超越社会，并不否定教育要适应社会。适应社会是超越社会的前提。人是社会的人，首先要内化社会的要求，具备社会所要求的现实规定性，这是人之生存的基础，也是人获得社会生命的保障。没有这一基础，人不可能在社会中生存、立足，也就谈不上对社会的超越。所以，教育首

① 鲁洁．超越性的存在——兼析病态适应的教育［J］．华东师范大学学报：教育科学版，2007（4）．

先要使人社会化，成为一个社会人。社会性反映人的受动一面，但人还有能动的一面，而且是更根本的一面，所以，人不能只停留在适应社会，仅仅具有现实的社会规定性，必须要超越现实的社会规定性，追求人之为人的更主动的发展。正如鲁洁教授所说，“教育赋予人以现实的规定性，是为了否定这种规定性，超越这种规定性。……理想的教育并不是要以各种现实的规定性去束缚人、限制人，而是要使人从现实性看到各种发展的可能性，并善于将可能性转化为现实性。培养一种理想与现实相统一的人，超越意识和超越能力相统一的人，这才是教育之宗旨。”① 在超越性教育视野下，即便是人对社会的适应，也不是一种消极的顺应，而是一种能动的适应。

当代的教育可以促进政治的民主化、市场经济的完善以及文明的发展等，进而引导社会的转型，但这不是教育的根本职能，教育促进社会转型的根本在于培养社会历史活动的主体，通过社会历史活动的主体，改造社会、发展社会、创造社会。教育与社会的关系必须实现从适应论到超越性的转型，教育目的也要实现从客体论到主体论的转型。

主体是受动性和主动性的统一。受动性的一面，要求人必须适应社会的要求，遵循社会历史发展的规律和客观世界的规律，并把它们转化为个体的内在素质和规定性。人越是具有社会和客观世界要求的素质，才越有可能发挥主体性，成为社会活动的主体。一个不能够适应社会、不能按照客观规律办事的人，不可能成为社会历史活动的主体。所以，教育首先要使人认识社会，认识和掌握客观规律。其次，要引导人认识自身的价值，认识自身在社会发展中的主体价值和人在自身发展中的主体价值。② 人是社会的主体和创造者，社会是人的创造物和载体。教育要在人适应社会的基础上，敢于直面社会的不合理，质疑和批判社会对人性的压制，追求一种更加有人性的社会发展道路。在这里，不是现实社会规定人性，而是人性引导未来社会。人性不是来自于社会的规定，而是人之为人的终极价值和追求。教育的根本不是赋予人的现实的社会规定性，而是引导人不断地追问“什么是真正的人”，“怎样才能成为一个真正的人”，从而使人变得更加完善，社会变得更加具有人性、更加正义和美好。在这里，社会也不是先

① 鲁洁．论教育之适应与超越［J］．教育研究，1996（2）．

② 扈中平．教育的最高目的是把人培养成社会历史活动的主体［J］．教育研究与实验，1994（2）．

在的、外在于人的，而是内在于人、人所创造的，是人性的展现和对象化，“它为人的活动的开展，为人的生活的提高和完善，为人的生命潜能充分展现，为人的诸种特性：自主性、能动性、创造性等的普遍发挥提供条件。它以人的生成和完善为其使命和目的。”① 这样的社会不是无“人”的社会，而是“人之在场”的社会。

培养社会历史活动的主体，教育必须具有超越性的使命，一方面使人直面现实的、既定的社会，在适应的基础上，质疑和批判不合理的社会。适应性教育只教人适应社会、顺应社会，而放弃了对社会现实的反思、批判，使人成为社会的工具和“应声虫”，而非社会历史活动的主体，因此是一种“病态的教育”。超越性教育必须启蒙和唤醒人的反思、批判意识，赋予人反思批判的能力，激发人不断地变革社会，最终推动社会的发展。另一方面，教育要培养能够创造新社会的人。“为一个尚未存在的社会培养新人”，“替一个未知的世界培养未知的儿童”②，已成为当代教育的新使命。这种未知的“新人”既源于社会，又超越社会；既反映社会发展的需要，又不断地趋于人性的完善。因此，他既有现实的依据，又有理想的未来，是现实性与理想性并存、实然与应然统一的人。社会作为主体的自觉建构，是人为了人性的完善而创造的。所以，教育启蒙人性，促进人的发展，赋予人主体的意识和主体能力，就是为创造和建立一个美好的社会提供条件。促使人成“人”是教育转型的核心，正是这种以促使人转型为核心的教育转型引导着社会的转型。

五、当代中国的教育转型

（一）新中国教育转型的历程

从历史的发展看，新中国的教育经过了由新民主主义教育向社会主义教育过渡（1949—1956）、建设社会主义教育（1956—1966）、社会主义教育遭到破坏（1966—1976）、建设有中国特色的社会主义教育（1976—　）四个

① 鲁洁．教育的原点：育人［J］．华东师范大学学报：教育科学版，2008（4）．

② 联合国教科文组织国际教育发展委员会．学会生存——教育世界的今天和明天［M］．北京：教育科学出版社，1996：36．

阶段[1]，也有研究者又把“建设有中国特色的社会主义教育”阶段分为“改革开放初期的教育（1976—1990）”和“世纪之交的教育（1990—　）”两个阶段[2]。教育形态的划分，与历史发展阶段具有一致性，但不完全重合。我们把上述历史过程划分为三种教育形态：“政治取向的教育”“经济取向的教育”和“人本取向的教育”。新中国教育的发展经历了从“政治取向的教育”到“经济取向的教育”，再到当前“人本取向的教育”。

1. 政治形态的教育（新中国成立到改革开放前）

新中国成立之初，政权的巩固是重要的任务。教育因此被赋予了政治的重任。1949 年 9 月下旬，中国人民政治协商会议第一次会议通过了《中国人民政治协商会议共同纲领》，这是新中国成立初期的根本大法。《共同纲领》规定了新中国教育的性质和任务：“中华人民共和国的文化教育为新民主主义的，即民族的、科学的、大众的文化教育。人民政府的文化教育工作，应以提高人民文化思想水平，培养国家建设人才，肃清封建的、买办的、法西斯主义的思想，发展为人民服务的思想为主要任务。”

1949 年 12 月，中央召开第一次全国教育工作会议，会议确定了新民主主义教育的方针：“为工农服务，为当前的革命斗争和建设服务”，确立了新民主主义教育建设的思路：以老解放区的新教育经验为基础，吸收旧教育的有用经验，借鉴苏联的经验，建设新民主主义教育。按照这一思路，妥善地接管和改造了国民党统治区的旧学校，收回了帝国主义在中国开办的教会学校的主权，进行学制改革，建立新中国第一个学制（1951 年学制）。

1956 年，我国提前完成了以生产资料私有制为核心的社会主义改造，宣布进入社会主义阶段。伴随社会主义改造的完成，新中国教育也基本上完成了由新民主主义向社会主义的过渡，进入社会主义教育建设的阶段。

1956 年党的“八大”召开到 1966 年“文化大革命”开始，是全面建设社会主义的 10 年。但这 10 年是不平静的 10 年。伴随着 1957 年“左”的思想抬头，“反右”斗争严重扩大化，1958 年开始了“大跃进”和人民公社运动，教育领域也出现了严重的“左”的思潮，教育事业盲目地大发展，教育被政治化，教育秩序遭到破坏。在这样一个政治氛围高涨的年代，出台了新中国教育的方针。1957 年 2 月，毛泽东在最高国务会议上所作的

---

① 金一鸣．中国社会主义教育的轨迹［M］．上海：华东师范大学出版社，2000：前言，3.
② 柳海民．现代教育原理［M］．北京：人民教育出版社，2006：71－73.

《关于正确处理人民内部矛盾的问题》报告中提出，“我们的教育方针，应该使受教育者在德育、智育、体育几方面都得到发展，成为有社会主义觉悟的有文化的劳动者”。1958年，中共中央、国务院在《关于教育工作的指示》中肯定了这一教育目的，并提出：党的教育工作方针，是教育为无产阶级政治服务，教育与生产劳动相结合。为了实现这个方针，教育工作必须由党来领导。1958年秋，毛泽东开始着手纠正“左”的错误，开始控制教育发展的规模和速度，着手恢复学校的正常秩序，但1959年的“反右倾”运动阻碍了对“左”的错误的纠正。1961年，中央才决心按照“调整、巩固、充实、提高”的方针对教育领域中的问题进行整顿，在总结正反两方面经验的基础上，出台了《高教六十条》《中学五十条》《小学四十条》，试图规范各级各类学校的教育行为，稳定教育秩序，提高教育质量。但由于1962年以后，毛泽东重新强调阶级与阶级斗争问题，并在八届十中全会以后，以“反修、防修”的名义在各个领域开展阶级斗争，教育领域开始批判资产阶级教育思想，高等学校师生参加到在农村开展的“四清”、在城市开展的“五反”运动中，高等学校内部也开展社会主义教育运动。20世纪60年代开始，教育中“左”的思想不仅没有有效地得到纠正，而且继续发展，以致泛滥，最后导致了十年“文化大革命”出现。

1966—1976年，史无前例的“文化大革命”其实是一场政治革命，它使教育完全陷入了政治化的旋流，遭到了极大的破坏。1967年7月18日，《人民日报》发表了《打倒修正主义教育路线的总后台》的文章，指出，新中国成立17年来，教育战线一直存在着激烈的尖锐的两个阶级、两条道路的斗争。一是毛主席为无产阶级制定的一条革命的社会主义教育路线，另一条是党内最大的走资本主义道路当权派顽固推行的反革命修正主义教育路线。文章把新中国17年的教育定性为反革命的修正主义教育。1971年4月，国务院召开全国教育工作会议，在张春桥等人的操纵下出台了《全国教育工作会议纪要》，《会议纪要》全面否定了新中国17年的教育成就，并做出了“两个估计”：一是新中国成立后17年，毛主席的无产阶级教育路线基本没有得到贯彻执行；二是大多数知识分子的世界观基本上是资产阶级的。毛泽东在“文化大革命”期间，对教育先后作出了《五七指示》《七二一指示》等，在“无产阶级专政下继续革命”路线下，教育要“批判资产阶级”“实现无产阶级的教育革命”，教育因此成为“阶级斗争的工具”“无产阶级专政的工具”，学校成为“无产阶级反对资产阶级的主战场”，后来发展到教师被批斗，学生“停课闹革命”，参加串联、武斗，教育秩序完全被打乱，学校陷入了无政府状态，教育事业出现了全面的停滞，遭到了全面的破坏。

分析新中国成立到“文化大革命”这一段的教育发展，教育完全是作为改造旧社会和建设新社会的政治工具而出现的。教育一直弥漫着政治改造的意味，到“文革”期间完全发展成为一种政治运动，并被视为一种意识形态和上层建筑。毛泽东就指出，“学校教育，文学艺术，都是意识形态，都是上层建筑，都是有阶级性的。”① 学校教育作为知识分子集中和培养知识分子的地方，毛泽东非常强调对资产阶级知识分子的改造，改造的方向就是“又红又专”。他说“要红，就要下一个决心，彻底改造自己的资产阶级世界观”②。新中国成立之初，对新中国教育理论影响最大的苏联凯洛夫的《教育学》也这样指出：在工人阶级取得政权之后，“要把学校由资产阶级统治的武器，变成完全消灭阶级划分的武器，变成共产主义的改造社会的武器”③。总之，这一时期，基于改造旧社会和建设社会主义新社会的需要，教育被作为意识形态和上层建筑，学校被定性为阶级斗争的工具，培养社会需要的“有社会主义觉悟的有文化的劳动者”。这是一种基于政治需要，通过政治活动，为了政治利益的政治化教育。政治化的教育不只是思想政治的教育，而是把教育政治化，按照政治的要求和逻辑理解和运行教育，教育成为政治的奴仆、政治的工具。

2. 经济形态的教育（改革开放后至20世纪90年代中期）

随着“四人帮”反革命集团的粉碎，给中国人民带来深重灾难的“文化大革命”终于在1976年结束了。面对被“文化大革命”糟蹋的教育，首先需要的是“拨乱反正”。1977年，邓小平主持召开科学和教育工作座谈会，在《关于科学和教育工作的几点意见》的讲话中，推翻了“两个估计”，重新评价全国教育战线17年的工作“主导方面是红线”。“现在差不多各条战线的骨干力量，大都是建国以后我们自己培养的，特别是前十几年培养出来的。如果对十七年不作这样的估计，就无法解释我们所取得的一切成就了。”对知识分子的世界观的估计，他说，“我国的知识分子绝大多数是自觉自愿地为社会主义服务的。反对社会主义的是极少数，对社会

①② 毛泽东．毛泽东选集：第5卷［M］．北京：人民出版社，1977：444，489.

③ 杨大伟．凯洛夫《教育学》：斯大林意识形态的教育代表作［J］．全球教育展望，2007（8）.

主义不那么热心的也只是一小部分。”[①] 教育领域“两个估计”的推翻，解除了教育工作者的精神枷锁，极大地调动了他们的积极性。随后，拨乱反正的工作逐步展开，冤假错案得以纠正，教育的规章制度重新恢复和建立，教育秩序恢复了正常。

在对“文革”政治化教育进行拨乱反正的同时，国家也在谋求新时期教育的发展方向，酝酿教育改革的新构想。1977 年 5 月 24 日，邓小平与中央两位同志谈话时指出：“我们要实现现代化，关键是科学技术要能上去。发展科学技术，不抓教育不行。……抓科技必须同时抓教育。”[②] 在 8 月 4 日召开的科学和教育工作座谈会上，邓小平又指出，“我们国家要赶上世界先进水平，从何着手呢？我想，要从科学和教育着手。”1978 年春天，在全国科学大会和全国教育工作会议上，邓小平同志又深刻地论述了经济快速发展离不开科技进步，而科技进步又依赖于教育的关系，从战略的高度强调大力发展科技和教育的重要意义。党的十一届三中全会以后，工作重点开始转移到以经济发展为中心的社会主义现代化建设上来，于是，发展经济成为社会主义现代化建设的关键。1982 年，党的“十二大”报告指出“在今后二十年内，一定要牢牢抓住农业、能源和交通、教育和科学这几个根本环节，把它们作为经济发展的战略重点”。从经济发展的角度认识教育的战略地位，在党的历史上是第一次，也由此确立了改革开放后我国教育发展的经济化取向。

1984 年党的第十二届三中全会通过了《中共中央关于经济体制改革的决定》，明确提出“科学技术和教育对国民经济的发展有极其重要的作用。随着经济体制的改革，科技体制和教育体制的改革越来越成为迫切需要解决的战略任务”。这直接促成了 1985 年《中共中央关于教育体制改革的决定》的颁布。《决定》确立了“教育必须为社会主义建设服务，社会主义建设必须依靠教育”的方针，根据社会主义建设的宏伟任务，提出教育“为九十年代以至下世纪初叶我国经济和社会的发展，大规模地准备新的能够坚持社会主义方向的各级各类合格人才。要造就数以亿计的工业、农业、商业等各行各业有文化、懂技术、业务熟练的劳动者。要造就数以千万计的具有现代科学技术和经营管理知识，具有开拓能力的厂长、经理、工程师、农艺师、经济师、会计师、统计师和其他经济、技术工作人员。还要

① 邓小平．邓小平文选：第 2 卷［M］．北京：人民出版社，1994：48 – 49．

② 邓小平．邓小平论教育［M］．北京：人民教育出版社，1995：25．

造就数以千万计的能够适应现代科学文化发展和新技术革命要求的教育工作者、科学工作者、医务工作者、理论工作者、文化工作者、新闻和编辑出版工作者、法律工作者、外事工作者、军事工作者和各方面党政工作者”。1992 年，中共中央、国务院《关于加快发展第三产业的决定》明确将教育列为第三产业，而且作为“对国民经济发展具有全局性、先导性影响的基础行业”。由此，教育被赋予更多的经济功能。

从党的“十二大”确立教育是经济发展的战略重点之一，到“十三大”提出“百年大计，教育为本”，把教育摆在社会发展的首要位置，“十四大”进而又把教育摆在优先发展的战略地位，这些认识为确立“科教兴国”的基本战略奠定了基础。1995 年 5 月 6 日颁布的《中共中央国务院关于加速科学技术进步的决定》明确提出“科教兴国”的战略，“科教兴国，是指全面落实科学技术是第一生产力的思想，坚持教育为本，把科技和教育摆在经济、社会发展的重要位置，增强国家的科技实力及实现生产力转化的能力，提高全民族的科技文化素质，把经济建设转移到依靠科技进步和提高劳动者素质的轨道上来，加速实现国家的繁荣强盛”。“实施科教兴国战略，是全面落实科学技术是第一生产力思想的战略决策，是保证国民经济持续、快速、健康发展的根本措施。”1997 年，党的“十五大”正式确立了“科教兴国”基本国策。

可以看出，改革开放后，由于“发展经济”成了最大的政治，教育由为政治（阶级斗争）服务转向为经济建设服务，从培养政治人才转向培养经济建设需要的人才。教育发展的动力来自于经济发展的需要，“四个现代化，科技是关键，教育是基础”；“经济要发展，教育要先行”；“振兴经济，必先发展教育”，成为这一时期对教育功能的新认识，“科教兴国”“人才强国”“从人口大国到人力资源强国”等也成为这个时期最强劲的教育话语，给教育打上了经济主义、功利主义的印记。

毫无疑问，服务于经济建设是教育的重要功能。问题是教育的经济功能在改革开放后被无限放大，超越了它的合理边界，严重影响到对教育性质的认识，影响到教育的运行逻辑。20 世纪 70 年代末发生的那场教育本质大讨论，虽然没有形成共识，但伴随着对作为意识形态、上层建筑的教育的质疑，“教育是生产力”或者“教育具有生产力属性”的认识第一次被提了出来并得到了很多人的认同。“教育先行”“人力资本投资”“教育市场化”“教育产业化”虽在争论中，但已经悄然改变了人们的教育观念，成为实实在在的教育行为和教育实践。对教育培养什么样的人的考虑，也是基于经济建设的需要。1999 年《中共中央国务院关于深化教育改革全面推进素质教育的决定》就指出："当今世界，科学技术突飞猛进，知识经济已见端倪，国力竞争日趋激烈。教育在综合国力的形成中处于基础地位，国力的强弱越来越取决于劳动者的素质，取决于各类人才的质量和数量，这对于培养和造就我国二十一世纪的一代新人提出了更加迫切的要求。"以经济建设的需要考虑教育目的，教育目的只能是培养经济发展需要的"人力资源"，教育也因此成为"开发人力资源的主要途径"。对此，有学者批评道，我们只知道教育为经济建设服务，不知道经济建设更要为人服务，要为人本身的发展服务①。我们的教育只讲"人力"，不讲"人"；只讲"职业化、劳动化"，培养劳动力素质，不讲"人的发展"，培养人的全面素质，教育因此成为劳动力的教育、人力的教育，而不是人的教育②。

3. 人的形态教育（20 世纪 90 年代中期至今）

无论是改革开放前的"政治形态的教育"，还是改革开放后的"经济形态的教育"，其实质是相同的，它们都是把教育作为社会的工具，满足政治、经济发展的需要，奉行的是政治、经济的运行逻辑，按照政治、经济要求操纵教育。教育失身于政治与经济，而忘记自身，忘记了自身的对象——人，也忘记了自身的责任——育人。

20 世纪 80 年代末 90 年代初，一股批判教育工具化、倡导教育回归人的倾向开始在理论界出现。1989 年 5 月，《中国社会科学》编辑部、《教育研究》编辑部、全国教育基本理论专业委员会以"教育与人"为主题召开学术研讨会。1989 年《教育研究》把"教育与人"作为首要选题，集中发表了 20 篇文章，揭开了教育关注"人"的序幕。有研究者反思新中国教育政策的价值取向，指出教育政策历来只强调教育的社会工具价值，忽视教育在培养个性、促进人的潜能得到尽可能发展方面的价值③。有研究者从正面提出了"人是教育的出发点"，培养人是教育的根本职能，教育是通过培养人而服务于社会、推动社会发展的。教育的直接目的不应该是满足社会需要，而是满足人自身生存和发展的需要，促进人的自由、全面发展是教育最高的鹄的。教育应该把人作为社会的主体来培养，而不是作为社会的

① 胡克英．人在呼唤［J］．教育研究，1989（3）．

② 孙喜亭．人的教育与劳动力教育［J］．教育研究与实验，1989（3）．

③ 叶澜．试论当代中国教育价值取向之偏差［J］．教育研究，1989（8）．

被动客体来塑造。① 这场讨论是新中国成立后在教育价值取向上第一次面对人、正视人的价值。也正是这些研究，促成了 90 年代对学生主体性作用的重视和素质教育的实施，使教育从社会政治、经济的工具转变为促进人的发展，并逐步由人本教育理念转变为“育人为本”的教育实践。

20 世纪 80 年代中期，教育理论界对师生在教育过程中的地位进行了热烈的讨论，出现了“双主体说”“复合主体说”“主体主导说”“主体移心说”“主客体关系的双重结构说”等，虽然没有形成统一的认识，但基本上确立了学生的主体地位，教育过程要发挥学生的主体性。随着讨论的不断深入，90 年代有学者提出，不仅要在教育过程中发挥学生的主体性，而且要培养学生的主体人格，把他们培养成为具有进取意识和创造精神的社会主体。主体教育也从一种教育认识论、方法论，上升为一种本体论的教育哲学、教育思想，体现在教育的不同层次（包括学生的主体性、教育过程的主体性、教育系统的主体性）和教育过程的各个方面（包括主体性课程的设计、主体性教学的策略、主体性德育的模式和主体性教育管理等），使主体教育成为 90 年代令人瞩目的教育理论话语和教育改革实验。

主体教育主要为理论界所关注，作为 20 世纪 90 年代以来教育对人的关注，主要表现为国家教育政策所提出的“素质教育”。1993 年，中共中央和国务院颁布的《中国教育改革和发展纲要》提出，“中小学教育要从‘应试教育’转向全面提高国民素质的轨道，面向全体学生，全面提高学生的思想道德、文化科学、劳动技能和身体心理素质。”这是政府和教育管理部门首次明确了要从“应试教育”转向“素质教育”，完成教育的根本性变革。1995 年，《中华人民共和国教育法》再次重申了要发展教育事业，提高全民族的素质。1997 年 10 月，原国家教委颁发了《关于当前积极推进素质教育的若干意见》，将素质教育作为一个时期基础教育的重大任务布置，并提出实施素质教育的若干措施。在此基础上，1999 年中共中央、国务院召开的第三次全国教育工作会议以“素质教育”为主题，再次对全面实施素质教育的相关问题展开了讨论。会议颁发了《中共中央国务院关于深化教育改革全面推进素质教育的决定》，《决定》指出，“实施素质教育，就是全面贯彻党的教育方针，以提高国民素质为根本宗旨，以培养学生的创新精神和实践能力为重点，造就‘有理想、有道德、有文化、有纪律’的、德智体

① 扈中平．人是教育的出发点［J］．教育研究，1989（8）．

美等全面发展的社会主义事业建设者和接班人。”这个文件的颁布表明，素质教育的理念与实践已经逐渐走向成熟。

作为贯彻《中共中央国务院关于深化教育改革全面推进素质教育的决定》的重要举措，教育部于 2001 年颁布了《基础教育课程改革纲要（试行)》，决定大力推进基础教育课程改革，构建符合素质教育要求的新的基础教育课程体系。《纲要》以“为了每位学生的发展”为指导思想，提出了“知识与技能”“过程与方法”“情感态度与价值观”的三维课程目标，“三维目标”超越了传统教学中“双基”的目标，具有内在的整体性，指向了人的完整发展。课程改革超越了知识的目标，而真正地转向人的发展。

2010 年颁布的《国家中长期教育改革和发展规划纲要（2010—2020 年)》把“坚持以人为本、全面实施素质教育”作为教育改革发展的战略主题，把“育人为本”作为教育工作的根本要求。《纲要》指出，“要把促进学生健康成长作为学校一切工作的出发点和落脚点。关心每个学生，促进每个学生主动地、生动活泼地发展，尊重教育规律和学生身心发展规律，为每个学生提供合适的教育”。这对于人本取向的教育改革和发展具有重要的指导意义。

在对教育的认识上，《纲要》提出的“教育是开发人力资源的主要途径”，依然带有人力教育的倾向，表现出一定的功利化教育倾向。人本取向的教育是基于人性、以人为目的的教育，注重人的全面、自由、个性化的发展。而人力的教育是基于经济社会发展对劳动者素质的教育，是把人的素质工具化的教育。人的教育是基于人自身的生成、发展和完善的逻辑，而人力的教育是基于经济社会发展的逻辑和要求。人力教育只知道要把学生培养成劳动力，以便为经济建设服务，不知道经济建设更要为人服务，为满足人的物质文化需要服务，而且首先要为培养人服务，要为人本身的发展服务。①

可见，虽然 21 世纪的中国教育从理论上关注人的发展，试图使教育回归人本身，但在教育政策和教育实践中，实施“育人为本”的教育还任重道远。在我国的教育改革和发展过程中，应大力加强人本教育，逐步克服人力教育的弊端，使新时期的中国教育朝着人本的方向走下去。

---

① 涂艳国．育人为本：教育要为人的发展服务［N］．中国社会科学报，2011－179（9）．

（二）人的形态教育：当代中国教育转型的指向

当代中国在科学发展观的指导下，“坚持以人为本”，促进人的全面自由发展，提升人的幸福生活质量，成为社会的核心目标和追求。教育作为育人的事业，更应该体现出“育人为本”。正如叶澜教授所说，“教育是直面人的生命、通过人的生命、为了人的生命质量的提高而进行的社会活动，是以人为本的社会中最体现生命关怀的一种事业。”① 这是当代中国教育的核心追求，也是教育实现自觉转型的方向所在。

1. 从“社会”到“人”：教育轴心的转换

从对新中国教育发展历程的考察中可以发现，工具性思维以及所带来的工具性教育是中国教育的典型表征。工具性教育表现在两个方面。一方面，是把教育作为社会发展的工具，强调教育如何适应社会的发展要求，服务于当下社会。社会看重的是教育的工具价值，被抬高的是教育的工具性作用，被看好的是教育对社会需要的满足。教育成了社会的“救火车”，哪里“失火”，哪里就有教育。教育陷入了严重的功利主义，淹没于社会之中，没有了自我，也丧失了尊严和价值。另一方面，社会把教育作为工具，必然意味着教育培养社会的工具人。教育根据社会要求塑造人，使人成为不同时期社会需要的工具，实现教育外在的工具价值。

正是由于教育的工具性，使中国教育的转型具有强烈的外推性。教育转型通常被视为社会转型的一部分，作为其他领域社会改革的一部分，服务于社会政治、经济发展的要求。新中国成立后，教育从“为无产阶级政治服务”到“为社会主义现代化建设服务”，从作为“阶级斗争的工具”到作为“经济发展的人力资本”，教育充当的都是社会的工具。“在众多教育改革的文献中，随处可见社会改革的主题和影响。服务社会改革已经成为教育改革合法性的基础之一。”② 政治家基于社会改革的需要推行教育改革，教育改革的动因不在于促使人的转型，而在于满足社会的需要，适应国家政治、经济发展的要求，教育改革表现出强烈的“国家主义价值诉求”和“功利主义价值诉求”③。教育不因为人的转型而自觉转型，而是因为政治、经济的要求“被转型”。

---

① 叶澜，郑金洲，卜玉华．教育理论与学校实践［M］．北京：高等教育出版社，2000：140.

②③ 石中英，张夏青．30 年教育改革的中国经验［J］．北京师范大学学报：社会科学版，2008（5）.

当代中国教育的转型，必须首先实现教育轴心的转换，使教育从为了“社会”到为了“人的发展”，从“社会的教育”到“人的教育”，使教育的价值从外在的工具性价值走向内在的生命价值。教育真正致力于“使人成为人”，而不是成为社会所需要的“工具人”“碎片人”。

我们强调教育成“人”，并非走向抽象的人性观和极端的个人本位。人是社会的人，社会无疑制约着人的存在与发展。传统社会只看到社会对人的制约的一面，却没有看到更根本的人对社会超越的一面，因此，教育就从社会出发对人提出要求，使人适应社会，而不是从人出发对社会提出要求，使社会更加符合人性发展的要求。成“人”的教育依然服务于社会，但它是通过培育主体人而实现对社会的引导和超越。所以，成“人”的教育将社会与人的发展统一于人的发展上，而传统的工具性教育将二者统一到社会的要求上，它们的轴心不同。当然，作为一种社会现象，教育成“人”的要求离不开社会的支持。“只有当社会发展到以追求人的价值为本之时，教育才能将人的发展视为根本的和最高的价值。”① 而“以人为本”的社会条件，正是当今时代我国“科学发展观”所提倡的。所以，我们有理由，也有可能实现教育轴心的转移，使教育朝着人之形态的方向前进。

2. 从社会工具人到社会主体人：教育目的的转型

人是社会的人，人的发展形态离不开社会提供的条件。中国几千年的封建宗法统治和小农经济的生产方式，家国同构、宗法一体的封建政治文化，没有为个人主体性发展提供条件，造成我国从未形成具有真正独立人格的个人主体。“五四”新文化运动提倡的个人主体的启蒙，也很快由于政治意识和社会形势的变化而夭折。新中国成立之后，“‘一大二公’制度和集权中央、计划指令性的经济政治体制并没有使个人得到真正解放；非但如此，还培植和养成了人们照章办事、照本宣科、一切听从指挥、一切仰赖上头，甚至不发口令就不去迈步的依赖习性”。“个人作为主体的特性被禁锢，得不到自由的发展，这应该看作是我国社会长期停滞、发展缓慢的主要原因。”②

改革开放使中国社会从计划经济转向市场经济，从农业社会转向工业社会，从传统社会转向现代社会，表现在人的发展形态上，也即从马克思所说的“人的依附状态”转向了“个人的独立性状态”，“我们的迫切任务

① 此为叶澜教授在“教天地人事，育生命自觉”的学术报告中提出的观点。

② 高清海．主体呼唤的历史根据和时代内涵［J］．中国社会科学，1994（4）．

理所当然地应该是首先去解放个人，培植具有充分活力的个人主体。这应当是毫无疑问的”。①

教育尽管面对的学生都是人，但政治形态的教育、经济形态的教育以社会需要的满足为本，它们把人作为社会的工具来培养，不仅使人具有社会性，更重要的是以既定社会规范要求人、约束人，使人成为被动的服从者，成为社会的客体。教育轴心从社会到人的转换，意味着教育当以人的发展为本，以人的发展引导社会的发展。所以，教育轴心的转换要求教育目的必须从培养作为工具的客体转向培养社会的主体。

主体有不同的形态，有个人主体和社会主体。个人主体是社会主体的前提，个人没有主体性，只能为社会所湮没，不可能成为社会主体。所以，主体人首先要成为个人主体，具备个人的自我意识、独立人格、自主能力，拥有自由、权利、尊严以及自我的利益。但由于主体是相对客体而言的，主体性是主体在主客体关系中所表现出的积极、能动的态势，所以，主体把客体作为实现“我”之目的的手段，为“我”所占有和利用，具有为我性和占有性。主体的这种特性，容易使过分张扬的主体性只关注自我的存在和自我的利益，导致人与人、人与社会、人与自然之间的对立和冲突。当代人类发展所面临的诸多问题，包括人际关系冷漠、纷争，社会公德的缺少，文明的冲突与战争，环境的污染与生态的危机，人与人贫富差距的加大等，都源于这种单子式的个人主体性。所以，当代社会批判个人的主体性，呼唤社会的主体性。

社会是人的载体，是人与人之间交往的产物。交往是社会存在的根本机制，也是人的根本生活方式。孤立的、单子式的个人主体只能导致社会中人与人之间的对立，致使社会走向冲突与混乱。社会主体不同于个人主体，个人主体是在主体与客体关系中产生的，社会主体是在主体与主体之间的交往中产生的。个人主体强调为我性和占有性，社会主体强调人与人之间的平等性与和谐性。所以，社会主体强调的是主体间性，而不是单子式的个人主体性。社会主体的主体间性，不是只强调社会的整体性，消灭个人的主体性，而是蕴含着个人的主体性，以个人主体性为前提，强调人与人之间的平等性，强调社会的整体与和谐。

就当代中国社会而言，培养社会主体就是要培养人成为公民。公民与

---

① 高清海．主体呼唤的历史根据和时代内涵［J］．中国社会科学，1994（4）．

臣民不同，具有主体性，这是公民的首要特点。中国传统社会是一个等级依附社会，突出的是君主的绝对权力和臣民的绝对服从，是君主的高高在上与臣民的屈辱地位，故臣民“无我”，只有对统治者的责任、义务和服从。公民区别于臣民，就在于他首先是一个独立的人，有正当和合法的权利，有独立的人格、自由和尊严。其次，公民与私民不同，具有公共性。公民的主体性在乎“自我”，但无数“自我”都是平等的关系。不平等的私民只能是“有我无他”，不是公民，而是暴民。平等的公民关系，不仅意味着对个人权利的限制，更意味着个体之间具有公共的生活、公共的利益和公共的善。公民在“公”的意义上，是身份平等的，具有公共理性、公共精神，参与公共生活，为了公共利益和公共善的人。主体性和公共性是当代中国社会转型对人的要求，也是公民不可或缺的两个特点。

中国社会的当代转型，既呼唤个人的主体性，又呼唤社会主体的公共性，一个权利和义务相统一、主体性和公共性相统一的当代公民正在出现。因此，可以说公民是当代中国人的转型所在。当代中国公民应该既有个人的主体性，成为个体的公民；同时，又必须超越个体，具有公共性，成为社区、社会、国家和世界共同体的公民。

3. 教育内容的转型：从社会形态的教育走向生活形态的教育

在内容上，中国的教育形态还可以划分为社会形态的教育和生活形态的教育。前者为塑造社会工具人所需，后者为人之发展所需；前者满足的是社会的要求，后者满足的是人之生活的需要；前者是为了人的社会生存，后者是为了人的生活。为了社会与为了生活，目的不同，“尽管生活总是需要社会这一形式，但却不是为了服务于社会。恰恰相反，社会必须服务于生活。为了社会而进行社会活动是背叛生活的不幸行为”。“好的社会是好生活的必要条件，但不是好生活的目的，相反，好生活才是好社会的目的。”① 生活是生命的动态展现，是生命的存在状态。人之形态的教育，必然是生活形态的教育。

中国的教育一向重视知识学习，培养有知识的人，这无可非议，关键是知识学习的目的何在？社会形态的教育，学习知识是为了满足社会的需要，知识是服务于社会的工具。所谓“知识就是力量”，是征服自然、改变世界的力量。拥有知识，就拥有改变世界、征服他人的力量，因此也可能

① 赵汀阳．论可能生活［M］．2版．北京：中国人民大学出版社，2010：9.

拥有财富和地位，能够更好地在社会中生存。所以，知识是人们谋生的工具，人们求知是为了生存，而不是人性的需要。但是，并非所有的知识都有助于谋生，“唯有实利的知识和技术”才有谋生的价值。所以，“有用”成为衡量知识的价值标准，人文知识逐渐被边缘化，科学技术成为知识的主导，“学问成了政治和经济的工具，……因而也失去了尊严”[①]。社会形态的教育，为社会而求知，知识失去了人性的内涵，蜕变为社会需求的工具，不仅远离了人的生活，而且还束缚着人性的自由发展。

生活形态的教育不是回到生活与教育浑然一体的原始状态，它不否认知识的学习，关键是知识学习的目的发生了转换。知识不再服从社会的要求，而是服务于人的生活、生命的发展。知识是生活的工具，是生命发展的手段。学习知识是生活的需要，掌握知识要为生命的发展服务。所以，知识成为生活的要素，成为人之发展的营养剂。促进生命的发展，提升生活质量，追求人生的幸福，这才是知识学习的目的。

从社会形态的教育到生活形态的教育，意味着教育内容的组织方式发生了变化。社会形态的教育基于社会需要的知识组织课程，政治需要时，围绕政治选择知识；经济需要时，围绕经济选择知识。社会的需要是知识选择的唯一标准，这样的知识看似联系实际，其实只是为了人更好地生存，而不是生活，按照社会的要求去塑造人，而不是按照人的逻辑去塑造人。因此，社会形态的知识学习，是在生活之外的学习。生活形态的教育，基于人之生活的需要、人之发展的需要，它打破了知识的学科体系，按照人的生活逻辑来架构。我们选择某一知识的时候，是基于人的生命发展的需要，是为了人过一种完满幸福的生活，而不是因为其他。生活形态的教育，不仅课程的知识来自于人的生活，是生活的内容，更重要的是根据生活的逻辑和人性的发展来组织知识。知识的学习，是基于生活、通过生活、为了生活的学习、知识的学习，是生活的过程，也是促进人的发展的过程。

生活是全面的，既有物质生活、社会生活，更有精神生活。因此，生活形态的教育内容应该是全面的，它超越科学与人文、感性与理性、技术与价值的对立，既要教人“何以为生”的本领，又要给人“为何人生”的人性思考。生活是立体的、有机的，所以，生活形态的课程，在组织方式上要超越专门的知识，实现知识的综合与融通；超越书本与课堂，走向社

① 池田大作，汤因比．展望二十一世纪［M］．荀春生，等，译．北京：国际文化出版公司，1985：61.

会与生活。生活是人的存在方式，是人与世界的自觉沟通与交往，是“过”的动态过程。所以，生活形态的课程不是在生活之外学习，而是在生活中，通过生活而学习。

4. 教育过程的转型：从被动接受走向主体自觉

社会形态的教育目的和教育内容决定了教育过程必然是单向的灌输过程。从目的上看，社会形态的教育培养工具人，亦即社会的客体，它按照社会的既定要求，使人社会化。社会化的过程是一个被动接受的过程。在内容上，社会形态的教育诉诸知识，但它把知识看作外在于人的存在，尤其是现代社会秉持的科学知识观，把一切非实证的价值、理念、哲学和非理性的经验、意见、常识排斥在外，只有实证的科学才是知识。知识剥离了生命的意义和生活的经验，成为外在于人的事实。知识是认识的对象，教育过程成为知识的认识过程。“人的第一使命就是向他之外的客观世界索取种种知识。”[①] 加之，知识是客观的、僵化的、外在于人的，因此，人们只能被动地接受知识，而不能创造知识、生成知识。

人之形态的教育，不能理解为传统的“培养人的教育”（“培养”对受教育者而言，具有被动性），而应该理解为人之生命自觉的教育[②]、人之自我建构的教育[③]。人之形态的教育，以人为主体，不仅要培养主体的人，而且要使人成为教育过程中的主体。没有主体的教育过程，也不可能培养出主体的人。主体的人，表现为一种生命的自觉，这种自觉对外表现为与世界的主动沟通与交流，是主体的生活过程；对内表现为生命的不断追求与自我超越，是生命价值实现的过程。生命自觉的人，具有发展的可持续性、发展的主动性，能够焕发生命活力，实现生命的创造与超越。因此，生命自觉的教育，是主体的教育，是生命自由、自主发展的教育。

如果说社会形态教育的过程是社会价值观的单向灌输和被动接受知识的过程，那么，人之形态的教育就必须改变学生的被动接受状态，转向调动和激发学生的生命自觉，使教育过程成为学生的自我建构和动态生成的过程。首先，教育过程是学生自我建构的过程。只有在自我建构中，才能真正地使人成为发展的主体，实现生命的自觉。主体建构是学生亲身的活动，但离不开教师的帮助。教师的作用不在于教学生如何建构，而在于与

① 俞吾金．超越知识论［J］．复旦大学学报：社会科学版，1989（4）．

② 此为叶澜教授提出的观点。

③ 此为鲁洁教授提出的观点。

学生互动、交流，在师生的双向互动中独立思考、感悟、理解、反思与建构。其次，教育过程是动态生成的过程。传统的教育以传授知识为目的，知识是客观的、固定的，所以，教育过程就成为教师预设的单向知识传递过程，在这一过程中，教师是知识的权威和传授者，学生是被动的接受者；人之形态的教育，以生命的发展需要为核心，关注学生的生命活动，使学生的主体性得以充分发挥，因此，教育过程是开放的、多元的、动态生成的，是充满着变动和创造的过程。

教育过程从被动接受到主体自觉，教学的理念和方式发生着重大的变化。首先，教学关注点从知识转向生命的发展，教学的任务从传授知识到促进生命发展。知识是必要的，但掌握知识不是目的，知识只是促进生命发展的手段，生命发展才是目的。其次，知识观发生了变化。传统知识观是科学知识观，知识特指与客观事物相符合的属性，知识是客观的、确定的、刚性的。学生学习如此的知识，只能是死记硬背，重复记忆，处于被动的地位。后现代知识观是建构主义的，知识是个体在与环境的相互作用中主动建构的，具有情境性、不确定性和多样性。人之形态的教育强调教育过程的开放、多元与生成，必须基于建构主义的知识观。再次，教学过程性质的变化。传统的教学过程是一种认识过程，教学关系是一种以知识为核心的认知关系。人之形态的教育，师生作为完整生命体存在于教育过程中，教育过程是“人对人的主体间的灵肉交流活动”，是一种存在的交往关系，在这种存在的交往中，“人将自己与他人的命运相连，处于一种身心敞放、相互完全平等的关系之中”①。最后，最核心的转变是学生在教育过程中的地位从教育过程中的客体转变为主体，学生由知识的被动接受者转变为自我发展的主人、学习生活的主人，在学习中创造属于自己的生活，创造属于自己的人生价值和意义。

① 雅斯贝尔斯．什么是教育［M］．北京：生活·读书·新知三联书店，1991：2－3.

专题二

影响教育转型的外部因素

引言：一种分析框架

教育是社会大系统中的一个子系统，因此从系统论的角度看，所有其他的社会子系统，如政治、经济、文化、科技、人口等，都可能会影响到教育的转型。换言之，教育之外的其他子系统都是影响教育转型的外部因素。当然，其中有些显著，有些微弱，有些直接，有些间接，完全不相关的因素并不存在。那么，究竟是哪些因素对于教育转型的影响比较显著，值得特别加以研究呢？研究这些影响因素的目的、意义与作用又是什么呢？在《德国教育史》一书的序言中，弗·鲍尔生曾经指出："教育发展并非孤立的运动，非自始至终与世绝缘的运动，而是随着人类精神生活的发展而发展的。所以在任何地方，我都把广阔的人类精神生活发展的趋势及其在教育上的影响，尽可能清楚而明晰地显示出来。"① 在《教育思想的演进》一书中，涂尔干认为："教育的演进始终大大滞后于整个社会的普遍演进。""教育的转型始终是社会转型的结果与征候，要从社会转型的角度入手来说明教育的转型。"② 鲍尔生和涂尔干的相关论述虽然不是专门针对影响教育转型的外部因素而讲的，但上述论断也基本概括了影响教育转型的两大主要外部因素，即精神生活与社会的转型。在这两大因素当中，一个侧重于观念层面，一个侧重于事实层面；一个强调应然，一个强调实然。事实上，在人类的历史上观念与事实是

① 鲍尔生．德国教育史［M］．北京：人民教育出版社，1986：序言．

② 涂尔干．教育思想的演进［M］．上海：上海人民出版社，2003：228，231．

不可分的，应然与实然对应着教育转型的两重性。因为一旦观念发生了革命性的变化，事实层面不可能不发生任何变化。这就好比物质文明发达了，精神文明也不可能依然如故。相反，伴随观念的变化，事实也会变化。伴随事实的变化，观念也会更新。如果事实已经发生变化，观念同样会随之变化，旧观念会瓦解，新观念会创生。应然会变为实然，实然也会导致应然。当然，这里无论是鲍尔生的“人类精神生活”还是涂尔干的“社会的转型”，都还是一个非常笼统的、泛化的概念，是一种描述性的而非分析性的概念，缺乏实际的可操作性。但是无论如何，它为我们提供了认识问题、分析问题和解决问题的基点。以此为基础，它启发我们对于影响教育转型的外部因素可以从观念与事实两个大的层面去进行深入探索。在观念层面上，作为人类精神生活重要组成部分的文明变迁与文化传承是影响教育转型的重要外部因素；而在事实层面上，制度的变迁、技术的进步、利益的分化以及权力的转移等则是直接影响并促进教育转型的重要外部因素。

对教育转型的理论研究属于宏大叙事。作为这种宏大叙事的一个组成部分，对影响教育转型外部因素的分析同样属于宏大叙事。从某种意义上，所有的理论研究都属于也只能是宏大叙事。因为，所谓的理论研究就是要超越于一般的事实之上，追求普适的规律，忽略具体的细枝末节。宏大叙事式的理论研究有优点亦有缺点。优点在于：可以对繁纷复杂的事物进行一般意义上的抽象与概括，从而帮助人们跳出琐碎事实的沼泽，保持思维的明晰，进而看清事物发生、发展的大趋势。缺点在于：由于忽视了具体的细节，远离了生动的实践，抽象的理论往往是灰色的，容易泛化为一种教条主义或意识形态，从而遮蔽了事物的真相，不利于对现象背后真理的发现。对于影响教育转型的外部因素，一种是通过实证的方法进行因素分析或多因素分析，最终结论为事实判断；另一种是通过一定的理论分析框架，进行规范性的研究，最终结论为价值判断。在实证研究与规范研究、事实判断与价值判断的分类框架下，本研究明显倾向于后者。究其原因，一方面在于教育研究过于复杂，影响教育转型的外部因素多种多样，通过量化的实证研究进行多因素分析，并最终归纳出若干主要因素十分困难，甚至于根本不可能。即便能够归纳出来，也只能是统计工具“削足适履”的结果。另一方面在教育领域中规范研究与价值判断绝非一无是处，教育本身就是一个充满价值选择的领域，人类社会也是一个价值的世界。在这个世界里，很多事情都是凭借价值判断得以运行的。在教育领域中，价值判断是绝对的，事实判断则是相对的。如果凡事都苛求事实判断，凡事都依赖于实证研究，那么现有很多原本生机盎然的研究领域将会成为学术的不毛之地。具体到教育转型问题也同样如此。在进行规范研究的过程中，为了避免宏大叙事的某些缺点，对理论分析框架的选择十分重要。所谓分析框架，实质上就是一种思维的工具，一个有效的分析框架不但有助于深入认识所研究的对象，而且其本身也会成为研究对象不可分割的一部分。分析框架与具体研究对象之间的关系就好比建筑图纸与最后的建筑物一样，有效的分析框架可以为科学研究结论的得出提供最大的可能性，同时相关研究结论的得出也会反证分析框架的有效性。“如果一个分析框架不适合所分析的问题，这个方法就不能抓住问题的要点，”① 就不能确保科学结论的得出。对于正处在转型当中的当代中国社会而言，教育转型仍然是一个新课题，对于影响教育转型的诸多外部因素，教育理论中还没有现成的理论分析框架可供借鉴。在这种情况下，如果只是单纯地采取列举法或穷举法，一方面很难穷尽相关因素，另一方面这些相关因素间的关系也很难体现。参照关于社会转型的相关研究，同时考虑到社会转型与教育转型之间所存在的一般与特殊的关系，对于影响教育转型的外部因素，本研究选择从两个维度展开。一个维度是“观念—制度”，另一个维度是“权力—利益”。最后以社会转型作为大背景，分别从观念变迁、制度变迁、媒介变迁、权力转移、利益分化等五个方面着手，构建用以解释影响教育转型外部因素的分析框架（见图 1）。

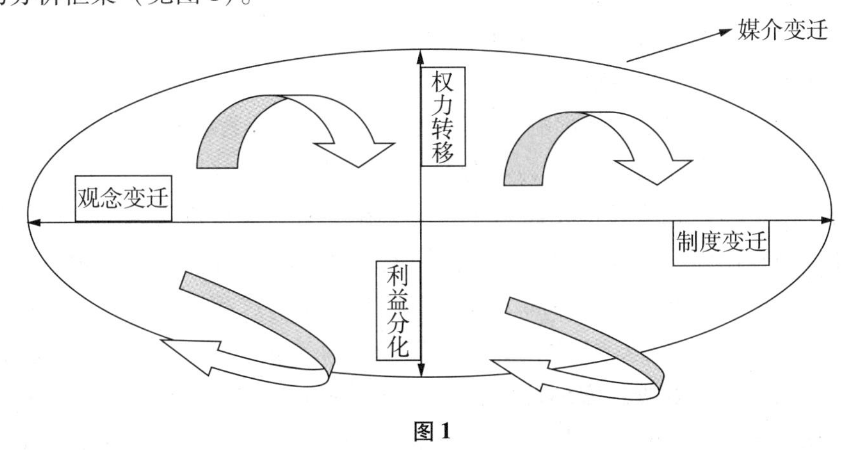

图 1

① 博德斯顿．管理今日大学：为了活力、变革与卓越之战略［M］．桂林：广西师范大学出版社，2006：前言．

对于上述分析框架可以作如下简单的解释。对于教育转型而言，媒介的变迁是我们时代的核心特征，反映了某种时代精神，无论是观念还是制度，无论是权力还是利益，都必须要在新的媒介环境中重新调适。在未来教育转型的过程中，技术不再是中立的因素。技术本身所蕴含的价值倾向性也将天然地支持一种教育类型而排斥另一种教育类型。因此，媒介变迁将成为影响教育转型的重要因素。所谓观念，即精神层面的因素，包括理念、理想、心智模式、文化传统、风俗习惯等。观念变迁是教育转型的先导，唯有新的教育观念才能引领教育事实和实践从一种型转向另一种新的型。制度与观念相对应，是观念制度化的结果。在一个法治社会中，制度变迁既是对于观念变迁的固化，又是教育转型的动力。只有作出了具体的制度安排，教育转型才可能持续有序地进行。权力与利益是影响教育转型的另一对重要因素。在民族国家的框架下，出于对国家利益的考量，教育不可避免地处于政府政治权力的监控之下。离开政府部门的资金支持与政策推动，教育转型根本不可能发生。除了政府权力因素的影响之外，在市场化已经成为一种意识形态的今天，成本利益的计算已经深入人心，各利益相关者之间的利益分化和分配同样也会引发并左右着教育转型。作为一种整体性的结构变迁，教育转型过程中必须保障各利益相关者的利益不受侵害。由于个人与组织的自利化倾向，在具体实践中，只有当相关人员利益得到明显改善的情况下，教育转型才有可能启动并获得成功。利益既是驱动教育转型的动力，也是检验教育转型成功与否的标志。虽然利益相关者的支持率并不能完全左右教育转型的进程，但没有利益相关者的支持，教育转型一定会举步维艰。

最后要指出的是，将影响教育转型的外部因素分为媒介、观念、制度、权力、利益五个方面完全是为了分析问题的需要，在教育转型的实践中，这五个因素不可能单独存在而是相互交织在一起，甚至难以区分，更不存在哪个因素比哪个因素更重要。教育转型的过程既是各种外部因素影响教育发展的过程，也是各种外部因素之间相互作用的过程。这种相互作用没有固定的模式或机制，更多的是一种随机的动态的互动过程。除此之外，在一定的技术环境或制度环境中，这五个因素也会相互转化。比如，观念会转化为制度，制度会演化为权力，权力会衍生出利益，利益又会催生新的观念。再比如，观念为权力所俘获，并将其制度化，通过制度化的观念，促成了利益的重新分配，重新分配后的利益又可以导致新的观念萌芽以及新的权力格局出现，从而又为新一轮的教育转型做好准备、储备能量。总之，实践中影响教育转型的外部影响因素总是会杂糅在一起（有时某一因素会成为主导），对此所谓的理论分析框架只能提供一个理想类型的解释语境，其用处只在于深入认识影响教育转型的因素，而不是要以此作为制定教育转型政策的相关依据，更不能试图依此理论分析的结论去推动教育转型实践的深入进行。

一、观念变迁与教育转型

人类生活的世界主要由两部分组成，即观念世界和现实世界，也可以称之为心理世界与物理世界。二者之间相互依存，相互印证，相互转化。任何一种变革总是先出现在观念里，然后才能转化为现实。改革推进的过程也是观念普及的过程。观念中的变化一定是受到现实变化的启发或触动。真空之中不可能产生新的观念。封闭与保守总是如影随形。历史表明，正是观念与现实、心理世界与物理世界之间的互动导致了人类社会生活的不断转型或进化。“滔天的罪恶源于伟大的观念。当伟大观念的狂热追随者们致力于使‘道成肉身’时，鲜有伟大的观念被证明为完全清白。”① 今天制度性教育作为人类社会结构中的一个重要组成部分，属于一个被主观建构起来的客观世界。作为人类社会主动建构的社会组织，教育的自主性只能源于人的观念解放和教育自觉。归根到底，人是教育的一切，只有实现了人的转型才会有教育的转型；与此同时，人的转型又必须在教育中进行，没有教育转型也不可能有人的转型。教育转型作为教育以及教育中的人从自发走向自觉的过程，必然受制于整个社会观念的变迁和教育观念的更新。因为，作为整个社会系统中的一部分，教育发展的过程中“观念常常造成思维的差异”②，而思维的差异则会决定制度转型的方向。无论何时、何地，没有观念的及时转变或更新，教育转型都很难启动。此时政府如果以法律

① 齐格蒙·鲍曼．后现代性及其缺憾［M］．上海：学林出版社，2002：2.

② 马克·汉森．教育管理与组织行为［M］．5版．冯大鸣，译．上海：上海教育出版社，2005：序言.

或政策的方式强行推动，教育转型很多时候也只能是“被转型”①。道理很简单，有形的东西政府容易控制，无形的事物则很难捉摸。对于教育转型而言，观念是原因而不是结果。虽然教育转型本身也会产生新观念，但无论是逻辑上还是实践中，一种新的观念应在教育转型之前而不是在转型之后出现。“观念不是公共事件的结果而是其原因。”② 当下随着后现代主义思潮的兴起，当代社会在意义层面呈现出悖论性。一方面现代主义的宏大叙事被无情解构，意义似乎消失了。金钱和权力而不是思想和观念在主导着现代社会的运转。另一方面随着现代性观念的不断碎片化，当代社会更加多元化和宽容，各种各样的思想观念充斥着每一个角落。当代的社会就是这种矛盾的调和，今天的世界虽然已经不再是一个观念的世界，今天的国家虽然已不再是文化的国家，今天的教育也不再只是理智的教育，但观念对于这个世界的影响依然强大。只要有人存在，观念就不会消失，意义就会有人追求。当代中国社会虽尚未完成工业化，但在观念领域却已经杂糅了前现代、现代与后现代的各种因素，呈现出转型社会的典型特征。在社会急剧转型的过程中，观念变迁无疑是当代中国教育转型的第一推动力，并最终决定着教育转型的大方向。如马克斯·韦伯所言：“直接支配人类行为的是物质上与精神上的利益，而不是理念，但是由理念所创造出来的世界图像，常如铁道上的转辙器，决定了轨道上的方向，在这轨道上，利益的动力推动着人类的行为。”③ 对于中国而言，同样如此。在当代中国教育转型的进程中，“物质上与精神上的利益”虽然非常的重要，但“由理念所创造出的世界图像”同样不可或缺。虽然新观念的出现并不一定必然导致教育转型的发生，但是如果没有新观念的产生，成功的教育转型也是绝不可能的。

① “被转型”这里有两个含义：一是被动转型，即被重新设计；另一个是“假转型”，即说起来或看起来好像转型了，实际上或本质上并没有转型。无论是教育的“被动转型”还是“假转型”都与政府的过度控制不无关系，都是对教育转型的异化。有学者撰文指出，反常理的“被什么什么”，即不能和不该“被”的，也“被”，是我们这个时代一个值得玩味的语言现象。人们对于关涉自身之事乃至世事，不愿为却不能自主，欲主动而不能为，于是在网络上运用修辞学上的“仿拟”创造出种种“被就业”“被自愿”“被转型”等“非理性语”，为的是在有理与无理的强烈对照之下，极力突出被动的人们不愿意看到的不愉快和不幸结果，并意在言外地对可笑的施动者加以辛辣的或善意的讽刺。王乾荣．奇特的语言现象［N］．光明日报，2010－01－08（10）．

②③ 杨东平．大学二十讲［M］．天津：天津人民出版社，2009：总序．

（一）观念的力量

观念是心理的产物，心理是人脑对于客观世界的主观反映。观念是“我们的感觉和冲动所呈现出的知觉形式；每个观念不仅涵盖一种智力行为，而且涵盖知觉和意志的某种特定的方向。因此，对于社会亦如对于个体一样，每个观念均为一种力量，这种力量愈加趋向于实现其自身的目的”。“观念并非一种纯粹的智力上的构想；其自身内部即蕴涵着一种动态的力量，激发个体和民族，驱使个体和民族去实现目标并建构目标中所蕴涵的社会制度。”① 由此观之，观念的力量就是人的主观世界对于客观世界的反作用力，是人的心理世界对于物理世界的“反动”力。对于人类社会而言，观念是一个独特的世界。观念的产生有赖于客观世界，但观念的存在与发展却拥有自己独特的场域逻辑。波普就根据存在的方式或存在事物聚合的方式，把“存在”的含义分为三种：外部事物的存在、思想意识的存在和关系的存在。根据这三种存在方式，他提出了“三个世界”的理论。世界Ⅰ是我们生活于其中的客观物理世界；世界Ⅱ是人的主观精神世界；世界Ⅲ是指人类精神活动对象化后，所形成的客体世界，既包括客观的知识，又包括客观的物品，是一种客观的观念世界。这些观念有些已经具体化地表现为客观的物质形态，如图书、绘图、工具、建筑、人工产品等，有的可能尚未取得具体的形态，譬如数学、逻辑和科学中的许多理念。② 在波普所划分的三个世界当中，观念属于世界Ⅱ。但是事实上，世界Ⅱ与世界Ⅲ之间的边界非常模糊，二者之间经常相互渗透。观念与知识之间有时很难区分。所谓的学习，有时在很大程度上就是一个观念接受的过程而非知识传播的过程。之所以要接受许多非知识性的观念，主要是源于社会化的需要。即便是在知识领域中，观念也占有重要地位。很多人文社会科学的知识不过是某些天才的个人建构。所谓“知识就是力量”，其实质很可能是“观念就是力量”。知识本身通过应用所能产生的力量远不及知识在应用过程中所衍生出的观念的力量更强大。更何况有时知识本身就是一些系统化的观念，除了观念之外知识甚至一无所有。凯恩斯在《就业、利息和货币通论》一书中写道：“经济学家以及政治哲学家之思想，其力量之大，往往出乎常人意料。事实上统治世界者，就只是这些思想而已。许多实行者

① 约翰·伯瑞. 进步的观念［M］. 上海：上海三联书店，2005：引言.

② 黄光国. 社会科学的理路［M］. 北京：中国人民大学出版社，2006：122－123.

自以为不受任何学理之影响，却往往当了某个已故经济学家之奴隶。狂人执政，自以为得天启示，实则其狂想之来，乃得自若干年以前的某个学人。我很确信，既得利益之势力，未免被人过分夸大，实在远不如思想之逐渐侵蚀力之大。”“诚然，这不是就当前而言，而是指一段时期以后；因为，在经济学家和政治哲学家的领域中，在25岁或30岁以后还受新理论影响的人是不多的，因此，公职人员、政客、甚至煽动者所应用的思想不大可能是最新的。但是，不论早晚，不论好坏，危险的东西不是既得利益，而是思想。”① 观念的力量之所以如此强大，究其根本在于，观念的获得是人的认知结构形成的前提，认知结构又是社会结构的基础。人对于世界的改造取决于认知结构。“一个思想结构就像一副眼镜。我们透过这副眼镜，运用思想结构在我们心灵之‘眼’中形成图像，即思想洞察力，来观察和归置世界中的事件。”“只要我们准备根据其自身的情况来看待这些选择，我们就要理解我们的观念的优点，而不视之为当然。”② 由于受到既有思想结构的影响，我们每一个人都会充满“偏见”；“偏见”左右着我们的立场，而立场影响着我们的选择和判断。在一个真实的世界中，“无立场”③ 只能是哲学家给出的一个不可能的假设。

在任何一个社会中，人都是观念的产物，现实中不存在没有观念的人，也不存在“没有世界观的世界”。“人只不过是一根苇草，是自然界最脆弱的东西；但他是一根能思想的苇草。我们全部的尊严就在于思想。正是由于它而不是由于我们所无法填充的空间和时间，我们才必须提高自己。”④ 人类社会，一个人从一出生就沉浸于观念的世界里，人的社会化的过程也就是一个观念认同和被认同的过程。一个社会化的人就是能够认同这个社会并被这个社会所认同的人。人类社会在发展中，客观世界通常具有较高的可替代性，而观念世界在共同体内部却往往具有唯一性或不可替代性。一个国家对于外来器物往往比较容易接受，但是对于外来观念却很难认同。器物的引入只是影响生活的便利，观念的入侵则关乎身份的认同。如果没有共同观念的存在，如果持有完全对立的世界观，共同体内部将会陷入所

---

① 康永久．教育制度的生成与变革——新制度教育学论纲［M］．北京：教育科学出版社，2003：411．

② 文森特·奥斯特罗姆．美国公共行政的思想危机［M］．上海：上海三联书店，1999：28．

③ 赵汀阳．没有世界观的世界［M］．北京：中国人民大学出版社，2003：4．

④ 帕斯卡尔．帕斯卡尔思想录（修订版）［M］．西安：陕西师范大学出版社，2007：184，191．

有人对所有人的战争。换言之，没有对观念的共识就不可能有社会的交往，更不可能有社会的和谐。因此人类社会的运转，共享观念是必不可少的，也是不可能少的。观念是行动的路标和灯塔，没有观念便不会有行动，再盲目的行动其背后也有一种观念在指引。为了使人类社会能够永远保持进步，“必须在普遍的变迁中设置某种标准，为确定方向提供一种向导。一个站在汽艇上的人不可能眼看甲板就能断定自己行进的方向是向东还是向西，而必须眼看太阳或天空中的繁星”①。事实上，人之为人的关键所在就是人类基于信任的需要可以形成许多共同的观念，并一起分享和遵循。当然，观念未必都是理性的结果，观念也不意味着绝对的真理。观念的力量源于人的信任和服从。有时一种观念能否得到信奉并产生巨大的影响力，不在于观念本身的对错，而是取决于观念是否符合常识，是否符合生活的习惯和宗教的信仰，是否符合人类的某种思维偏好或认知结构。“世界在很大程度上由观念支配，既有正确的观念，也有错误的观念。英国的一位智者断言，观念对人类生活所具有的支配力量，与其中的错误程度恰好成正比。”②这位智者的断言无疑有些偏激。不过，作为文化的一部分，人类社会大多数的观念确实根本没有对错之分，只有认同不认同。“习俗之所以为人遵守，就仅仅因为它是习俗，而并非因为它是有道理的或者是正义的；然而人民却是由于相信它是正义的这一唯一的理由而遵守它。”③ 一种观念或习俗在没有获得普遍认同之前，只能是地方性的；通过承认各种各样的生活方式的合理性，部分的习俗和观念逐渐成为世界性的或普适性的，而大部分的观念和习俗却仍然只能在某些地方存在。比如，民主观念源于西方，但是今天已经成为全人类的共识，而印第安人的婚俗则至今仍然只盛行于印第安人的部落。

总之，由于社会形态不同、时代不同、场域不同，观念的种类和存在方式也会各不相同，有的高深，有的通俗，有的结果明显，有的后果难以发现。但无论是何种观念，只要它一产生，便会具备独特的力量；这种力量少则支配一个人、一群人，多则支配一个地方、一个国家、一个区域，甚至整个人类社会。观念在先，结果在后。每一种社会期待都会对应着事物发展的一种可能。“如果你不把那些支配你思想的先决观念翻出来见见亮光，那你遇事就会成为其时其地正统观念的囚犯。你所处的那个时代、那

---

①② 约翰·伯瑞．进步的观念［M］．上海：上海三联书店，2005：引言，15.

③ 帕斯卡尔．帕斯卡尔思想录（修订版）［M］．西安：陕西师范大学出版社，2007：184.

个年代的模式，就会在你浑然无知的情况下成为禁锢你思想的牢笼。”[①] 对于教育的转型也是如此。教育之外的观念变迁，最终都会通过一种或隐或显的机制对教育的转型施加影响。如果我们不能够把支配教育的先决观念弄清楚，新的教育就无法冲破旧思想的牢笼。

（二）观念变迁的历程

与现实世界中日新月异的变化相比，观念的进化比较缓慢，新观念被接受尤其困难。“要是新观念很容易被接受的话，那这个世界就变得和迪斯尼电影中的童话世界一样美好了。”[②] 人类几千年的文明史上，由于受地域、语言和交通条件的限制，观念大多在封闭状态下独自演进。今天虽然技术的发展极大地便利了文明的交流和观念的沟通，但由于其他因素的影响，当下能够被普遍接受的核心观念仍然屈指可数，比如政治领域的民主、经济领域的自由、文化领域的自治等。不过，无论是哪个领域的观念，也无论其是否具有普适性，“观念的价值、观念的意义和观念的力量来自观念与未来的各种关系。”[③] 有生命力的观念一定是指向未来并代表着未来的观念。一种有生命力的新观念从萌芽到被广泛接受必须要经历漫长的过程。历史长河中大浪淘沙，只有经过了可以吞没一切的漫长时间的考验的观念才能在人类社会中生根发芽。由于人的认知结构中路径依赖现象的普遍存在，新观念建立困难，旧观念改变也一样困难。某种观念一旦深入人心成为了思想，思想一旦成为了信仰，信仰一旦成为了文化，外力在短时间内绝对无法撼动。人类社会所谓的文明其实就是对于某些核心价值观的坚持与信仰。战争中消灭一个国家的军队或政权有时比较容易，但消除国民对于自己国家的认同和对于文化的信仰则非常困难。只要国民的国家观念还存在，这个国家就不会灭亡，迟早会复国。在这方面，以色列的建国就是极好的例子。其他组织、领域也是一样，比如大学。英雄人物或政治人物有时也许可以凭一己之力废除大学，但只要人们对于高深学问的观念和信仰没有被消灭，大学迟早还会死而复生。在这方面，法国巴黎大学的重建以及中

① 麦基．思想家：与十五位杰出哲学家的对话［M］．2版．北京：生活·读书·新知三联书店，2004：39.

② 克劳士比．我与质量——零缺陷之父的生活体验［M］．北京：经济科学出版社，2005：105.

③ 伯瑞．进步的观念［M］．上海：上海三联书店，2005：4.

国大学在“文革”后的恢复招生都是很好的例证。

人类社会中除非有不可抗拒的外力介入，比如，某个民族的文字因外族入侵而被废除或因自然灾害而遭亡国之恨，否则观念一般会具有一定的连续性。就其连续性来看，观念史不同于政治史。人类的政治史多为断代史，观念史则是一部通史。政治领域的改朝换代或政党更迭并不必然意味着观念的除旧布新。与政治史上政权的不断更迭相比，观念往往具有超越时空的永恒性和稳定性。比如，中国儒家的观念历时千年而不衰，无论城头如何变换大王旗，朝代如何更迭，国家如何转型，儒家的思想观念一直是中国民众的精神家园、中国统治者的治世利器。当然，观念的稳定性也并不意味着观念的静止不变、一潭死水。相反，任何一种观念如果长期一成不变一定会腐朽、会衰亡、会消失。活的观念一定要处在不断地变化之中。“流水不腐，户枢不蠹”就是这个道理。人类社会中所有的核心价值观念都要在变与不变中保持微妙的平衡。对于那些基本价值观念而言，确定什么是可以变的，什么是不能变的，往往事关一个国家、民族或一个社会发展的方向。在可以改变的部分，观念的变迁一般会遵循从量变到质变的规律。积小变成大变，和风细雨，渐进而行。观念的突变会引起文化的休克和价值观的混乱，严重时还会引起社会的失范以及道德的危机。

一般而言，观念的变迁有两种可能：一种是观念内部自动演进的过程，相当于观念自身的自我修正；另一种是在外来观念冲击下被迫放弃旧观念，并做出新的价值抉择。前一种是观念的自然进化，后一种则相当于观念的被动替代。自然进化的过程会很漫长，被动替代的过程会很迅速。自然进化过程中新旧观念之间没有明显的界线，被动替代的过程中新旧观念之间必然会有激烈的对抗。自然进化的观念一般具有顽强的生命力，直接移植的观念极易“水土不服”。在人类历史相当长的时间内，各个文明之间由于缺乏直接的沟通与交流，观念多是地方性的。16 世纪以来，资本主义的兴起和帝国主义国家在全球的殖民活动间接促进了观念的全球性流动。在战争的影响下，源于西方文明的进步主义观念被传播到了世界的各个角落。在进步主义的大旗下，西方中心主义的价值观念迅速席卷全球。作为东方文明的重要代表，中国原本拥有自己独立的价值观念体系。但随着西学东渐，“我们开始被迫地或自觉地输入西方的观念与制度，但在中国缺乏输入观念的指称物与制度赖以运作的现实基础，于是迫使我们去创造这些指称物和基础。我们确确实实在历史中读到现实，并在现实中看到传统。中国凝重的传统是一种现实的力量。当我们匆忙地用新观念与新制度来改造现实时，活着的传统也在顽强地改造着引入的观念与制度。”① 当代中国教育转型就正处在这不中不西、亦新亦旧观念的夹缝之中，教育转型的目的既不是要回归传统，也不是要彻底的现代。当代中国教育转型的终极目标应是在新旧观念的夹缝中为我们的下一代能够创造出新的文明做好准备。

人类社会观念之所以要变迁，其根源在于由该观念所代表的认知范式遭遇了合法性危机。一旦一种观念对于正在发生的事实或正在出现的社会现象不能提供有说服力的解释时，这种观念所代表的范式就陷入了合法性危机。“范式危机”指的是，“表达这些假设的观念并没有能解释正在发生的事情，恰恰是相反：它们遮蔽了人们的视线，使理解变得日益困难；这样的观念与其说是认知资产（cognitive asset），不如说是债务；如果不去掉由此导致的累赘，我们不可能走得太远。废除旧的范式，找到一个新的范式的时间到了。新范式将使‘常态’恢复到事物所呈现的样子，以便真正例外的现象再次成了边际的，而且边际现象将再次变成例外。”② 从某种意义上，观念的变迁就是努力使某种观念经过修补重新合法化的过程。人类社会的不同领域拥有不同的价值观念。其中，宗教领域的观念冲突最为激烈，甚至会因此而引发宗教战争。原因就在于，一方面宗教之间的信仰体系具有不可通约性，另一方面所有的宗教又都倾向于认为自身最具有普适性。宗教之外的世俗领域，人类社会的核心价值观念主要集中于政治、经济、文化三个核心领域。在政治领域内，人们对于国家的观念先后经历了两个主要的阶段，即朝代国家和民族国家。在民族国家的框架下，国家观念又先后经历了文化国家、经济国家、政治国家、技术国家、福利国家等不同的阶段。今天，民族国家又已经进化成了一个无所不包的“巨型国家”。无论是东方还是西方，也无论是社会主义还是资本主义，国家都成了一个庞然大物，以技术和武器为手段，在人类舞台上占据着绝对中心的地位。今天，一个国家的技术力量就可以毁灭整个人类，摧毁整个地球。在人类的历史上，国家作为一种组织从来没有像今天这样具有如此骇人听闻的破坏力。也许国家毁灭整个人类的事件永远不会发生，但只要核武器国

---

① 曹锦清．黄河边的中国：一个学者对乡村社会的观察与思考［M］．上海：上海文艺出版社，2000：698.

② 鲍曼．后现代性及其缺憾［M］．上海：学林出版社，2002：160.

家存在，人类就一直会生活在达摩克利剑之下。核武器虽然只是一项技术，但却永久地改变了国家的观念。国家不再是某一个民族的国家，由于技术手段的进步和利益的普遍关联，任何一个国家都成了世界的国家。任何一个国家的事务都不再仅仅是自己的国内事务，完全由自己说了算。在一个国际化和全球化日益加深的时代，国内事务的国际化将不可避免。所有的民族国家都必须让渡出部分主权，以共同应对彼此关切的重大问题的解决。比如，气候变暖、环境保护、朝鲜和伊朗的核问题，等等。与政治领域国家观念的多变相比，经济领域观念的变迁具有一定的规律性。在经济领域，观念以计划和市场为核心，市场失灵，强调政府；政府失灵，强调市场。经济思想史上对于市场和国家的强调总是交替出现。虽然主流的经济学总是强调自由市场的重要性，但每当经济危机或金融危机发生时，国家的控制和政府的计划对于市场经济的复苏就会显得尤为重要。作为国家控制与自由竞争的中间产物，近年来“混合经济”模式的出现就反映了世界经济发展的一种现实和趋势。“混合经济”的成功实践可以证明，经济发展的成功秘诀就在于国家与市场之间保持微妙的平衡。单纯地依靠市场或单纯地依靠国家都会为经济发展埋下巨大的隐患。既然到目前为止，在经济发展中人们还没有发现比市场和国家更好的机制，如何综合运用这两种机制使其能够相互补充、相得益彰就显得尤为重要。与政治领域和经济领域相比，文化领域由于不能自给自足，因此也就缺乏自主性和自足性。文化观念往往是政治观念和经济观念在文化领域中的直接或间接反映。当国家控制占主导时，文化就是国家的事业，具有公益性和公共性，同时也具有意识形态性；当市场机制占主导时，文化就成为市场的产业，具有世俗性、私人性和可营利性。今天在文化领域中，尤其是在教育领域中，事业与产业的观念混合在一起，公共性和私人性、公益性与营利性、意识形态性与世俗性相互交织，从而造成了很多复杂的问题。

（三）观念变迁对教育转型的影响

观念变迁具有普遍性的影响，当然包括教育转型。作为一种隐性的存在，观念可以通过人的认知结构和思维方式对整个社会结构的转型和教育的转型产生巨大的影响。“观念不仅在政治中是至关重要的，它们在文明生活的每个领域也都居于支配地位，如艺术、文学、经济和社会风俗。几乎可以断言，一个民族的文明程度，与其在自己的劳作和志向中融入观念的程度成正比。”① 思想观念对于教育转型的影响，一种途径是通过观念渗透使某种一般的观念转化为教育观念；另一种途径是通过观念的理论化使一般观念成为某种教育理论的前提假设。观念变迁一方面会带动教育观念的变迁，另一方面也会造成教育理论的范式转换。通过教育观念变迁与教育理论范式的转换，教育转型不可避免地会打上社会观念变迁的印迹。观念变迁影响教育转型的第一要点是对教育的定位，具体包括物理定位和心理定位。物理定位是指各种可观察得到的量化指标。与物理定位相比，心理定位往往更为重要，因为人们“想要的”教育要比教育的实际情况如何更重要②。在某种意义上，观念就是未来的现实。因此，教育的转型必须首先对于教育进行重新的定位。以高等教育中职业教育的转型为例。大学作为高等教育的基本和主要组成部分，一直视职业教育为自己的对立面。职业教育只能集中于非大学类的高等教育机构中。再以医学教育为例，虽然中世纪大学也曾培养医生，提供过医学方面的专业教育或说职业教育，但是近代以来，医生的培训主要是学徒制的，直到1900年，除了传授一些很少的治疗和药物知识外，很少有正规的高等教育。由于受到这种传统观念的影响，当时大学里没有医学院，也不提供医学教学或培养医生。20世纪的医学成就是1911年弗莱克斯纳报告（Flexner report）的直接结果。弗莱克斯纳认为，医学作为一种已经实现了专业化的职业具有明确的理由进入大学。“弗莱克斯纳不仅建议将所有的医学教育转入大学，而且建议将它和基础研究联系起来，从此为医学的开拓性进步打下了基础。将专业训练与大学结合的模式在其他行业也出现了。在大学内，专业前教育和系统的专业训练联系起来；研究和专业实践也联系起来；个人事业要与公共服务相联系的道德观念也被建立起来。所有这些发展都为公众带来了好处。”③ 观念变迁影响教育转型的第二个要点是教育的理论与思想（理念）。教育理论和教育思想从哪里来，必然是教育研究者从教育实践、社会实践和学术资源中获得。对于教育研究者而言，决定他们思想和理论的并不只是他们对于社会的承诺，而是他们的社会地位，或者说是他们所在的社会本身。正是他们所在社会的观念决定了他们的教育理论和思想的倾向。因此，教育转

① 伯瑞．进步的观念［M］．上海：上海三联书店，2005：引言．

② 若雷，赫伯特·谢尔曼．从战略到变革：高校战略规划实施［M］．桂林：广西师范大学出版社，2006：前言．

③ 罗德斯．创造未来：美国大学的作用［M］．北京：清华大学出版社，2007：14．

型过程中的理论选择和创新在一定程度上是由社会结构决定的，而不是由理论的认知结构决定的。教育理论的认知结构一般会遵循心理学和哲学的规律，不断地由浅入深；教育转型过程中理论的进步则主要遵循社会学和生物学的规律，教育理论的成长不是线性的而是在曲折中前进。教育领域，无论是观念的变迁还是制度的转型都是一个阶段一个阶段地缓慢进行。“所有的生活都分阶段发展，当一个有机物的成长达到一定的进展点时，它就会停止生长并在一段时间内喘息，巩固、加深、扩大和利用自己新近获得的能力，而新的力量的积聚是为了更进一步的生长。在教育领域也存在这样的轮换阶段。例如，在一个时期广泛采用外国的思想和制度后，接踵而来的便是回归到自己的教育传统和价值观念、拒绝外来影响的时期。或者，跟随在一代杰出的教育革新家之后的，是缺乏天赋才能和独特性的一代人，然而他们能够掌握、调整和传播这些新的教育创造。‘他们学习教给他们的内容，接受传递给他们的东西。’”① 教育转型的阶段性与观念变迁的过渡性有着密切的关系。观念的变迁不是直线的进步而是螺旋的上升，必须要经过一系列的中间过渡；教育的转型也不可能是直接地由此及彼，中间环节是必由之路。

世界各国，无论是国家观念、经济观念还是文化观念的变迁都会对教育转型产生巨大的影响。历史上教育从传统向现代的转型就与民族国家的建立密切相关。康德尔在《欧洲国家与教育》一文中提到“永恒的教育问题一直是‘谁应当控制儿童的教育?’”“在中世纪，教育由教会控制，虽然个体和城市议会对各种控制不断提出挑战，但皆以失败而告终。宗教改革并没有导致基督教当局对教育控制权的放弃，但是产生了他们与国家之间的伙伴关系，这种关系尤其是在初等教育领域，在绝大多数国家一直保持到20世纪，但随着民族主义这个政治观念的产生，国家逐渐分享承担不断增长的控制权力。”② 在欧洲，国家控制教育的观念可以追溯到古希腊城邦国家和罗马帝国，后来波及全球。正是在这种观念的主导下，19世纪中叶以来在世界范围内掀起了一场国家控制和建立学校的运动。可以说，没有民族国家的兴起，没有国家控制教育观念的普及，就不会有公立教育制度

① 赵中建，顾建民．比较教育的理论与方法——国外比较教育文选［M］．北京：人民教育出版社，1994：126－127.

② 朱旭东．欧美国民教育理论探源——教育制度意识形态论［M］．北京：北京师范大学出版社，1997：9－10.

的建立；没有公立教育制度的建立，传统教育向现代教育的转型就不可能实现。以高等教育为例，“十三世纪统一的观念至十四世纪中叶便归消逝，欧洲诸大国家次第发达而臻于稳固，于是各民族的精神亦随之而分歧。巴黎大学既丧失其往日世界学问中心的地位，而教皇在政治上的势力也同成过去。所以随着当时世界大势之急转直下，中古文明的一部分特质便逐渐地隐没了。但是这个时代的哲学体系，在西方人的心理上却留下了永远不磨的印痕。”① 19 世纪以后，欧洲民族国家观念的出现不仅对于大学的性质和地位产生了直接的影响，导致了大学从行会组织到国家机构的转型，而且由于不同国家的政府内部和民众对于大学观念的差异，从而导致了欧洲国家不同大学模式的出现。“在欧洲，除英国外，官僚制国家的兴起很早就确立了大学与政府关系上的国家控制模式。这一制度安排开启了通过国家预算为大学提供公共财政的道路，将大学纳入到公共行政管理领域，也把学者纳入到国家公共事务之中，使其承担为民族国家服务的义务。由此，在英美欧洲之间形成了两种不同的观念：前者视学者为自由职业群体；后者视学者为公务员。”② 由此观之，大学观念一旦形成就影响深远。当代中国教育转型过程中之所以困难重重，也与人们观念当中“学而优则仕”“仕而优则学”的传统积习不无关系③。

如果说早期教育转型主要受国家观念和政治观念的影响，那么 20 世纪 80 年代以来经济观念和文化观念的变迁对于教育转型的影响就更为明显。由于民族国家的框架已经稳定下来，公私立教育体系也已经完成制度化。基于意识形态，从国有化到私有化或从私有化到国有化的全面转型一般会引起剧烈震荡，往往不利于教育的发展。作为渐进转型的一种方式，通过经济观念对教育领域的逐渐渗透或通过文化观念对教育观念产生渐进的影响进而改造教育理论，最终在一种全新的教育理念的指导下实现教育转型成为最普遍的选择。自 20 世纪 80 年代以来，随着新自由主义经济学的兴起和新公共管理运动的推行，文化产业异军突起，商业和市场观念全面进入教育领域，在文化产业化的过程中教育的市场化改革就成为最重要的举措。以高等教育为例，“20 世纪 90 年代以来，‘市场知道什么最好’的哲学也深入校园：商业性的做法被引入对资金的竞争当中，绩效指标被用来衡量个

---

① 伍尔夫．中古哲学与文明［M］．上海：华东师范大学出版社，2005：169.

② 沈岿．谁还在行使权力：准政府组织个案研究［M］．北京：清华大学出版社，2003：97.

③ 王建华．从中国式大学到大学的中国模式［J］．现代大学教育，2008（1）.

人、院系和学校的产出，并选出基准模式（benchmarking）供发展参照。公司式管理和直线管理取代对院长的选举，教师评议会和学术委员会已经边际化，‘企业家学校’的新的教育观念导致不少国家的大学校长（president or vice-chancellor）逐步成为大学的‘首席执行官’（CEO）而不是通过一致同意的程序成为‘平等成员中的第一人’（first among equals）。这一切造成了西方大学整个学者集体参与决策的传统（collegiality）日益衰落，导致了高校管理风格和决策模式的深刻变革，并引发了关于大学领导体制和决策结构的广泛而深刻的争论。”① 对于当前教育的市场化改革，其利弊得失众说纷纭。但是无论如何，在世界范围内教育从非生产性向生产性、从事业性向产业性、从公共性到私人性、从国家化向市场化的转变已经开始。当前我国教育转型正处在关键阶段，暂时还看不到转型的尽头。我们既不清楚教育转型的目的地，也没有“路线图”和“时间表”。对于教育转型转向哪里，如何转型，何时转型，我们都说不清楚。说不清楚的原因就在于，在社会转型的大背景下，关于当代中国教育转型的话语逐渐多元化。对于教育转型，谁都有话要说，有话可说，可谁又都无法说清楚，更别说是说服对方，达成某种共识。其结果，由于信息不对称，加之沟通不畅，没有任何一方有足够的权威可以告诉我们，当代中国教育转型应该转向哪里，如何转，何时转。不过，观念的迷茫和共识的缺乏既是当代中国教育转型的阻碍，也是当代中国教育新生的开始。在丛林一样的观念世界里，只要我们勇于坚守教育的理想，仔细拨开社会观念变迁中的迷障，当代中国教育转型仍然一切皆有可能。

（四）当代中国教育转型中的观念因素

中国虽然是一个文明古国，但作为一个现代民族国家还很年轻，前后不过百年。在从朝代国家向民族国家转型的过程中，西方文明对于中国传统文化和文化传统产生了巨大的冲击。在西学东渐的过程中，为了现代化的理想，中国从器物、制度到观念各个层面都深受西方文明的影响。1949年新中国成立以后，在建设新的人民共和国的过程中基于意识形态和社会制度的差异，中国又全面倒向苏联，选择了与西方国家截然不同的现代化道路，其结果是改革开放以前的中国呈现给世界的完全是另一种“现代

---

① 陈文申．公共组织的人事决策——转型期中国大学人事改革的政策选择［M］．郑州：河南人民出版社，2002：10.

性”。改革开放以后，西方的现代化观念再一次进入中国，并对中国的改革开放事业产生了重要的影响。尤其是在经济领域，对市场观念的认同对于中国经济的起飞起到了至关重要的作用。由此观之，无论是在观念上还是在制度上，当代中国作为一个现代民族国家都属于外铄型，而非内生型。“凡外铄型发展中国家，现代化过程不是从‘脚’开始走路的，而是从‘头’开始的。这就是说，从‘观念开始’，从‘上层建筑’开始的。从西方学得‘现代化观念’的知识分子首先承担起现代观念的传播使命，然后进入政治过程，使政治法律制度现代化，而后通过政治力量与教育力量自上而下推进社会组织与经济现代化。”① 中国的现代化进程也大致如此。当前中国作为一个发展中国家，客观上也是一个处在从传统向现代转型过程中的国家。在国家转型和社会转型的过程中，中国的教育不可避免地呈现为一种“发展中教育”或“转型中的教育”。在当代中国教育系统中，从上到下、从外到内、从城市到农村、从中心到边缘，伴随着人的现代化观念的逐渐淡薄，整个教育的现代化程度也在逐级递减。换言之，在教育转型的过程中，最先转型的往往是教育的最高层和核心区，即整个教育系统的高层和核心中首先习得现代化观念的那一批人首先转型，然后依次递减。一项新的教育改革措施的出台，在高层指导思想也许是明确的，政策目标也可能是清晰的，但是在政策下达的过程中，由于观念的冲突、利益的考量、权力的掣肘，政策的失真往往不可避免。在教育急剧转型的今天，如果我们认真走入教育内部，走入教育的底层，尤其是那些边远地区的农村教育，仍然可以发现“教育的生活世界”依然在沿着它们的巨大历史惯性向前运动，距离现代化仍然遥不可及。

当前经过30多年的改革开放，中国在各个领域都取得了举世瞩目的成绩。在这些成绩取得的背后，观念的转变功不可没。尽管如此，面向未来，制约中国发展的仍然是观念问题。进一步解放思想仍然是中国在新的世纪里实现第三步战略发展目标的重中之重。与国家崛起一样，当代中国的教育转型同样受困于思想观念的僵化，教育转型同样需要进一步解放思想。如果我们在政治领域、经济领域与文化领域不能转变观念，解放思想，当代中国的教育转型就很难成功。当前由于体制设计上的原因，当代中国教育还不具有自主性，教育转型的主动权一直握在政府手中。教育往哪里转，

① 曹锦清．黄河边的中国：一个学者对乡村社会的观察与思考［M］．上海：上海文艺出版社，2000：245.

何时转，如何转都是政府说了算。这种局面的形成既有政治集权的考虑，也与思想观念的保守不无关系。如涂尔干所言："国家要想牢固确立自身，原本不需要发动如此广泛的齐整化运动，我们原本无须走得那么远，把生命搞成这些非人化框架的囚徒，也可以成为一个道德上、政治上统合一体的民族。"[①] 有鉴于此，为了实现中华民族的伟大复兴，为了实现教育强国的伟大梦想，我国政府的教育主管部门必须解放思想、转变观念、创新体制，通过转型恢复教育的自主性和自主权。只有教育实现了自主发展，当代中国教育转型才算名副其实。

当前影响中国教育转型的观念因素主要有以下几个：一是政治领域中将教育意识形态化的政治观念；二是经济领域中将教育产业化的经济观念；三是文化领域中将教育知识化的教育观念。在民族国家的框架下，教育与意识形态有关联，但绝不能将教育等同于意识形态。汉娜·阿伦特曾指出，所谓"意识形态"，它的原词的含义是指一种"观念"的逻辑。它的题材是历史，从"观念"的角度运用这种主题材料的结果，不是关于某种事物"是什么"的一套陈述，而是展开一个经常变化的过程。意识形态对待事件过程的态度，是将它们看作应该遵循它的"观念"所揭示的逻辑"法则"。各种意识形态都伪装知道整个历史过程的各种秘密——过去的秘密，现在的缠结，将来的无法预测——其原因是各自观念中内在的逻辑。意识形态思维的特点是将事实都组织进一种绝对逻辑过程，这种逻辑过程从公理上接受的前提开始，从中推论出一切事物；也就是说，它展开的那种连续性在现实范围里根本不存在。[②] 教育可以使一个人对某种意识形态产生认同，但绝不意味着教育的主要作用就是为了使学生对于某一种意识形态进行认同。教育还必须有着更崇高的超越于意识形态的教育目的。同样，教育有产业属性，但并不等于教育可以产业化或应该产业化。产业属性只是教育诸多属性当中的一种而绝不是全部，产业化的结果会抹杀或掩盖教育的其他属性，使教育的产业性被无限放大或夸大，从而对教育其他功能的发挥产生致命的伤害。同样的道理，教育过程中要传授知识，但也不等于教育就只是传播知识。"塑造知识人是一个根深蒂固的教育信条。这一信条的人

① 涂尔干．教育思想的演进［M］．上海：上海人民出版社，2003：172.

② 谢泳．书生的困境：中国现代知识分子问题简论［M］．桂林：广西师范大学出版社，2009：67－68.

性设定是把知识、求知看做是人的唯一规定性，它颠倒了知识与生活的关系。”① 将教育知识化是对教育的严重误解，如果仅仅是为了获得相应的知识，教育可能完全不需要那么长的时间，短期的有针对性的培训会更加有效率。人之所以要将一生中最美好的时光投入到教育当中主要不在于知识的获得，而在于人格的养成和性情的陶冶。教育的理想绝对不是培养百科全书式的知识通才（这也是不可能的），而是要造就一个幸福的人、有教养的人、有理想的人。教育是人幸福的源泉，只有教育才能赋予人以理性的光辉，只有教育才能赋予生活以人文的意义。一个受过教育的人，尤其是受过高等教育的人，绝对不只意味着一个有知识的人而必须意味着一个有教养的人。“一个有教养的人必须能够清晰而明白地书写。一个有教养的人，应该对认识和理解的宇宙、社会和我们自身的方法具有一种判断鉴别的能力。一个有教养的人，不应是一个狭隘无知的人。一个有教养的人，应能在某种程度上懂得并思考过伦理和道德问题。一个有教养的人，应在某些知识领域里拥有较高的成就。”② 当代中国的教育转型必须超越上述三种观念对于教育的误解和误读。无论是意识形态、产业属性还是知识的传播，都只是教育活动或教育属性的一部分，绝不能以偏概全。教育的真正目的是为国家培养合格的公民，而不仅仅是符合某种意识形态需要的建设者和接班人；教育发展的宗旨是为了公共利益，而绝不能为了一己之私就唯利是图；教育的过程当然要传播知识，但传播知识绝不是为了应试教育，而是为人的成长提供必要的养分。

二、制度变迁与教育转型

长期以来，社会发展中制度一直被作为“外生变量”③，其重要性和普

---

① 鲁洁．一个值得反思的教育信条——塑造知识人［J］．教育研究，2004（6）：3.

② 亨利·罗索夫斯基．美国校园文化——学生·教授·管理［M］．济南：山东人民出版社，1996：90－92.

③ 在经济模型中，内生变量是指该模型所要决定的变量。外生变量指由模型以外的因素所决定的已知变量，它是模型据以建立的外部条件。内生变量可以在模型体系内得到说明，外生变量决定内生变量，而外生变量本身不能在模型体系中得到说明。在一个模型中，外生变量不可能是自变量和因变量，内生变量就是自变量或者因变量中的一个。经济学中对于制度是内生变量还是外生变量有不同看法。在新古典传统中，制度是作为既定的前提，一种给定的约束条件，而不是研究的对象。它们将制度视为给定的外生变量，而且不会发生变迁，从而在经济分析中将制度排除在外。新制度主义经济学则认为制度是内生的，是可以分析的。不过，新制度主义中有些学派，比如，历史制度分析学派就认为，制度既有内生的也有外生的，分析时应加以区分。

遍意义没有受到应有的重视。20 世纪 80 年代以来，新制度经济学的兴起以及制度分析思潮的出现才最终揭示了“制度很重要”和“制度是可以分析的”这两个常识性的真理。制度的确很重要，离开了制度，整个社会无法运转，就更谈不上发展。对于教育转型也一样。转型作为一种结构性的变化，其核心部件就是制度转型。在教育转型的过程中，最为显著的变化也将是教育制度的转型。传统社会里，教育是嵌入社会关系中的一个“小齿轮”或子系统，社会的转型带动教育转型，此时教育只能是“被动转型”。现代社会里，教育领域逐渐获得了越来越多的主体性和独立性，在整个社会共同体中，教育转型的“齿轮”与社会其他子系统“转型”的齿轮相互“咬合”，共同促成社会的转型。而在即将到来的下一个社会，即在知识社会中，社会关系将全面嵌入教育关系之中，教育转型将成为带动社会转型的“发动机”。今天我们正处在从现代工业社会向知识社会的过渡阶段，教育也正处于从被动转型到主动转型的十字路口。在转型社会中，教育转型具有独一无二的特殊性。波兰尼在《大转型》一书中指出：在一个现代社会体系中，“与经济嵌入到社会关系相反，社会关系被嵌入经济体系之中。经济因素对社会存续所具有的生死攸关的重要性排除了任何其他的可能结果。因为一旦经济体系通过分立的、以特定动机为基础并被授予特殊地位的制度来运转，社会就必须以使该体系得以根据自身的法则运转的方式来形塑自身。”① 事实上，这也正是今天中国教育转型的困境所在。经济的市场化导致了社会的市场化，教育作为公共领域的公共性理想面临商业利益和个人利益的严峻挑战。在此关键点上，由于社会转型牵涉整个社会的结构性调整，伴随社会结构的转型，制度变迁的因素对于教育转型的影响将越来越大。原先适应于工业社会的教育型将逐渐通过制度变迁为知识社会的另一种新的教育型所取代。在从工业型教育向知识型教育转变的过程中，没有制度的变迁（尤其是制度创新）就不可能实现教育的主动转型。

（一）制度的力量

今天我们生活的世界已是一个被制度化的世界，制度为庞大社会系统的运转提供了不竭的动力。作为当代社会中制度安排的一种理想类型，科层制已经成为了各行各业的基础设施，正沿着马克斯·韦伯的预言在运行。

① 波兰尼．大转型：我们时代的政治与经济起源［M］．杭州：浙江人民出版社，2007：50.

早在19世纪，马克斯·韦伯就指出："一种充分发达的官僚机制与其他形式的关系，恰恰如同一台机器与货物生产的非机械方式的关系一样。精确、迅速、明确、精通档案、持续性、保密、统一性、严格的服从、减少摩擦、节约物资费用和人力，在由训练有素的具体官员进行严格官僚体制的特别是集权体制的行政管理时，比起所有合议的或者名誉职务的和兼任职务的形式来，能达到最佳的效果。只要是涉及复杂的任务，那么有偿的官僚体制的工作不仅更加精确，而且结果往往甚至比形式上无偿的名誉职务的工作更加便宜。"① 由此不难看出，韦伯本人对于科层制度在技术上的优越性深信不疑。在其他的相关研究中，他甚至认为，"这种技术上的优越性迟早会把所有其他的组织形式——尤其是纯粹的自治管理制度——驱除殆尽，特别是在团体的规模逐渐膨胀，其任务日趋复杂及'团体的存在愈来愈受到权力的制约'的时候，人类的共同行为会愈来愈重效率，科层行政组织亦愈有其必要。"② 科层的存在虽然是制度的重要特征，但制度的力量绝不仅仅是科层的力量。组织的科层化只是制度化的一种选择，制度的力量通过科层来释放也只是其中的一种路径。除了科层化的组织结构和技术特征之外，制度的力量还源于人的契约精神。没有人对于规则的自愿遵守，制度的力量就只能是一种惩罚的力量。现实中民众对游戏规则的遵守除了基于成本—利益的计算之外，主要还取决于制度的规训作用。只有通过制度的有效规训，人们才会自愿服从规则。只有自愿遵守规则，制度运行的社会成本才最低，制度的力量才最大。

在人类社会中，制度的力量最初源于共同体的心理契约，即约定俗成。随着传统共同体的分化，制度也开始分化，制度的力量也不再仅仅是心理上的契约而成为社会的契约和法律上的义务。很多时候在理性主义建构的制度框架下，人只有服从的权利。在制度的"牢笼"下，一个个"具体的人"的主体性逐渐消失，由于法律主义和制度主义的相互叠加，不同领域的制度反倒成了人类生活的主宰。"从更大的历史范畴看，在前工业社会中，人的品格和集团的传统是由社会塑造成的。在工业社会中，诚然是人在制造万物，但这些制成品却成了不可动摇的真理；它们作为具体化了的实体而存在，具有超越人类的独立存在。在后工业社会里，人们只是互相

① 韦伯．经济与社会（下）［M］．北京：商务印书馆，1997：296.

② 施路赫特．理性化与官僚化：对韦伯之研究与诠释［C］．桂林：广西师范大学出版社，2004：110－111.

认识，因此‘必须相亲相爱，要不就得死去。’人伫立‘在一个他从未创造的世界上，孤独而恐惧’，现实却不在‘那里’。总之，如今现实本身就成了问题，而有待再造。”① 具体来说，传统共同体经过民主化进程演化出了民族国家制度，经过市场化进程演化出了现代企业制度，经过自治化进程演化出了第三部门制度。三种不同的制度安排，其力量也具有不同的性质，并以不同的方式行使和运转，共同支配着人类的生活。理论上，政治制度的力量源于全民授权，经济制度的力量源于利益主体间的相互博弈，第三部门制度的力量源自实现使命的崇高信念和制度化的利他主义。由于力量的源泉和性质不同，因此我们必须尊重不同领域的制度特性，把每一个制度领域的特权限制在适合其特征的场域之内。在一种场域中正义的力量一旦进入另一种场域就有可能变成邪恶。比如，在政治领域中民主选举代表一种正义的力量，但在学术领域中民主选举则是对真理的亵渎。政治领域中，职位的高低代表着权力的大小，学术领域中却完全是两码事。校长并不必然具有比普通教授更多的权威。“大学在某些方面是一种独特的‘逆权威’类型组织，它的‘顶层管理部门’通常受一套明确的规定支配，限制其权威干涉教员（他们在某种意义上是‘下级’）的职权范围。大学强调教员的职务占有制，而且另一个重要方面是实行学术自由的规定，容许在广阔的领域内自由地教学、讨论和写作，而不受干扰。”② 在社会制度变迁中基于共同但有差异的原则，不同领域的制度变迁对于教育转型会有不同的影响。对于民族国家制度，它的力量主要源于法律的赋予，具有独一无二的强制性。民族国家制度的变迁对于教育转型具有决定性的影响。历史上，教育从私有化到国家化或从国有化到私有化的转型都是受制于民族国家制度的调整。对于现代企业制度，它的力量主要源于那只“无形的手”，即市场机制。与国家制度的强制力量不同，现代企业制度体现为一种“诱惑力”，即以利益做诱饵以实现自己的目的。20 世纪 80 年代以来，西方国家高等教育领域中全面质量管理的流行就是现代企业制度对于大学制度的诱惑。为了满足企业界全面质量管理的需要，高等教育需要培养出具备全面质量管理意识的人才。为此，企业界一方面公开批评大学质量制度的保守，另一方面积极展示企业质量管理制度的辉煌成果。除此之外，为了能够推动大学在高等教育质量管理领域切实地采取行动，积极赞助高等教育全面

---

① 贝尔．资本主义文化矛盾［M］．北京：生活·读书·新知三联书店，1992：200.

② 帕森斯．现代社会的结构与进程［M］．北京：光明日报出版社，1988：44.

质量管理也成了一些企业的重要选择。比如，IBM 就于 1991 年 10 月提出“IBM 大学院校 TQM 奖”计划（IBM-TQM Award Program），以美国国家品质奖之评审标准为依据，鼓励大学开始导入 TQM 理念治校。企业之所以支持大学推行 TQM，其根本目的还在于在 TQM 制度框架下大学可以向学生讲授 TQM 的知识和概念，使学生了解何为 TQM，从而间接地为企业的未来发展服务。正如 IBM 公司主席阿肯斯（John F. Akers）在当初宣布获公司资助实施 TQM 大学名单时所说：“这将意味着毕业生，尤其是学工商管理和工程的毕业生，在他们进入工作岗位的第一天就做好了应用 TQM 原则的准备。”① 其结果，在质量管理话语的压力下，大学挡不住 TQM 制度的引诱逐渐企业化或按企业的意图进行制度改革也就成为顺理成章的事。当前第三部门作为一种全新的制度安排，其力量主要源于一种理念或信仰。在第三部门制度中，无论是自治、非营利还是非政府都不具有强制性，其力量的发挥主要是基于志愿性和利他主义。在志愿的基础上，以责任感为保障，第三部门制度具有一种强大的规范力量和道德力量。第三部门的出现打破了教育转型中国家力量与市场力量之间的均衡，部分瓦解了双方共谋的可能。三部门“分力”格局为教育转型提供了新的可能。展望未来，只有借助第三部门的力量，教育才有可能挣脱政治制度的控制和经济制度的诱惑，逐渐地走向自治和自主。只有实现了自治和自主，教育转型才是真正的转型而不是被转型。

总之，任何一种制度都具有强大的力量。无论这种力量是正的（对于遵守制度的奖励）还是负的（对于违反制度的惩罚），它都客观地影响着社会的发展。虽然制度的核心要求对规则的遵守，虽然我们总是希望制度能够发挥正的力量，以减少制度成本；但任何一种制度其本身并不禁止对于规则的违反。犯错误是人的天性的一部分，“犯规”也就是制度的一部分。“犯规”的存在不但可以显示制度的否定性力量，而且也可能成为制度创新的生长点。如果一种制度从没有人“违反”，那么这种制度安排一定是脱离现实需要的，也就没有存在的必要，更无从发挥力量。最后，除了要注意制度本身肯定性力量与否定性力量之间的有效配合之外，在社会发展过程中，各种制度彼此之间还必须协同共进，只有这样才能形成合力，只有形成了合力，社会的发展才能更加和谐。

① 赵中建．美国俄勒冈州立大学实施全面质量管理之研究［J］．外国教育资料，2000（4）：48.

（二）制度变迁的历程

制度变迁通常是一个漫长的过程，一蹴而就难免贻害无穷。在复杂的社会系统中，制度变迁未必是一个连续的过程，制度的断裂或脱制度化也会经常发生。面对观念、技术、权力和利益的约束，制度变迁有时只是修修补补、自我完善，有时则意味着系统性的突变；制度变迁有时仅局限于小范围的探索，有时则在全社会进行大规模的试验；制度变迁有时是制度主体的主动创新，有时则是外部力量强制修改游戏规则。不过无论如何，制度变迁是永恒的。制度就像一条河流，变迁则是河中的水。社会发展中制度必须与时俱进，“刻舟求剑”是制度安排中最大的隐患。

人类社会漫长的历史中，制度变迁纷繁复杂。不同民族、不同国家、不同时期，制度形式与内容各不相同。在人类历史的大部分时间里，人类主要与自然作斗争，制度变迁的动力就是要征服自然。伴随从农业社会向工业社会的转型，人类面对的主要现实不再是自然而是技术和产品。制度变迁的目的也不再只是征服自然而主要是改进技术，生产更多更好的产品，即在技术和制造物品方面不断超越自我。在从工业社会向后工业社会转型的今天，超越独立存在的技术和产品也不再是制度演进所要面对的主要目标，制度的首要目标成为了处理人际关系，制度变迁的动力回归到了以人为本。如丹尼尔·贝尔所言：“前工业社会的生活——这仍然是今日世界大部分地区的状况——其主要内容是对付自然（game against nature）。工业社会，由于生产商品，它的主要任务是对付制作的世界（game against fabricated nature）。后业化社会的中心是服务——人的服务、职业和技术的服务，因而它的首要目标是处理人际关系（game between persons）。”① 当代中国社会正处于转型之中，在制度安排上不可避免地杂糅了前工业社会、工业社会以及后工业社会的许多特征。因此，其制度变迁中既有从前工业社会向工业社会的变迁，也有从工业社会向后工业社会的变迁。不过，无论是哪种制度变迁，当代中国的社会结构转型都脱离不了中国的历史与当下的时代精神。

由于制度主要是人和组织的主动建构，对制度变迁的分析必须植根于历史，着眼于现实。在历史的长河中，制度变迁虽然反复无常，但若跳出

① 贝尔．资本主义文化矛盾［M］．北京：生活·读书·新知三联书店，1992：198．

一些细枝末节，在大的方面仍然可以发现制度变迁中的一般规律。比如，“各种文明的兴衰史上都出现过这种引人注目的现象，即在崩溃之前，社会总要经历一个个标志着衰落的特定阶段。这些递变的顺序是从朴素到奢侈，从禁欲到享乐。”① 一部制度变迁史也是一部文明兴衰史。文明的兴盛总是伴随着制度的创新，文明的衰落总是伴随着制度的腐朽。制度的变迁也就意味着文明的变迁。只有先进的制度才能创造先进的文明，反之只有先进的文明才能诞生先进的制度。制度文明是物质文明和精神文明的缩影，物质文明和精神文明是制度文明的保障。

在今天的世界上，人类社会的制度安排主要由三个方面组成，即政治制度、经济制度和文化制度。这三个场域中，每个场域都必须遵循不同的制度逻辑，服从于不同的游戏规则。它们彼此之间有时是统一的，有时又是矛盾的。它们各有自己独特的制度设计和行为方式，并相互作用，由此形成了各种不同的社会结构和社会矛盾。政治场域中强调统治的合法性，轴心原则是民主；经济场域中关注利润的可获得性，轴心原则是市场；文化场域中重视文化多元性与宽容，轴心原则是自治。以民主为轴心，国家和政府制度的变迁呈现出多元共时性，即同时共存多种民主制度。以市场为轴心，在功利和效益的作用下，经济制度的变迁基本是直线型，落后的制度一旦被淘汰，也很少会卷土重来。以自治为轴心，文化领域的制度形式极其多样化，传统与现代没有明确的边界，先进与落后没有明确的标准。制度的回跃（ricorso）一直如西西弗斯般萦绕在文化场域中。大体上人类社会的制度变迁都围绕着上述框架展开。以现代主义为主线，以现代化为目标，遵循着从政治到经济，再从经济到文化的制度变革逻辑，各个国家现代化的时间虽有不同，现代化程度虽有差异，但是现代性的实现路径却惊人地相似。在政治领域中，从朝代国家到民族国家是一个根本性的变化。当前现代社会的所有成就与问题均能够在民族国家的制度设计中找到初始的根源，即科层制的社会结构与要求民主平等参与的政治体系之间的永恒的冲突。经济领域中在民族国家的大背景下，现代企业的兴起以及现代企业制度的建立，最终确立了公私两分的权力格局。几百年来公私两分的制度设计已经深深镶嵌入现代社会关系的方方面面，从而成为了现代社会转型中难以摆脱的“路径依赖”。作为对公私两分制度的一种超越，20 世纪

① 贝尔．资本主义文化矛盾［M］．北京：生活·读书·新知三联书店，1992：130．

80 年代以来在全球结社革命浪潮中成长起来的第三部门逐渐成为一种新的制度安排。在这种新的制度框架内，对自治、非营利、非政府的诉求正成为政治、经济领域之外的所有社会组织的共同愿景。

当前现代主义精神和现代化浪潮既促进了人类社会的发展和制度的文明，也为人类社会的进一步发展埋下了制度的隐患。一方面通过组织和制度的创新，实现了西方世界的兴起和东方文明的现代化；另一方面现代主义所蕴含的个人主义和自由主义也使得资本主义社会日益远离节制和约束，欲望代替需求成为了社会发展的动力和制度变迁的理由。今天西方中心主义的制度伦理席卷了全世界，体现资本主义价值观的制度设计也几乎遍布全球。其结果，制度演进中个人需求日益膨胀，公共性日益式微，文化危机也不可避免。“到十九世纪中叶，资产阶级世界观——理性至上，讲究实际，注重实效——不仅统治了技术—经济结构，而且逐步控制了文化，尤其是宗教体系和向儿童灌输‘合宜’动机的教育体系。它到处取得胜利，只是在文化领域受到了抵制。”① 在现代性逻辑的统治下，作为从传统向现代转型的一种结果，现代社会制度的显著特征就是社会分工日益细化，对人的规训日益专业化，制度安排日益网格化。“现代社会强行促成了一种狭隘的角色专门化。一度曾以家庭为中心的广阔的生活范围（也就是工作、娱乐、教育、福利、健康）日益被一些专门机构（企业、学校、工会、社交俱乐部、国家）分别占领了。角色的限定（我们戴的许多顶不同的帽子）变得更加明确，在关键的工作领域，任务与角色已高度专门化。”② 在这种专业化的科层制度下，无论是政治、经济还是文化领域，都要分工明确、工作定额、依序提升。制度设计中的科层化提高了工作效率，但也异化了人性。高度的专业化和越来越细的社会分工制度不可避免地会在不同社会领域与整个社会结构之间制造矛盾，影响社会的和谐。未来社会中制度变迁的理想图景就是从分化走向综合，从复杂走向简单，从专业分工走向全员参与，从职业发展走向角色扮演，从制度化走向人性化。

（三）制度变迁对教育转型的影响

教育转型需要观念的引领，也需要思想的启蒙，但真正为教育转型的顺利进行提供保障，并最终将教育转型的结果固定下来还要靠制度变迁。

①② 贝尔．资本主义文化矛盾［M］．北京：生活·读书·新知三联书店，1992：100，141．

制度的变迁既是教育转型的外部动力，也是教育自身转型的一部分。一方面教育关系镶嵌在社会关系之中，教育结构是社会结构的一部分，教育制度转型离不开相关制度的变迁。任何制度都不能孤立存在，制度必然存在于制度系统中。现代社会中任何一个组织系统都必然包括十分庞杂的制度细节。“一个商行过去只需有一个职能走向十分单一的组织。现在却发现自己被协调十来个主要功能的问题弄得晕头转向，诸如研究、销售、广告、质量控制、人事、公共关系、设计、财会、生产，且别提每个功能内部几十份更细的专业分工了（如此推来，譬如说人事就包括劳工关系、内部交流、工作培训、工厂保险、安全保卫、时间记录、福利和医疗保健等）。人们发现在每一个正规组织中都有类似的分工，不管它是一个商行、一所大学、一个医院还是一个政府机关。”① 由此观之，无论是在教育外部还是在教育内部，没有相关制度的变迁作为配套，教育转型要么不可能发生，要么转型以后由于制度间的相互冲突而无法正常运转。另一方面与社会转型着重强调社会结构转型一样，教育转型实际上也是以教育制度转型为核心。每一次的教育转型都是社会结构变化或制度变迁的结果，教育改革总是步于政府改革与市场改革之后，或者教育改革总是在政府改革与市场改革之后才被波及的领域。既然教育转型是社会转型的必然结果，就必须从社会转型的高度来看待教育转型。与教育转型相比，社会转型主要被用来描述传统社会向现代社会的结构转变，即制度变迁。社会结构转型是文明形态间的更替，也是不同文明存在范型之间的更替，是社会发展中的历史性跃迁，是从传统社会向现代社会的制度变迁，具有重要的转折性意义。根据查普夫等人关于现代化理论的研究：“转型和过渡是现代化进程，其特点在于现代化的目标是明确的：接受、建立、吸收现代的民主、市场经济和法制制度。”② 根据西方发达国家现代化的经验，在社会转型过程中，社会制度的标志性变化主要表现在三个方面：一是政治制度的民主化；二是经济制度的市场化；三是文化制度的自治化或世俗化。

虽然观念上政治领域、经济领域与文化领域可能存在矛盾，比如，丹尼尔·贝尔就公开声称自己在经济领域是个社会主义者，在政治上是个自由主义者，而在文化方面是一个保守主义者。类似的例子还会有很多。毕竟政治领域、经济领域与文化领域的价值准则完全不同，人们对于政治、

① 贝尔．资本主义文化矛盾［M］．北京：生活·读书·新知三联书店，1992：142－143.

② 查普夫．现代化与社会转型［M］．北京：社会科学文献出版社，1998：80.

经济或文化的理想状况也会有不同的期许，从而导致在思想领域中看似矛盾的观念完全可以和谐共处。但是在制度实践中，政治制度、经济制度与文化制度的变迁却具有内在的一致性。正是市场经济制度造就了资产阶级民主政治制度。经济基础决定上层建筑。市场经济需要民主政治作为保障，世俗文化需要市场经济作为基础，民主政治也需要市场经济和世俗文化作为支撑，三者互为犄角、互为支撑。独裁统治下不可能有真正的市场经济，计划经济制度所对应的也不可能是民主政治，自治或世俗的文化活动必须在市场经济和民主政治的制度框架下才可能有生存和发展的空间。计划经济和专制统治制度下，文化活动必然高度意识形态化。教育的历史上，从传统教育向现代教育的转型与政治、经济、文化制度的变迁密切相关。“教育革命紧跟着民主革命，民主革命又紧跟着工业革命，而民主革命恰好与资产阶级社会同时产生，教育革命则导致了大众社会的到来和资产阶级社会的解体。”① 在民族国家兴起的过程中，新兴资产阶级以天赋人权、自由、平等、博爱为口号推翻了以朝代国家为代表的封建制度。在资本主义制度框架下，以三权分立和公私两分为原则，政治民主化、经济市场化、文化世俗化。最终民主化促进了义务教育的普及，市场化削弱了政府对于教育的垄断，世俗化摆脱了宗教对于教育的控制，以公立学校制度和国家教育体系的建立为标志实现了从传统教育向现代教育的转型。

政治领域、经济领域与文化领域的制度变迁虽然具有内在一致性，但也并不意味着三种制度的变迁总是一致的。在民主政治、市场经济和世俗文化的大框架下，不同国家、不同时期的政治制度、经济制度和文化制度仍然具有不同的制度空间。有些国家在一定时期内会优先推进经济领域的改革，然后再推进文化和政治领域的改革；而另一些国家则可能会优先改革政治制度，然后再以此为基础推动经济和文化制度的变迁。每一个国家都有不同的国情，很难评价不同国家制度变迁在逻辑顺序安排上的优劣。不过，无论哪一种制度改革逻辑，政治、经济和文化制度变迁均会对教育转型带来联动效应。政治制度的变迁直接影响教育与政治的关系。政治制度民主化的程度会与教育活动自主化程度成正比。经济制度的变迁要么是政治制度变迁的前兆，要么就是其延续。离开政治制度的配套改革，单纯的经济制度变迁有很大的局限性。与政治场域相比，经济场域虽然有其独

① 德兰迪. 知识社会中的大学［M］. 北京：北京大学出版社，2010：58.

特逻辑，但是在民族国家的大框架下，经济离不开政治，所有的经济都是政治经济。政治制度决定经济制度。在政治制度设定的制度环境下，经济制度对于教育转型的影响就是教育如何在政府与市场之间进行选择。“在一个极端，许多部分的协调工作由国家机构进行，然后各部分由‘权力’决定。在另一个极端，协调工作通过市场交易进行，然后各单位由‘交换’决定。交换是控制行为和组织合作的一种方法，没有权力的好处。这个连续维度，是一个国家系统包揽一切的性质不断减少，而市场相互影响不断增长的维度。”① 当前在世界范围内，由于新自由主义和新公共管理思潮的影响，教育市场化改革已经成为当代教育转型的重要议题。应该说，教育市场化反映了经济制度变迁对于教育转型的影响，但更准确地说，教育市场化的真正弊端不在于市场经济制度而在于社会关系市场化。对于经济领域而言，市场原则或市场规范是天经地义的，但教育作为公共领域有其独特的逻辑，市场规范并不能完全适用于教育改革。国外的教育实践表明，在教育转型过程中，市场经济制度越成熟，教育转型就越顺利；经济活动愈加市场化，政府的干预越少，规则意识和理性精神愈加普及，教育制度的转型也就越自主。相反，政府部门对于经济活动的干预越多，对于教育活动的干预也就会越多，教育制度转型的难度也就会越大。总之，经济制度的变迁虽然不能直接决定教育转型的方向，但是经济制度市场化的程度却可以准确预测教育制度转型的空间有多大。文化制度变迁与教育转型之间也同样具有高度的同一性。教育制度作为文化制度的一部分，既受文化制度的影响，也影响文化制度。教育转型是文化复兴的前提，文化繁荣也是教育转型的目标。政府部门在文化领域的制度安排与教育制度具有高度的一致性。在制度设计上，只有文化领域实现了百花齐放、百家争鸣，教育领域才有可能实现学校自治、学术自由。“将教育制度视为另一种大众媒介最适当不过了，它是专门以年轻的年龄群体为对象的、公众有保障的一种狭窄的大众媒介。在最自由的情况下，教育机构的政治内容往往也缺乏想象力，它在为其他大众媒介的成功的如娱乐活动以及将政治的琐碎、零散和混乱视为生活的一部分打着基础。”② 由此观之，在实践当中教育是整个文化领域中最为保守的部门，教育转型往往是文化转型的最后步骤；文化的逻辑既是教育转型的轴心原则，也是文化转型的核心价值。如果教育

① 克拉克．高等教育新论——多学科的研究［M］．杭州：浙江教育出版社，2001：270.
② 米尔斯．白领：美国的中产阶级［M］．南京：南京大学出版社，2006：269.

的转型只是遵循知识的逻辑而不是文化的逻辑，那么最终伤害的不仅仅是教育而是文化。因此，不仅文化制度变迁事关教育转型的成败，而且教育转型的成败也直接影响文化复兴的未来。

（四）当代中国教育转型中的制度因素

社会转型作为社会结构的整体性变迁，反映了社会制度变迁中连续性与跳跃性的结合。社会转型是教育转型中至关重要的制度环境。当代中国教育转型不可能在真空中进行，没有社会转型就不可能有教育转型。当然，教育转型需要在社会转型的基础上展开，但这并不意味着一旦社会转型了教育就必然地会自动转型。就像政治领域的“革命”一样，“转型”也永远不可能是输入的。在社会结构转型的过程中，教育能否实现相应的转型主要取决于教育系统内部的组织变革与制度创新。外部社会制度变迁的影响固然十分重要，但是除非教育系统内部发生了真正的质变，否则教育的转型不可能实现。教育“机构就其本性而论可能会产生一些稳定性的影响；此外，教学活动本身，如同司法活动一样，倾向于重复过去，倾向于形式化、公式化。于是教育看起来既是反对社会改革的，同时又是推动社会变化的”①。由于教育的保守性和对于历史经验的高度重视，教育转型过程中对于旧制度的路径依赖十分明显。没有社会转型对旧制度的打破，新的教育型就难以破壳而出。

以社会结构转型作为制度环境，教育转型中的制度因素就是如何面对和处理当下社会制度变迁中连续性与断裂性的交错。一方面社会结构转型可以为教育转型提供制度上的便利，节约教育制度转型的交易成本。另一方面教育转型也可以弥补社会结构转型中可能会造成的社会失范，维护社会秩序，促进社会和谐发展。比如，当前社会转型过程中，“由全球市场化引起的社会分裂可能造成社会功能的日益失调。随着社会整合机构的衰退以及由此引起的集体性社会关系的萎缩，教育可能很快会被再次赋予修补破损的社会组织的重任。”② 以社会转型为切入点，在从传统社会向现代社会转型的宏大叙事下，人类社会首先经历了从前工业社会到工业社会的转

---

① 联合国教科文组织国际教育发展委员会．学会生存——教育世界的今天和明天［M］．北京：教育科学出版社，1997：4.

② 惠迪，等．教育中的放权与择校：学校、政府和市场［M］．北京：教育科学出版社，2003：170.

型（现代化），目前又正在经历从工业社会到后工业社会的第二次转型（第二次现代化）。根据西方国家现代化的成功经验，社会转型基本上都是基于进步主义哲学，但这绝不意味着社会的直线型改革。社会转型的过程是一个具有转折意义的制度变迁过程，而不是制度之间先进与落后的简单的相互替代，有时社会的转型甚至是一个制度碎片重新拼接的过程。基于此，所谓的转型社会就是两种或多种社会形态相互重叠的社会。在这种社会里，制度变迁的断裂性往往多于连续性，制度之间的矛盾性多于和谐性。金耀基就认为转型社会具有三个特征：一是异质性，即传统因素与现代因素杂然并存。二是形式主义，即应然与实然不相吻合，“什么应是什么”与“什么是什么”相互脱节。有许多事物形式上、表层上是现代的，但实际上、潜层的却是传统的、徒具现代化之名或之形的。三是重叠性，即传统社会是结构不分化或功能普化的，现代社会则是结构分化和功能专门化的。转型社会是结构的分化与不分化、功能的专化与普化相互重叠。① 当代中国社会就是一个典型的转型社会，异质性、形式主义和重叠性随处可见。实践中政治制度与经济制度、文化制度之间的矛盾也不可避免。当代中国教育转型必须面对转型社会的制度环境。在转型社会中，实现教育转型也就意味着教育转型不但是社会转型的一个组成部分，而且也是避免转型社会可能出现的社会失范的有效措施。在社会转型过程中，每一种社会形态都只是一个理想类型或纯类型，它具有自己的核心特征，但这并不必然排斥符合其他社会形态因素的存在，而只是意味着那些制度成分将不再是新的社会形态运转中的轴心原则。如丹尼尔·贝尔所指出的：“后工业化社会并不‘取代’工业社会，甚至不取代农业社会。食物仍然是所有社会的根本，但是引进工业意味着社会可以减少从事农业的人数，并且因为使用化肥而增加产量。后工业社会又增添了一个新的方面，特别是资料和信息的管理，它们已成为一个复杂的社会中不可或缺的工具。人们可以从表 1 中看出社会结构（它们是假定的）之间的差异②。”

遵循着现代性的逻辑，中国的现代化进程也是中国社会实现从传统社会向现代社会转型的过程。经过 100 多年的努力，当代中国已处在从传统向现代转型的十字路口，传统与现代相互交错、相互重叠，使当代中国呈现

---

① 金耀基．从传统到现代［M］．广州：广州文化出版社，1989：68.

② 贝尔．资本主义文化矛盾［M］．北京：生活·读书·新知三联书店，1992：254.

表 1

	前工业社会	工业社会	后工业社会
资源	原材料	能源	信息
方式	提炼	制造	加工
技术	精耕细作或劳动集约	资本集约	知识集约
整体设计	同自然作斗争	与改造过的自然作斗争	人与人之间的斗争

出转型社会的典型特征。当代中国正处于转型之中，社会的转型既取得了积极的成果，也暴露出许多严峻的问题。最突出的一个问题就是 20 世纪 90 年代以来在社会转型的过程中由于种种原因从而造成了一个以“城乡二元结构”为标志的“断裂的社会”。“一个断裂的社会，并不是仅仅使社会断裂成两个部分，而是断裂成多个部分。这种断裂也发生在城市的本身。”在一个断裂社会中，“这个社会中最先进的那部分不是与国内那些落后的部分，而是与世界市场，特别是发达国家的市场连接在一起，从而形成一个循环系统。”这种接轨，“在使一个落后国家中的最先进的部分变得更加先进的同时，这个先进的部分与本社会其他部分的差距就越大。这个先进的部分与外部接轨的程度越高，与本社会其他部分就越没有关系。”① 当代中国社会转型过程中出现“断裂”的现象既有历史的因素也有现实的因素。在历史方面，与西方国家漫长的现代化进程相比，中国的现代化进程被高度地“浓缩”。在亡国灭种的危机面前，中国人发愤图强在 100 年的时间里走完了西方国家几百年的现代化历程。在现实方面，计划经济时期以户籍制度为核心的城乡二元结构在市场经济条件下被意外强化，以致造成社会的断裂。由于改革开放之初效率优先、兼顾公平的政策安排，农村、农民和农业在为国家经济起飞作出巨大牺牲和贡献之后，非但没有能够及时分享到改革开放的成果，反倒被甩到了社会结构之外。在改革开放之前，甚至改革开放之初，虽然人们的社会地位也有高低之分，不过当时即便存在着金字塔式的等级结构，但大家毕竟还共处同一个结构体系之中。相比之下，今天在城乡二元结构中，越来越多的弱势群体被甩到了社会结构之外，并有可能被永远淘汰，再也难以进入主流社会。由于城乡二元结构的普遍

① 孙立平. 断裂——20 世纪 90 年代以来的中国社会［M］. 北京：社会科学文献出版社，2003：8.

存在，加之经济社会发展中严重的不均衡（大的不均衡里面还有小的不均衡，内部的不均衡有时甚至大于外部的不均衡），目前“一个中国，两种制度，四个社会”已经是不争的事实。根据胡鞍钢的说法，“一个中国两种制度是指过去五十年中国大陆形成的城乡居民的两种身份制度、教育制度、就业制度、公共服务制度和财政转移制度。这‘两种制度’的设计、安排和延续，不仅导致中国城乡居民人均收入差距日益扩大，而且也导致城乡居民公共服务水平过于悬殊。一个中国四种社会包括农业社会、工业社会、服务业社会和知识社会。”①

当前在社会转型过程中，面对城乡二元结构的制度设计和政策安排以及“一个中国，两种制度，四个社会”的现实，当代中国的教育转型必然困难重重。仅就转型社会的制度变迁对于教育转型的影响而言，当代中国社会转型过程中的教育转型所面对的制度环境，一方面是制度创新严重不足，另一方面是制度供给严重过剩。作为教育转型的核心部分，教育制度的转型必须依赖制度创新，没有制度创新就没有教育转型。但目前在我国教育领域，由于政府行政主导，教育制度创新的动力严重不足。“在不改变现行教育制度的前提下，所有的教育改革都只能是‘挖潜’，而不可能是‘创新’。更严重的是，已经发生故障的教育制度可以把任何善意的改革都变成‘通往地狱之路。’”② 当前在基础教育领域改革主要局限于课程与教学，以建立现代学校制度为核心的制度变革长期被搁置。在高等教育领域，建立现代大学制度的呼声虽然一直高涨，但由于《高等教育法》明确规定我国公立高等学校必须实行党委领导下的校长负责制，现代大学制度的建设也只能是空中楼阁。当前我国的高等教育虽然在规模上实现了从精英到大众化的转变，但在制度、结构，甚至理念上并没有发生实质的改变，也就更谈不上转型。与学校自主制度创新的缺乏相反，各级政府部门通过立法、政策和行政命令进行的制度供给却严重过剩，极大地影响了学校的办学自主权。在教育领域政府作为制度供给主体不是不可以，但是由于政府管理教育、控制教育，甚至是“统治”教育的思路没有改变，在制度供给过程中由于路径依赖的存在，飞跃性的变迁或转型就不可能发

① 胡鞍钢．一个中国、两种制度、四个社会［EB/OL］．http：//www.lianshi.gov.cn/worddisp.asp？id＝2825．

② 康永久．教育制度的生成与变革——新制度教育学论纲［M］．北京：教育科学出版社，2003：157．

生。教育转型应是教育的自主转型，政府主导的教育转型不可能是教育的真正转型，而只是政府部门对于教育制度的重新设计，是权力意志对于教育内容的重新选择，是政治和行政系统对教育系统合法地位的重新审查。当然，教育转型的过程中并非不能有政府的参与，事实上，离开了政府的有效参与，教育转型也很难推动。问题的关键在于，政府对于教育转型的参与必须以“治理”为制度框架，而不能以已有的“统治”制度作为行动的依据。根据治理理论的相关研究，政府在教育转型过程中对于教育的治理可以大致界定为：在治理的制度框架下，政府、市场、学校以及社会其他组织彼此之间通过沟通、协调、谈判、博弈、妥协与互动，最终实现教育改革与发展目标的动态过程。在教育治理的过程中，治理主体不是唯一的，而是同时存在多个治理主体，政府、学校、市场以及社会其他组织都是教育改革与发展的利益相关者，都是教育转型的获益者；政府对于教育的治理关系也不是线性的，而是多边的；治理手段不是强制性的，而是商议性的。与统治对于权威、权力的强调不同，治理的过程中更加强调治理主体之间的沟通、协调、谈判、博弈、妥协与互动。在治理过程中，教育不是被动的，而是主动的；不是被统治的对象，而是被讨论的“中心”，被服务的对象。政府在制度供给中从统治到治理的转变既是教育转型的前提条件，也是教育制度转型的一部分。从统治到治理是教育制度转型的方向。

三、媒介变迁与教育转型

技术对于教育转型的影响主要以媒介的形式出现。长期以来，媒介对于教育转型的力量不被重视，媒介的内容掩蔽了媒介本身的存在。作为一种技术，媒介绝非只是作为一种手段存在，技术本身同样传递着某种信仰与理念，甚至是价值观与世界观。根据麦克卢汉的理解，作为人的延伸，媒介即讯息[①]。教育作为一种有组织的人类活动，从理念到制度都深受媒介的影响。不同的媒介环境下，教育形态亦迥然不同。媒介既是教育转型的手段，也是教育转型的一部分，有什么样的媒介就有什么样的教育，教育逃脱不了媒介的制约。传统教育曾深受文字媒介与口语媒介的影响，现代

① 麦克卢汉．理解媒介［M］．北京：商务印书馆，2007：1.

教育则在印刷媒介的熏陶下壮大。今天伴随着电子媒介的兴起，口语媒介、文字媒介和印刷媒介对于教育活动的统治开始减弱，信息技术的影响开始增强。在印刷媒介下，教育机构呈现出组织制度的等级性与信息的非对称性；在电子媒介下，科层式的组织架构面临挑战，传统的教育理念和教学方法需要重新审视；伴随着知识从纸质文本走向电子超文本，教育反哺开始成为一种司空见惯的现象。

（一）媒介的力量

由于受到传统媒介观的影响，在教育领域无论是教育传播学、教育技术学、视听教育学还是电化教育学，对于媒介的探讨多偏重于技术中立论或工具论，认为技术只是一种工具，其影响取决于人对技术的使用，没有认识到技术本身蕴含的力量。如麦克卢汉所言："我们对所有媒介的传统反应是，如何使用媒介才至关重要。这就是技术白痴的麻木态度。因为媒介的'内容'好比是一片滋味鲜美的肉，破门而入的窃贼用它来涣散思想看门狗的注意力。媒介的影响之所以非常强烈，恰恰是另一种媒介变成了它的'内容'。"[①] 事实上，技术的力量并不以人的使用为必要条件。一项技术一旦产生或普及，它本身就形成了一个独特的技术世界。"技术世界是由理性和进步确定的。"[②] 在这个由理性和进步所决定的世界里，技术本身成为了技术进步的工具。在技术的世界里，我们从进步开始，而以停滞结束。技术停滞之时，也就是人类发展接近能量极限之时。在知识爆炸的时代，人类越来越无法解决它与日俱增的问题，唯一的途径就是借助技术的力量，并根据技术的进步推动教育转型。事实上，一旦教育发展的技术条件发生了变化，教育本身也就不可能静止不动。技术本身的价值倾向性迟早会推动教育的转型。今天我们之所以要关注电子媒介对于教育转型的影响，正是因为印刷媒介已经开始成为电子媒介的内容。作为媒介技术的试验室，无论是历史上还是现实中教育都深受印刷媒介的影响。但是由于教育活动的普遍性和超稳定性，加之印刷媒介之于教育显得太普遍了，以至于人们并不认为教育活动曾受到了印刷媒介的深刻影响。尤其是在技术中立论和工具论的主导下，印刷媒介作为技术本身的特性被印刷内容所掩盖，从而使得印刷媒介往往被当成了一种缺乏独立性的工具或手段。因此，信息时

---

① 麦克卢汉，秦格龙．麦克卢汉精粹［M］．南京：南京大学出版社，2000：238.

② 贝尔．资本主义文化矛盾［M］．北京：生活·读书·新知三联书店，1992：202.

代以前，当人们思考教育转型的影响因素时，印刷媒介会处在意识之外。在西方，自中世纪晚期以来，教育就一直处于印刷媒介统治之下，甚至可以说没有印刷媒介就没有现代教育。在中国则时间更早。随着造纸术和印刷术的发明，白纸黑字在教育活动中就逐渐等同了真理的化身。但就像“鱼不知水”，从传统教育进化而来的现代教育并没有意识到自身的诸多特性与印刷媒介之间存在什么特殊关系，更不知道印刷媒介对于现代教育的兴起和普及有何特殊贡献。好像教育活动一直就是这样的，本来也就应该是这样的。只有当电子媒介兴起以后，旧媒介成了新媒介的内容之时，印刷媒介的特性才得以凸显，媒介对于教育的影响才受到人们的普遍关注。未来在信息时代，在网络社会中，教育转型必须关注技术的变迁。作为技术手段的应用，媒介即文化，技术变迁即文化变迁，文化变迁必然导致教育转型。在教育技术从印刷媒介向电子媒介变迁的背景下，在技术文化转型的大趋势下，教育转型“最重要的第一步就是理解媒介及其对我们心理、社会价值和制度的革命性的影响。理解是成功的一半，通过了解作为人体延伸的媒介，我们可以在一定程度上驾驭媒介”①。

总之，教育的发展与人类的发展同步，每一次技术的进步都会对教育的发展产生巨大的影响。比如，造纸术、印刷术的出现，录音、影视、无线电技术的普及以及网络的兴起等，都对教育的发展产生了革命性的影响。当然，由于教育毕竟还是一种文化而非自然的领域，是一项认识性而非技术性的活动，因此每一次的技术进步或媒介变迁虽然都对教育的发展产生了巨大影响，但在教育转型方面还必须承认，单纯的媒介的力量总还是有限的。技术的力量必须与观念的、制度的、权力的、利益的力量结合在一起才能最终推动教育的转型。

（二）媒介变迁的历程

一般而言，媒介有广义与狭义之分。在狭义上，媒介主要与传播有关，故也称为传播媒介；在广义上，麦克卢汉把媒介作为人的延伸，凡属人所创造的一切技术或工具均可视为媒介。不过，无论是广义还是狭义，在人类发展史上，各种各样的媒介一直层出不穷。但若以教育或文化作为标尺，人类社会历史上大致先后有口语、文字、机器印刷和电子媒介四种主要类

① 麦克卢汉，秦格龙．麦克卢汉精粹［M］．南京：南京大学出版社，2000：398.

型。与之相应，人类文化也可以大致区分为口语文化、文字文化、印刷文化与电子文化等四个时期。口语作为一种媒介，是人类历史上最早出现也影响最为深远的媒介之一。后来所谓的文字只不过是出于记录口语的需要而发明的符号系统。文字出现以后，活字印刷术出现之前，人类世界更多的还是受口语文化所支配。即便是在文字产生以后，由于书写材料的昂贵，加之受到几千年口语文化的深远影响，历史上无论是东方还是西方的先贤都擅长口述而不喜文字。比如在西方苏格拉底不留一字，在东方孔子也是述而不作，老子更是出于无奈才留下几千字。《淮南子·本经训》有云："昔者仓颉作书而天雨粟，鬼夜哭。"在西哲柏拉图眼里，文字也主要是一种破坏性的革命。在《菲独篇》里他就曾预见到了其中的一些东西："你发现的具体东西将会在你学生的心灵中产生遗忘，因为学生不会使用自己的记忆，他们信赖外在的文字，却不会记住自己。你发现的具体东西不是在辅助记忆，而是在辅助回忆，而且你传给学生的不是真理，只不过是真理的近似物。他们听到很多东西，学到的却是零。他们看上去博学多识，但一般说来是一无所知。他们使周围的人感到讨厌，外慧而实不至。"①

伴随文字的产生与生产力的发展，教育逐渐走向繁荣。欧洲的中世纪拼音文字已经成熟，但是活字印刷术尚未出现，由于纸张的稀缺，当时以手稿形态存在的书籍仍然十分的匮乏。在中世纪大学的课堂里，口语作为一种媒介仍然十分重要。基于这种口语文化，中世纪大学早期的教学方法多以背诵和辩论为主，人才的培养注重融会贯通，强调知识的整体性，大学教育强调记忆力和口才的重要性。"13 世纪西方书籍猛增，大学则发挥了重要作用。"② 当时由于大学学生的人数不断增多，基于教学的现实需要，大学学者开始将自己的手稿授权给书商进行复制，从而使书籍从奢侈、昂贵的物品逐渐变成司空见惯、触手可及之物。不过，尽管如此，书籍在当时的普及仍然只能是相对的，由于誊写全部样本需要较长的时间和较高的费用，对于学生而言，书籍（手稿）仍然是不可多得之物。因此，直到 13 世纪在西方还很少有大学图书馆或学院图书馆。准确地说，在欧洲直到 15 世纪中叶以后，德国人谷登堡发明了活字印刷术才真正使得书籍在西方世界开始趋向于普及，从而也铸就了西方历史上印刷文化和印刷人的新时代。

① 麦克卢汉，秦格龙. 麦克卢汉精粹［M］. 南京：南京大学出版社，2000：96.

② 韦尔热. 中世纪大学［M］. 上海：上海人民出版社，2007：50.

伴随活字印刷术的出现和书籍的普及，“由于它能把同样的教本放在任何数量的学生或读者面前，印刷术很快就结束了口头辩论的经院哲学的统治。印刷品为过去的著述提供了容量宏富的新型记忆器，这就使个人的记忆力不够使用了。”① 其结果，独立研读经典和阐释经典开始取代口头辩论成为大学教学的主要方式。“书籍印刷对大学教学产生了深刻的影响。不仅文献资料更容易获得，也更容易理解，而且注释、教科书和辩证法也不再为教师所垄断。因此，在较大规模的科学团体中，不同的观点和新的看法能很快成为激烈讨论和个人争辩的对象。”②

历史上，在口语文化时期，由于没有知识分类的限制，所谓的知识作为一个整体主要存储在人的大脑之中。知识是完整的知识，人也是完整的人、包容的人。在西方活字印刷术出现以后，拼音文字的线性逻辑被无限放大，知识之球也在急速的扩张中变得四分五裂。尤其重要的是，伴随着知识的膨胀、书籍的扩散、出版周期的加快，人们在态度、信仰与价值观上逐渐成了印刷文字的奴隶，即印刷文字的态度、信仰与价值观成了人的态度、信仰与价值观或人成为了印刷文字态度、信仰与价值观的必要载体。在印刷媒介的巨大影响下，人们相信什么或信奉什么主要因为书上是如何说的，而绝非出于个体理性的独立判断。这就好比在今天人们什么时候吃饭往往不是因为饥饿而是因为时钟指向了某个时间。与此同时，在印刷文化的背景下，由于书籍的不断普及和传播，知识的分类逐渐具有了相对的确定性。在社会价值与心理层面上，基于对印刷物的莫名崇拜，不同学科的知识依据不同的文本逐渐取得了合法性。继而在相应的制度框架下，在不同的学科领域中，读者与作者之间可以凭借印刷的书籍保持着必要的距离；由于时空距离的存在，作为认知主体的人的批判理性便有了存在的空间。因此，在印刷媒介环境下，“无论在读者还是作者的情形中，印刷文化都将个体构建为一个主体，一个对客体透明的主体，一个有稳定和固定身份的主体，简言之，将个体构建成一个有所依据的本质实体（enssence）。”③应该说，作为现代社会现代性的一个重要组成部分，印刷技术（文化）比较集中地体现了现代性的逻辑，比如线性、分析、专门化等，从而为人的

---

① 麦克卢汉．理解媒介［M］．北京：商务印书馆，2007：222.

② 里德－西蒙斯．欧洲大学史：第一卷　中世纪大学［M］．保定：河北大学出版社，2008：523.

③ 波斯特．第二媒介时代［M］．南京：南京大学出版社，2000：85.

理性启蒙提供了先决条件，与此同时也在客观上促进了人类理性的发展——从听觉文化走向视觉文化（吊诡的是，今天在电子媒介环境下我们又在退出视觉的时代，进入听觉和触觉的时代）。“启蒙运动这一思想传统具有根深蒂固的印刷文化渊源。启蒙主义的自律理性个体理论从阅读印刷文章这种实践中汲取了许多营养并得到强劲的巩固。句子的线性排列、页面上文字的稳定性、白纸黑字系统有序的间隔，出版物的这些特征促进了具有批判意识的个体的意识形态，这种个体站在政治、宗教相关因素的网络之外独立阅读、独立思考。”① 因此，可以说没有印刷术的出现，就不会出现口语文化向印刷文化的过渡，就不会有人类知识的迅速增长，就没有现代社会的形成；如果没有印刷媒介、没有人类知识的迅速增长、没有现代社会，也就没有现代教育里的知识分类与学科规训制度。现代教育理念以及学校本身的组织架构等都只是印刷文化的产物，也只有在印刷媒介的环境条件下，其存在才具有一定的合法性。如果失去了这种媒介环境的支持，现代教育理念甚至于学校本身都将面临合法性危机。比如，对于今天的网络教育而言，学校实体已经趋于消亡，科层制的架构被清除，学校内部教师与学生之间传统的信息优势也不复存在，甚至学生还比教师知道得多。此时，对于“什么是教育”“什么是学校”“谁是教师”“谁是学生”都需要重新定义。

在印刷媒介已经面临挑战的背景下，目前我们必须重视的是，随着电子技术的迅速发展、新媒介的大量出现，一个全新的社会形态也已经开始初露端倪。人类历史上，如果说几百年来以机器印刷技术为支撑的印刷文化是现代社会的典型表征，那么近几十年来以电子媒介为代表的电子文化的出现就标志着一个后现代社会的正式来临。以高等教育为例，“在电力时代之前，高等教育是有闲阶级的特权和奢侈品。今天，它已成为生产和生存的必需品。现在，信息本身成了主要的交流，对先进知识的需求已经对最因循守旧的思想情绪构成了压力。”② 在此大背景下，长期以来一直植根于印刷文化和现代性逻辑的现代高等教育的文化身份将不可避免地面临新的媒介环境和媒介文化的机遇和挑战。目前，电子媒介下教育转型能否成功尚不明显，但希望总还是有的。我们必须在可能中开始采取行动，在行动中期待完美。我们必须清楚地知道，事物发展的过程与最终呈现的形式

① 波斯特．第二媒介时代［M］．南京：南京大学出版社，2000：84.

② 麦克卢汉．理解媒介［M］．北京：商务印书馆，2007：142.

之间可能迥然不同。只要抓住机遇，现代教育在新的世纪里实现由蛹变蝶绝非像南瓜变马车的奇迹那样遥不可及。同时我们也要看到，挑战总是与机遇并存，作为一种严峻的挑战，在20世纪后半期，电子媒介的兴起在将印刷媒介移作自己内容的同时，也在促成一种同样深刻的文化身份的转型。基于媒介即文化的逻辑，在电子文化的环境下，教育机构也会面临文化身份的急剧转型。如果说在印刷文化环境下，现代社会所强化的教育机构的文化身份是理性的、自律的、中心化的和稳定的，学校是以科层式的组织架构为依托，教师对于学生是传道、授业、解惑，那么在电子文化的环境下，一个后现代社会正在产生，该社会所培育的身份形式与现代性中的身份形式将存在显著的差异甚至对立。在一个以电子媒介为主导的后现代社会里，宏大叙事消失了，“现象”背后不再必然存在唯一的“本质”，“偶然性”背后也不一定隐藏着某种“必然性”，“能指”（符号）与“所指”（符号所代表的意义）、原因与结果、“不确定性”与“确定性”等范畴之间由人的理性所确立的那种辩证关系需要重新审视。与印刷媒介相比，“电子媒介的属性是非线性的、重复性的、非连续的、直觉的，是靠类比推理去展开的，而不是靠序列论辩（sequential argument）展开的”①。在电子媒介环境下，“在教育中，课程分科的传统划分法，和文艺复兴之后各级学校中的学科分化一样，已经过时了，任何课程一旦深入之后，立即就与别的课程发生关联。如果我们的课程设置继续沿袭目前肢解分割、互不相关的模式，它们培养出来的公民，必然无法理解自己生活其间的自动控制社会。”② 今天站在从印刷文化转向电子文化的十字路口，如何推动以印刷文化为根基的教育逐渐适应以电子文化为主导的后现代社会值得我们深思。

按麦克卢汉的说法，媒介即讯息。因此，媒介对于教育的影响绝不在于媒介的技术层面或其负荷的内容层面，作为一种技术的应用，任何媒介都必然会深入态度、信仰与价值的层面。就像铁路带给我们的不只是大宗的货物，它改变的是整个社会的权力结构与价值观。电子媒介对于教育转型的影响，也绝不在于电子媒介可以较之印刷媒介更快地传递、储存信息或辅助教学，而在于电子文化可能从根本上改变我们关于教育与学校的定

① 拉潘姆．麻省理工学院版序：永恒的现在［A］//马歇尔·麦克卢汉．理解媒介．北京：商务印书馆，2007.

② 麦克卢汉．理解媒介［M］．北京：商务印书馆，2007：151，427.

义及其存在与运行的方式。德鲁克曾经说过："关于技术革命，我们只有一个问题没有搞清楚，但是这又是一个基本的问题：什么东西引发了态度、信仰、价值的根本变化？什么东西释放了这一变革？'科学革命'，这是我曾经试图加以证明的原因。但是它几乎与此毫无关系。100 年前，世界观的变化引发科学革命。但是，世界观的巨变究竟在多大程度上引发了态度、信仰、价值的根本变化呢？"① 对于德鲁克的这一问题，麦克卢汉的答案就是"媒介"。在麦克卢汉的眼中，媒介即讯息，媒介即文化，不同的媒介传递出不同的讯息，不同的媒介衍生不同的文化，从而导致不同的态度、信仰与价值观。人类的历史上，正是媒介（作为人的延伸）的变化引发了人们态度、信仰和价值观的根本变化。在印刷媒介文化中，我们的教育目的和工作伦理主要以社会分工和专业分工为基础，强调对个人目标的追求和自我的不断进步。"电子时代似乎正在废除掉分割和专门化的分工，即所谓的工作岗位（job），它似乎正在恢复非专门化的深入参与的献身形式，也就是所谓的角色（role）。我们似乎正在从专门化时代走向全面参与的时代。"② 面对电子时代具有整体性意味的电子文化以及整个社会分工和专业分工从"工作岗位"到"社会角色"的转型，原先建立在专业教育合法性基础之上的高等教育必须重新调整自己的定位，重组现有学科专业结构以及人才培养的目标和模式，只有如此才能适应"从专门化走向全面参与的时代"的需要。

作为昔日印刷媒介的替代者和颠覆者，电子媒介传递出截然不同的讯息，也表征了不同的态度、信仰与价值。波德里亚就认为，电子媒介从根本上瓦解了现代社会和现代性的主体，电子媒介贬斥着印刷媒介曾经表征过的逻辑和自由主义/决定主义的二元律，更为重要的是，电子媒介还贬斥作为自由主体的型像。在电子时代，"人类将成为变化的对象而不仅是变化的工具。即将到来的这一轮进步与其说会改变人类的行为举止和生活方式，不如说改变人类自身。这种变化将导致某种全新的秩序，如果企图压制这些新想法，使其服膺于旧的观念模式，只能把事情搞得一团糟。"③ 相比历史上着重强调稳定性与确定性的印刷媒介，电子时代的电子"媒介只不过

① 麦克卢汉．理解媒介［M］．北京：商务印书馆，2007：151，427.

② 麦克卢汉，麦克卢汉，斯坦斯．麦克卢汉如是说：理解我［M］．北京：中国人民大学出版社，2006：35.

③ 戈比．你生命中的休闲［M］．昆明：云南人民出版社，2000：388.

是一种奇妙无比的工具，使现实（the real）与真实（the true）以及所有的历史或政治之真（truth）全都失去稳定性。我们沉迷于媒介，失去它们便难以为继。这一结果不是因为我们渴求文化、交流和信息，而是由于媒介的操作颠倒真伪、摧毁意义”①。与历史上印刷媒介曾经塑造出的中心与边缘的比较稳定的知识格局相比，电子媒介更加强调处处皆中心，无处是边缘。但奇怪的是，在这种处处皆中心的电子媒介环境下，作为主体的人却并不比在印刷媒介下更自由，甚至有时还会出现反启蒙规划的效果。比如阿多诺就认为：人们对电视的反应不是“自由”主体那种独立的、反思性的反应，而是下意识的、群众化的反应：“现代大众文化的重复性、雷同性和无处不在的特点，倾向于产生自动反应并削弱个体抵抗力量。”在阿多诺等人看来，电子媒介是日趋松散的社会中的一种凝聚力：“现代大众媒介的受众越是显得涣散，越是不善表达，大众媒介就越易于实现他们的‘一体化’。”② 面对这种局面，乐观者认为人类迎来了重新部落化的可能，地球村将成为人类的乐土。悲观者则认为，地球村并不意味着世界大同，相反，由于时空距离的压缩，各种暴力将会更加频繁。伴随地球村时代的来临，所有的学校都将成为全球性学校，现代教育的中心与边缘的格局将被瓦解。作为地球村的一部分，现代教育一方面将会经历启蒙运动所确立的普适价值的毁灭，另一方面也将见证在重新部落化过程中新兴人类与多元主义价值观的成长。

今天在学校里受教育的学生正是受电视或网络影响的新的一代。电子媒介环境下成长起来的他们，从小就暴露在电子信息的全面轰炸之下，他们已经逐渐习惯了“知之为知之，不知‘搜索’之”。对于喜欢“信息搜索”的这一代，“电子革命赋予教师的使命不再是提供信息，而是提供洞见；它赋予学生的身份不再是消费者的身份，而是教学伙伴的身份，因为学生早已在课堂之外积累了大量信息。”③ 但是现在的问题是，在电子媒介娱乐文化的影响下，学生对于知识的兴趣日益淡化，他们对作为印刷媒介的纸质专业书籍缺乏足够的兴趣，所谓的知识在他们的心目中更多的是一种等待消费的物品或信息。由于对知行统一的轻视和对娱乐的偏好，“结果是‘娱乐道德观’（fun morality）代替了干涉冲动的‘行善道德观’（good-

①② 波斯特．第二媒介时代［M］．南京：南京大学出版社，2000：20，8．

③ 麦克卢汉，麦克卢汉，斯坦斯．麦克卢汉如是说：理解我［M］．北京：中国人民大学出版社，2006：1．

ness morality)。若没有欢乐，人就要暗自反省：‘我哪儿做错啦?’沃尔芬斯坦博士指出：‘在过去，满足违禁的欲望令人产生负罪感。在今天，如果未能得到欢乐，就会降低人们的自尊心。’”① 在今天的学校里，相比电子媒介的超文本，印刷媒介的纸质文本往往需要个人的深度介入，这就会使很多学生望而却步。电子媒介主导下的后现代社会，亦是一个与敏锐感觉相联系的消费社会。在这样一个消费社会中，以娱乐为主的大众文化将取代传统的精英文化成为整个社会的主流文化。在这场由娱乐产业所形成的多元文化的挑战中，学生对于娱乐和游戏的关注将超越对知识和理智的追求。现代大学如果不想放弃自己的现有地位，就不得不去注意那些他们并不熟悉的，并和传统的教学与学术研究相去甚远的，但又无时无刻不在影响他们的多元主义的娱乐文化。目前在一部分西方国家，为了能够适应电子时代娱乐文化的需要，一些休闲学的研究者甚至建议，将来大学除了继续生产与传播高深知识之外还应该成为旅游的胜地，因为学生需要在娱乐、休闲与游戏中学会成为一个完整的人。按照麦克卢汉的说法：“如果要使教育适合电视时代的年轻人，就必须要用献身于深度学习方法的许多独立自主的大学，取代令人窒息的、不亲切的、剥夺人性的大杂烩。”②

人类的历史上，学校一直是知识的象征，学校或课堂里的信息总是比外面多，而长期以来这种信息的不对称性也正是学校这种机构得以存在的合法性基础。但是今天在电子媒介的环境下，学校甚至是大学在知识方面的优势已经荡然无存。今天在网络的世界里，“大量的学问洪流突然泻入市场，这一事实就带有经典的突变或逆转的性质，结果遭到艺术家和学者们的嘲笑。但是，等到政府官邸都被领有博士衔的人接管之后，这种狂热的嘲笑就会销声匿迹的。”③ 面对这种前所未有的变局，一些激进主义者甚至开始鼓吹废除学校，重新建立社会学习的网络。废除学校的想法无疑是荒诞的，因为学校是问题的所在而不是解决问题的办法。这就好比人有病，但不能为了治病将人杀死一样。基于“治病救人”的逻辑，一些保守主义者也从电子媒介中发现了改革的契机。“在这个蔚为壮观的逆转之中，学校的任务似乎也可能逆转，学校的任务不再是传播知识，而是发现知识。教育机构的任务是培训儿童对环境的感知能力，而不仅仅是把环境里的知识

① 贝尔．资本主义文化矛盾［M］．北京：生活·读书·新知三联书店，1992：119.

② 麦克卢汉，秦格龙．麦克卢汉精粹［M］．南京：南京大学出版社，2000：380.

③ 麦克卢汉．理解媒介［M］．北京：商务印书馆，2007：142.

刻印在儿童的脑子里。”[①] 历史上，在印刷媒介的环境下，依托相应的校院系建制和图书馆，学校一直是知识生产与传播的当然中心。基于对印刷媒介所塑造的时空两维环境的服膺，教育机构可以通过对学历、学位的垄断来保证自己的学术自由和自治；但是在电子媒介的环境下，学校作为知识传播中心的垄断地位面临着严峻挑战。在一个处处皆中心的网络社会里，学校不再是知识生产与传播的当然中心，甚至与某些电子媒介相比，学校在知识传播方面也不再具有必然的比较优势。在电子媒介的环境下，知识与信息的分野已经名存实亡。“信息不仅是我们最大的产业，而且已经成为我们的教育事业。”[②] 今天网络已经毫无疑问地比任何一个制度性存在的学校拥有更加丰富的信息（知识）资源。无论是在知识的储存方面还是在传播方面，电子媒介都比学校更快捷。目前随着课程网络化、组织虚拟化以及无边界教育的兴起，作为知识传播的制度性场所的学校在知识传播上的优势已开始被削弱，信息技术对于学校教育的影响逐渐在加强，电子媒介在信息上的优势正在向知识上和教育上转移，现代学校科层式的组织结构开始坍塌，超越时空距离的全球性学校或跨国学校已经成为现实，作为网络时代的宠儿，学生凭借信息上的优势已开始在课堂上反哺教师，而这些都还只是刚刚开始，更大的变化还在后头。“远程学习还只不过是在电子教育的马车阶段。”[③] 伴随教育理念的根本转变，以电子媒介为主导的后现代教育将会令人耳目一新。

（三）媒介变迁对教育转型的影响

从技术层面上讲，今天是教育的盛世也是危世。今天的学校教育既处在印刷媒介所创造之文明的顶峰，也处在电子媒介所催生之新文化的谷底。理想状态下，现代教育应该能够提前为电子媒介的来临做好充分准备，然而迄今为止，我们的教育尚无应对新兴媒介兴起的设施与组织制度安排。与之相反，“我们的教育制度是反动的。它面向的是过去的价值和技术，而且很可能继续如此，直到老一辈交出权力。代沟实际上就是一条鸿沟，它分开的不是两群年纪不同的人，而是两种截然不同的文化。我们可以理解

①② 麦克卢汉，麦克卢汉，斯坦斯．麦克卢汉如是说：理解我［M］．北京：中国人民大学出版社，2006：62，192.

③ 罗斯曼．未来高等教育：终生学习与虚拟空间［M］．青岛：中国海洋大学出版社，2006：29.

学校里正在酝酿的不满，因为我们的教育制度完全是这样一个病入膏肓、业已过时的制度，建立在偏重文字、分割肢解和分类信息的基础之上。它不适合第一代的电视人。”① 今天的教育所面临的危机就是如何从电子媒介的谷底走向又一个顶峰，即成功实现从印刷文化向电子文化的转型。

在西方伴随着谷登堡活字印刷术的出现，学校教育在16世纪开始从口语文化向印刷文化过渡。在当时这种过渡曾遭遇激烈的抗拒。当时大学里的经院哲学家甚至认为印刷文字是“我们所知文明的终结”。今天从印刷文化向电子文化的过渡也注定不会是一帆风顺。由于电子传播媒介消除了过去由印刷媒介所塑造的时空两维的差异，并据此消除了事物之间因果关系的假设，因此从印刷媒介向电子媒介的过渡必将是一个漫长的过程，也必将是一个痛苦的过程。人类社会媒介变迁的历史已经表明：“我们经历了许多的革命，深知每一种传播媒介都是一种独特的艺术形式：它突出人的一套潜力，同时又牺牲另一套潜力。每一种表达媒介都深刻地修正人的感知，主要是以一种无意识和难以预料的方式发挥作用。”② 因为，在客观上，任何一种媒介都会倾向于强化自己的传播潜力而不会自动退出历史的舞台，更何况今天印刷媒介或印刷文化已经与整个现代社会融为一体。在今天的现代社会里，“印刷文字不仅是我们获取文化和技术的手段，它就是我们的文化和技术。”③ 具体来看，我们目前面临的境况是：一方面印刷文化的价值观仍然根深蒂固，另一方面电子媒介所代表的新文化也已经来势汹汹。一方面，现代教育体制的特点还是19世纪的老样子，整个的组织建制还是基于19世纪知识分类的世界，很像当时工厂安排库存和装配线一样。另一方面，电子媒介的兴起却在客观上要求现代教育里的知识分类从专门化走向整合，组织建制从学科走向跨学科。“目前，在我们工作的世界里，职业正在让位于角色的扮演。坚守一份工作正在让位于角色的扮演，这是因为在电速条件下，专门化分工再也不可能了。这也是教育面对的问题之一。课程作为学习的一种形式越来越令人生疑。跨学科学习获得了越来越大的意义。教学计划中孤立的课程已经成为对教育的威胁。”④ 面对这种媒介文化的深刻转型，现代教育的危机与困惑就在于这两个媒介环境之间超常的鸿沟阻碍了教育转型的顺利进行。目前无论是在大学还是在中小学，由于

①② 麦克卢汉，秦格龙．麦克卢汉精粹［M］．南京：南京大学出版社，2000：377，96.

③④ 麦克卢汉，麦克卢汉，斯坦斯．麦克卢汉如是说：理解我［M］．北京：中国人民大学出版社，2006：2，159.

深受印刷媒介和印刷文化的影响，中小学的教育工作者和大学里的知识分子仍然觉得，自己的工作就是维护现存的教育制度，维护并推进与其程序相关的价值。今天虽然电子媒介已经近在眼前，并已经深刻影响和改变了教育之外的其他许多领域，但“我们的课堂和教学计划仍然是过去工业环境的模式，还没有与电子时代和电子反馈达成妥协。这说明，新学习方法不是吸收分类和分割的数据，而是模式识别，而是了解知识关系里隐含的命题。实际上，我们正在经历这样一种悖论：和我们正规的教育制度相比较，我们的城市是更加强有力的教学机器。环境本身已经成为更加丰富的教学资源。我们似乎正在进入这样一个时代：我们要编制环境的教学计划，而不是课程的教学计划。”①

目前可以肯定的是，无论从印刷媒介向电子媒介的过渡多么漫长，这种过渡已经开始。在这个过渡的过程中，新媒介必然造就新环境，新环境必然导致新问题。在电子媒介时代，“我们所有的新环境都是一种信息环境，是电子编程的新环境，它把这个地球转化为一部教学机器，人造的教学机器。人造环境成为教学机器的后果之一是，受教育者成了教学的力量。学生不再是被动的消费者，而是越来越成为教学的力量。”② 在这样一个新的环境当中，对于学校以及教师而言，电子媒介不是增加其好处就是减损其好处，学校在新的媒介环境下不可能置身事外。以高等教育为例，“数字技术不仅改变了大学的各项活动，如我们的教学、科研、对外合作等等，还改变了我们的组织、资助和管理方式，甚至改变了我们将其看作学生和教员的人们，这可能直接导致当代高等教育机构的重新建构。”③ 尤其重要的是，伴随信息技术的迅速发展，很可能在10年之内世界上所有的学校和教师都将会被更加紧密地连接在一起，这种网络的连接最终会渗透到他们的日常生活当中，从而演变成一种新型的社会，即后现代社会。在这种新型的社会中，学生不再只是信息的接受者，也不再仅仅是知识的消费者，而将成为教学的合作者与反哺者。对此剧变，杜德斯塔兹曾指出，“一场社会变革的风暴正在席卷学术世界。这场风暴有可能导致大学——也包括学院——失去对自己命运的控制力。当然，他不是谈论大学建筑所遭受的威

---

①② 麦克卢汉，麦克卢汉，斯坦斯．麦克卢汉如是说：理解我［M］．北京：中国人民大学出版社，2006，36-37，92.

③ 罗斯曼．未来高等教育：终生学习与虚拟空间［M］．青岛：中国海洋大学出版社，2006：148.

胁，而是关于真正的大学赖以生存的功能——在网络时代将承受的考验。”①通过上面的论述不难看出，教育转型正处在从印刷媒介向电子媒介转变的巨大张力之中。一方面历史的惯性使得现代教育会尽力维持由印刷文化所铸就的信仰、理念与价值观；另一方面现实的压力却又迫使现代教育不得不尽力去适应已经发生的巨大技术与文化变迁。在从印刷文化向电子文化转变的过程中，“短时间内突然发生的急剧的身份变化往往会产生可怕的破坏力，这些可怕的破坏力对人的价值的摧毁，超过了使用硬件武器的真刀真枪的战争。在电化时代，新的信息服务环境使人的身份产生变化，这样的变化对整个社群的个人价值或社会价值产生的影响，可能要大大超过粮食、燃料和能量短缺产生的影响。”② 面对这种技术手段与文化身份的急剧变动，教育改革往往会处于一种比较尴尬的境地。由于组织文化和历史惯性使然，教育领域给人的感觉总是在心急火燎中慢慢腾腾地改革。换言之，面对文化身份和技术手段的急剧转变，学校不是没有意识到危机，也不是认为危机不够严重，但由于前期准备不足，应对起来给人的感觉总是力不从心或束手无策。教育的历史上，由于深受印刷文化的影响，凡事总喜欢向后看，有着浓厚的怀旧倾向或历史情结。印刷文化的历史经验告诉我们，凡事总是先有原因，后有结果，且因果相随。面对一种后果，只有找到相应的原因才能对症下药。在印刷文化的时代，由于行动与反应之间必然存在相当长的时滞，因此，对教育转型的期待并不十分迫切，慢慢来就可以。可是今天在电子媒介的环境下，人或组织的行动及其反应几乎同时发生，传统的时滞消失了，结果往往先于原因。面对此种突变，如果我们仍然在坚持使用印刷时代的时间模式和空间模式来思考新的问题，无疑将南辕北辙。在今天当某种变革的结果已经出现，但是原因尚未明了或固有的因果关系失效之时，教育实践往往不知如何应对，只能原地踏步或往历史深处去寻找变革的答案。

总之，面对技术的变迁和媒介文化的深刻转型，当前教育转型的一个基本困境就是还在试图坚持用传统的分析方法来解决新的问题。面向未来，教育变革者必须明白，与印刷时代相比，在电子媒介的新环境下，学生

---

① 罗斯曼．未来高等教育：终生学习与虚拟空间［M］．青岛：中国海洋大学出版社，2006：20.

② 麦克卢汉，麦克卢汉，斯坦斯．麦克卢汉如是说：理解我［M］．北京：中国人民大学出版社，2006：194.

“需要学习的东西实在太多了，因为这是一个信息超载的时代。要使学校不至于成为没有铁窗的监狱，唯一的办法就是用新技术和新价值另起炉灶①”。为了能够跨越印刷媒介与电子媒介之间所存在的巨大鸿沟，我们的教育必须转型，转型后的教育必须能够为一个无形无象无肉身的信息时代做好充分的准备。

（四）当代中国教育转型中的媒介因素

从17世纪夸美纽斯开创班级授课制以来，传统教育虽然取得了很多进展，但在总体上仍然遵循某些不变的规律。如彼得·德鲁克所言：“当今世界的教育体制，基本上都是根据17世纪欧洲的教育体制扩展而来的。虽然经过了大量的补充和修正，但我们的学校和大学的基本建设规划仍然可以追溯至300年以前。现在，我们在所有的层次上都需要新的思维和方法，在某些情况下则需要全新的思维和方法。迄今为止，我们中间还没有人像17世纪伟大的捷克教育改革者夸美纽斯或耶稣会教育家那样，发展出了当时的‘现代’学校和‘现代’大学。”② 时至今日，传统教育体制必须根据现有技术条件和当代的需要重新加以评估。在信息技术飞速发展的时代，教育如果一直因循守旧，不但会贻误教育发展的机遇，还会造成教育的危机。“自从1945年以来，由于在世界范围内同时发生了一系列变革——科学和技术、经济和政治、人口及社会结构方面——使所有国家都经历了异常迅速的环境变化。教育的发展和变化也比过去任何时候快。但是教育系统适应周围环境变化的速度却过于缓慢，由此而产生的教育系统与周围环境之间的各种形式的不平衡正是这场世界性教育危机的实质所在。”③ 教育作为思想和知识的汇集地，作为创新的源泉，需要更直接地赶上和适应信息技术的发展。当代中国教育转型也必须密切关注技术进步和媒介的变迁。

当今世界教育发展极不均衡，信息技术的迅速发展还会加大这种差距。过去教育一直是缩小贫富差距的有效手段，但今天教育在信息技术条件下如果不能顺利转型，却可能成为信息社会的牺牲品。“电脑在教育中的意义却有不同。由于信息流动加快，信息水准在思想和社会的各个领域都水涨船高，因而就产生如下的结果：任何知识门类都可以取代其他的知识门类。

① 麦克卢汉，秦格龙．麦克卢汉精粹［M］．南京：南京大学出版社，2000：379.

② 德鲁克．社会的管理［M］．上海：上海财经大学出版社，2003：104－105.

③ 库姆斯．世界教育危机——八十年代的观点［M］．北京：人民教育出版社，2001：3.

这就是说，任何教学计划和一切教学计划就其题材内容来说都已经过时。在教育中，这意味着向学生单向传播知识的终结。”① 当前世界教育格局中，拥有发达信息技术的发达国家处于中心地位，其他发展中国家和欠发达国家处于边缘地位。与那些核心社会相比，边缘社会的教育活动大多处于整个教育金字塔的初级阶段。由于边缘社会的教育体制是移植而来，它们很少生产新知识，对新知识的需求也很少。在印刷技术主导下，边缘社会的教育主要是为核心社会的教育机构提供半成品。以高等教育为例，“大多数边陲国家虽然也有所谓的‘大学’，然而，大学的主要任务并不是在推动文化体系的合理化，而是在训练其‘加工生产体系’的维修人员。严格来说，这样的大学并不能说是西方意义的大学，充其量只能算是训练技术人才或维修工程师的技术学校而已。”② 中国作为一个发展中国家，教育尤其是高等教育一直处在相对边缘的地位。今天在信息技术的冲击下，随着电子网络的无限延伸，中国大学也不可避免地面临转型。当前借助信息技术变迁带来的历史机遇实现大学转型是中国高等教育从边缘走向中心的关键时期。虽然技术发展史表明，决定高等教育发展的绝不是单纯的技术，但以技术进步为跳板，通过技术变迁与社会制度变迁的相互融合成功实现大学转型则是高等教育发展史上屡见不鲜的案例。近年来美国营利性大学的兴起就是最好的例证。在世界范围内，“20 世纪后半叶大学的发展以趋同特征为标志，但在 21 世纪前半叶，我们将看到大学越来越分化、全球化、大规模用户化和集约化。对传统大学来说，要适应正在变化的环境是有困难的。它们所面临的由非传统的高等教育提供者所带来的压力将不断加大。私立大学、虚拟大学及企业大学将继续发展。但是，21 世纪的高等教育将与以前一样繁荣。通讯、计算能力及认知科学的发展所带来的巨大压力正在促使大学不断地变革。有些变革完全可以预知，另一些则不可预知。大学可以选择引导这些变革，也可以只是被动地改变自己。在大学的核心价值观保持不变的前提下，如果我们能迅速地适应计算机和通讯技术的发展，并将其研究成果应用于学习中，那么，大学将在‘国际互联网络的海啸’中生存下来，并将在整个新世纪繁荣发展，这样，再没有什么比在一所大学工

① 麦克卢汉，秦格龙．麦克卢汉精粹［M］．南京：南京大学出版社，2000：286.

② 黄光国．社会科学的理路［M］．北京：中国人民大学出版社，2006：3.

作更令人兴奋的了。”①

作为信息技术高度发达与高等教育需求快速增长相结合的产物，目前教育领域开始出现所谓的虚拟大学。作为一个虚拟的网络世界，虚拟大学的出现突破了传统大学在物理、地理以及心理上的所有边界，具有与传统大学完全不同的技术特征。虚拟大学没有教室、没有图书馆，也没有教师的课堂讲授，一切活动都可以通过网络进行。目前由于信息技术飞速发展，这种基于网络的虚拟大学发展十分迅速，已经引起世界各国的高度重视。“从某些方面看，因特网从根本上瓦解了民主—国家的区域性：网络空间中的音讯不容易被牛顿的空间所限制，这使边界变得无效。面对全球化的传播网络，民族—国家手足无措。技术已经走到了公然蔑视现代政府权力特性这一步。”② 1997 年，著名的管理学家德鲁克（Peter Drucker）在接受《福布斯》（*Forbes*）杂志社一次采访时甚至推测：“30 年以后，大学校园将成为遗迹。大学将不能幸存。这个变化是如此之大，就像我们第一次获得印刷的书籍一样。”③ 诺姆也在《科学》周刊上撰文，从大学具有探索知识、储存信息、传播信息三大传统的作用以及在信息时代所引起的变化入手，大胆地推测，认为虚拟大学这种新的办学模式可能替代传统大学④。技术的进步激活了人们对高等教育的想象力，促进了大学转型的发生。“信息技术模糊了各种边界，包括国家的边界、院校的边界和学科的边界。它弱化了学术人员与学校、与其他教师、与系和学科之间的关系。既然有如此之多的研究可以在大学或学院之外的实用环境下进行，那么，基础研究与应用研究之间的界限就可能变得模糊起来，图书馆作为研究型大学核心机构的地位也在急剧下降。研究可以在任何一个地方进行，所以研究型大学与其他类型高等院校之间的差距也在缩小。既然信息技术强化了教育市场，它也就加强了学生与教师之间的联系，学习与娱乐之间的界限也由此变得模糊了。”⑤目前比较遗憾的是，中国高等教育对于信息技术迅速发展的反应十分迟钝，基于技术进步的大学转型在中国仍不明朗。

总之，技术的进步以及信息时代的到来要求当代中国教育必须转型。

---

①⑤　阿特巴赫，等．为美国高等教育辩护［M］．青岛：中国海洋大学出版社，2007：184，112.

②　波斯特．第二媒介时代［M］．南京：南京大学出版社，2000：40.

③　杜德斯达．21 世纪的大学［M］．北京：北京大学出版社，2005：268－269.

④　张达明，陈世瑛．21 世纪办学新模式——虚拟大学［J］．吉林教育科学·高教研究，1997（5）：14.

“印刷术发明之前，社区是教育的中心。如今信息之流和课堂外教育的冲击，远远超过了课堂上发生的任何东西。因此，我们必须重新考虑教育过程本身。现在，教室不再是聚精会神的地方，而是拘禁人的地方。注意力飞出了教室。”① 技术的进步使信息社会与工业社会有了本质的区别，工业化的教育模式必须向信息化的教育模式转变。“电报刚刚发明之时，‘彪骑快递’的第一反应是购买更多跑得更快的马，接下来他们是招募更好的骑手。他们并没有意识到整个的世界（由于电报的出现）已经今非昔比。”② 对当代中国教育转型而言也同样如此。如果继续沿着工业化的模式对当代中国的教育体制进行修修补补，将永远无法适应信息社会的需要，更不能为一个还不存在的社会培养人才。未来教育将成为知识社会的核心，而学校教育将成为知识社会的关键性制度。在信息化的时代，教育应该塑造未来而不是被未来所塑造，教育应该主动转型以适应技术的进步而不是被技术的进步所重塑。信息技术的发展以及信息时代的来临要求当代中国教育转型并不意味着传统教育机构的终结，而只是意味着不适应信息时代要求的思维模式和技术手段的终结。另外，新技术既给当代中国教育转型带来了希望，也可能会给教育发展造成了新问题。过量的信息就使教育容易陷入一种速食主义和不求甚解的泥淖之中。“新技术既带来希望也带来危险，既解决问题也带来新的问题，图书馆就是一个例子。”电子虚拟图书馆“会带来一个激动人心的未来”，但未来“会和过去一样，只是更好一点，更快一点”。“如果信息技术带来的是我们应接不暇的信息，如果出版东西的人和读者一样多，这样的未来恐怕很难令人喜欢。”③ 不过，无论如何，当前处在多重转型当中的中国教育如何适应新兴电子媒介的特性将成为当代中国教育转型过程中难以回避的话题。

四、利益分化与教育转型

教育转型是一个系统工程，人们关于教育改革的理念、信仰或理想只是实现教育转型的一个方面，外部利益的驱动是另一方面。观念可以指明方向，利益则可以把观念变成为现实。社会转型的过程同时也是一个利益

① 麦克卢汉，秦格龙．麦克卢汉精粹［M］．南京：南京大学出版社，2000：453.

②③ 罗斯曼．未来高等教育：终生学习与虚拟空间［M］．青岛：中国海洋大学出版社，2006：185，125.

分化与重组的过程。一方面，外部利益群体或利益集团的分化以及利益相关者的重组可以为教育转型提供契机；另一方面，教育的转型也不是在真空中运行，人们对于教育转型的支持与反对与教育转型之后人们能够从中获得的内在与外在的利益密切相关。如果人们预期转型之后或转型之中能够获得好处则会支持转型，如果预期不能得到好处，甚至是既得利益还会受到损害则会选择抵制转型。在关于统治合法性的研究中，马克斯·韦伯早就指出，无论哪一种统治，都必须建立在“特定的最低限度的服从愿望”的基础之上，“即从服从中获得（外在和内在的）利益。”这是政府统治取得合法性的前提条件，否则政府的统治将因成本太高而很难维持或持久。① 教育转型也是一样，获得转型合法性也是教育转型取得成功的前提。对于教育转型而言，必要性是合法性的前提。在教育必须要转型，或教育有必要转型的基础上，基于利益的考量，教育转型如果能够得到利益相关者的普遍支持就具有合法性，此时转型容易成功；如果受到普遍的抵制则不具有合法性，转型很可能会失败。由此可见，教育转型绝对不是一个纯粹的理论命题而是一个实实在在的实践问题，教育如何转型绝不能仅凭美好的设想或精英知识分子的愿望来推动，而是要切实保障各方的利益。教育需要转型，但绝对不是要不顾一切、不惜一切代价地进行转型。教育转型是教育改革而不是教育革命，改革必须脚踏实地、实事求是，而不应急功近利、浮夸自欺。在理想状态下，当代中国的教育转型要取得成功必须要在不损害任何一方利益的前提下，尽可能地改善利益相关者的既得利益。

（一）利益的力量

利益是经济学的核心概念，它的基础是人的理性与功利。通过对“利益”内涵发展演变的分析，赫西曼指出：“一个受利益支配的世界”才会具有“可预见性”。“一方面，如果一个人追求自身利益，那么根据‘利益不会对他撒谎或欺骗他’这一定义，他将是明智的。另一方面，在他追求利益时还将使他者受益，因为他的行动方针是透明的，几乎可以预测的，仿佛他是一个道德上的完人。”② 在经济学的视野里，人是逐利的动物。事物发展的核心规则就是利益驱动，人类社会进步的奥秘就是人类对于利益的永恒追求。利益分配的理想原则就是通过市场这只无形之手。按照经济学

---

① 韦伯．经济与社会（下）［M］．北京：商务印书馆，1997：238．

② 赵磊．现代经济学为何对“经济人假设”情有独钟［N］．光明日报，2010－01－05（10）．

的逻辑，如果没有对于利益的追求，社会的发展将失去动力。社会发展中利他只是偶然的现象，人为地过分地强调利他主义会导致社会无效率（social inefficiency），与利他相比，利己才是永恒的真理。安·兰德甚至认为："今天，世界面临一个选择：如果要让文明幸免于难，那么人们就不得不拒绝利他主义道德。"[①] 对于教育问题，经济学的逻辑也一贯如此。比如，在西方甚至到了 18 世纪时人们还普遍认为完全由私人来支付教育费用是天经地义的事情。亚当·斯密就认为："一国的教育设施及宗教设施，分明是对社会有利益的，其费用由社会的一般收入开支并无不当。可是，这些费用如由那些直接受到教育利益、宗教利益的人支付，或者由自以为有受教育利益或宗教利益必要的人自发地出资开支，恐怕是同样妥当，说不定还带有若干利益。"[②] 收费问题只是经济学原理在教育领域的小试牛刀。今天经济学理论当中以利益计算为核心的成本—收益原则已经渗透在教育的各个领域和方方面面，甚至有学者认为教育制度的演进也必须要符合交易成本最小化的原则[③]。今天在社会科学当中，由于受到经济学帝国主义的影响，利益已经成为一个普适性的概念。政治学、社会学、历史学、教育学等许多学科都会从不同的角度研究利益问题，当代中国教育转型当然也无法回避利益问题。

抛开学科的界限，利益的本质就是"好处"。经济学上的利益可以换算为金钱，政治学上的利益可以换算为选票。不同领域的利益在性质上虽有一定的区别，但绝对不是不可通约的。作为社会转型过程中影响教育转型的一个外部因素，对于什么是利益更需要从社会学的意义上去理解。在社会学里，所谓利益就是可以为人或组织带来一定"好处"的一切东西。按照理性选择制度主义的观点：遵守规则不是道德、义务使然，而是经过计算被认为符合自身的利益，即"结果性逻辑"。基于这种"结果性逻辑"，制度是可以设计的，其结果主要取决于所设计制度内含的激励与约束。"考虑到行为者是理性的，因此一旦对制度产生了某种逻辑上的需要，它就会被创造出来。"[④] 社会发展中为了追逐利益的实现，社会上会形成不同的利益群体或利益集团。在民主社会中，各利益群体会通过选举自己的代理人

---

① 兰德．自私的德性［M］．北京：华夏出版社，2008：25.

② 斯密．国民财富的性质和原因的研究（下）［M］．北京：商务印书馆，1974：375.

③ 胡赤弟．大学制度演变的经济学分析［J］．教育研究，2004（4）.

④ 薛晓源，陈家刚．全球化与新制度主义［M］．北京：社会科学文献出版社，2004：6－7.

来实现利益诉求。现实生活中利益有很多种，一般可以分为长远利益与短期利益，内在利益与外在利益。对长远利益的追求体现了一种战略选择，对短期利益的追求属于机会主义。实践中二者经常相互矛盾。短期利益与长期利益很难兼顾。长期利益虽然优于短期利益，但是由于缺乏长远眼光和人的趋利性，短期利益往往主导事物的发展。理论上十年树木、百年树人，教育的发展必须着眼于长远，发展教育事业或推动教育改革功在千秋，一定不能急功近利。但现实中却往往相反，急功近利的教育改革比比皆是。德国教育改革家洪堡就认为："国家绝不应把大学看成是高等古典语言学校或高等专科学校。总的来说，国家决不应指望大学同政府的眼前利益直接地联系起来；却应相信大学若能完成它们的真正使命，则不仅能为政府眼前的任务服务而已，还会使大学在学术上不断地提高，从而不断地开创更广阔的事业基地，并且使人力物力得以发挥更大的功用，其成效远非政府的近前部署所能意料的。"① 基础教育领域也是一样的道理。经济学中关于教育收益率的研究证实，投资基础教育具有长远收益。"从世界各国平均教育社会收益率和个人收益率上来看，初等教育分别为25.1%和16.7%，中等教育分别为13.5%和16.3%，高等教育分别为11.3%和17.5%。"② 由此可见，高等教育的个人收益率大于社会收益率，基础教育的社会收益率则远远高于个人收益率。政府为了长远的公共利益将基础教育作为公共产品加大投入具有合理性。对于当代中国教育转型，国家也必须着眼于长远利益而非眼前的利益。政府部门或国家作为当代中国教育转型的战略利益相关者区别于一般利益相关者的关键点就在于，政府或国家对于当代中国教育转型必须要有一种战略眼光，并积极实施战略规划，使国家的转型与教育的转型相一致。21世纪，中国在从大国走向强国的过程中，没有教育的转型就没有国家的转型，或只有通过教育的转型才能实现国家的转型。国家的强大不只是经济实力或军事实力的强大，还必须有强大的教育系统作为支撑。

与长远利益、短期利益一样，实践中内在利益和外在利益也经常发生矛盾。内在利益一般是需要较长时间才能体现出来，而外在利益则在很短的时间内就可以看见。"当我们获得外在利益时，它们总是某种个人的财产

---

① 鲍尔生．德国教育史［M］．北京：人民教育出版社，1986：125－126.

② 2010年教育经费总量将占GDP 6.6%［EB/OL］. http://www.hie.edu.cn/fzqs/news.asp?new=26.

和占有物。它们的特性决定了某人得到更多，就意味着其他人得到更少。这有时是必然的，像权力和名声，有时是偶然环境使然，像金钱。因此，外在利益在本质上是竞争的对象，在竞争中既有胜利者也有失败者。内在利益也确实是竞争优胜的结果，但它们的特性是它们的实现有益于参加实践的整个群体。”① 教育转型必须着眼于长远的内在利益，即学生的德性发展，而不能被短期的外在利益，比如学生的考试成绩或高考升学率所左右。任何事物都摆脱不了外在短期利益的诱惑。在社会转型的过程中，如果没有明确的理念、缺乏深刻的信仰，转型就很容易陷于对金钱和权力的获取。在很多转型社会中，由于过分强调利益驱动，金钱、权力和身份地位都被作为奖赏来进行分配。其结果，所谓的转型社会也就成了权贵资本化的腐败社会。学校作为社会机构，教育作为公共物品，在转型过程中必须以学生德性的发展为中心，以公共利益的最大化为原则。“德性的实质作用很明显，没有德性，没有正义、勇敢和真诚，实践无以抵抗社会机构的腐败的权力。”②

当然，除了长远利益与短期利益、内在利益与外在利益的划分外，利益还有很多分类。比如，不同领域对于利益的追求不同，利益的性质和力量也不相同。企业组织主要谋求经济利益，公共组织则主要追求公共利益。经济利益的衡量标准比较单一，公共利益的衡量标准则非常多元。当然，无论哪种利益，也无论如何衡量，只要存在就会产生力量。利益的力量，即利益作为一种关系存在可以对事物的发展产生直接或间接的影响。对于事物的发展和变化，利益的力量一般有两种不同的作用方式：一种是积极的正面的，即通过利益的获取而产生的一种积极正面的驱动力；另一种是消极的负面的，即由于既得利益者的利益受损或可能受损而产生的一种对于事物发展变化的或隐或显的阻碍。很多时候，一项改革能否成功就取决于这两种力量的对比关系。如果是驱力大于阻力，那么改革就容易进行；如果是阻力大于驱力，改革就不易进行。“对于变革的抵制并不一定真正意味着人们反对变革，也不一定是惰性的结果，其实人们真心地希望变革，很多人只是下意识地防备变革可能带来的利益冲突，这种内部的矛盾看起来是对变革的抵触，但实际上这只是人们对变革可能会带来利益变化的防御行为。”③ 在社会转型或组织变革的过程中，单纯地批评那些变革抵制者

①② 麦金太尔．德性之后［M］．北京：中国社会科学出版社，1995：241，245－246．

③ 孙震．文化与变革［C］．北京：中国人民大学出版社，2004：40．

的保守或观念落后或不顾大局、不识大体是没有用的，真正有用的是弄清他们为什么抵制变革，并能有效解决变革中可能存在的利益冲突问题。“持续性变革要求我们了解哪些是促进生长的因素，怎样才能激活这些因素，同时还要克服产生变革的限制因素。”① 利益的冲突是社会转型和组织变革中的必然现象，正是冲突的存在反映了利益的力量。我们必须承认个人之间和社会集团之间利益经常冲突这个事实，并争取在社会转型的过程中将调节冲突的机制制度化，以引导利益的力量积极促进而不是消极阻碍社会的转型和教育的转型。

（二）利益分化的历程

理念是抽象的，利益是具体的。信仰是充满情感的，利益是通过计算的。思想的力量是隐性的，利益的力量是显性的。观念的变迁是缓慢的，利益的分化是惨烈的。在利益场上没有永远的成功者，也没有永远的失败者；没有永远的朋友，也没有永远的敌人。利益冲突是永恒的，利益分化是必然的。即便是既得利益者之间也不可能铁板一块，只存在利益相关者，不存在利益共同体，利益与利益之间是灵活的拼图而不是稳定的三角。利益分化是社会民主的象征，是对寡头垄断的挑战。利益只有不断分化而不是高度集中，整个社会才会充满活力。只有通过利益的不断分化，每一个公民才能真正成为这个国家的利益相关者而不是统治者的臣民或奴仆。人类早期的奴隶制社会，利益高度统一，国家成为一个通过强制或暴力手段维护私人利益的专制组织。即便是后来的封建社会，仍然是一种“私人国家”② 的观念。在这方面无论是西方的“朕即国家”还是我国的“普天之下，莫非王土，率土之滨，莫非王臣”，都体现了统治者对于利益的高度垄断。民族国家兴起以后，私人国家的观念逐渐退出历史的舞台，国家利益作为公共利益开始浮出历史的地表，国家乃天下之公器遂成定论。在以私有制为基础的西方资本主义国家里，凭借私有财产神圣不可侵犯的宪法保障，以现代企业为代表的经济利益集团首先分化出来，并成为民主社会里与民族国家并列的第二个权力中心。20 世纪 80 年代以来，政府、企业之外

---

① 圣吉，等．变革之舞——学习型组织持续发展面临的挑战［M］．北京：东方出版社，2001：7．

② 此处“私人国家”指主要为私人谋取利益的国家，不同于国际政治中的“私人国家”或“微国家”（Micronation）。

的第三部门的力量逐渐发展壮大。伴随“全球结社革命”的风起云涌，公民社会终于冲破了由政治利益集团与经济利益集团所主导的公私两分的制度安排，成为第三方利益的代言人。当然，在人类历史上，利益的分化绝对不是如此简略，而是非常复杂。利益分化的内在机制与知识的分裂还有一定的关联。在专业化的教育体制下，学习者按年龄分成不同的班级，按时间学习不同的科目，最后进入不同的学科和专业，毕业后从事不同的行业或职业。其结果，自我中心主义成为一种主流的价值观，个人利益成为其他利益的起点，无论是公共利益还是私人利益都随之碎片化。当前信息社会的逐渐到来更加速了利益的分化。从全球福祉到国家利益，从公共利益到私人利益，从政治利益到经济利益，利益的分化无始无终、无形无影，永远难以均衡。目前在世界范围内无论面对任何议题，不同国家有不同的利益诉求，不同行业也有不同行业的利益诉求；即使在一个国家内部、一个行业内部，同样还会有不同的利益诉求。所有的利益诉求有的是“需要”，有的则是“欲望”。如果所有的利益诉求都要满足，无论是逻辑上还是实践中都是不可能的。

毫无疑问，利益分化的底线是具体的人。现实中由于组织化的需要，并不是所有的利益都要分化到个人。组织作为人的有目的集合往往会成为个人利益的代表。尽管如此，个人仍然是利益分化的基本单位，组织的利益必须尽可能地与个人的利益相一致，其最终的结果就是所有人都要成为利益的相关者。“这些不同的个人或组织构成一个像花格窗一般的‘责信网’，核心组织处在一个要对不同的利益关系人善尽义务的复杂网络当中，要交代的对象是多重的、重要性不一、要求各不相同，甚至是相互冲突矛盾的，而且行动者也是经常变动的。在多元民主社会里，每一组织在同一时间点上几乎都需要面对一到两种以上的责信关系，而每一种责信关系对于该组织都有一定的期待与控制，可能一致，也可能是矛盾或重叠的。”①教育领域的利益关系同样复杂，甚至更为复杂。以大学为例，人们“拥有”大学就像人民“拥有”国家一样。大学教师常常认为他们就是大学。教学和研究是高等教育最重要的使命，而这使命掌握在他们手中。没有教授，就不成其为大学。与之相应，学校主管人的言行常常表现出，似乎这所大学就是他们自己所有的一样。在美国，有许许多多的董事长、总校校长、

① 官有垣，陈锦棠，陆宛苹．第三部门评估与责信［M］．北京：北京大学出版社，2008：307.

教务长、院长、校长、副校长等，在控制着他们的私人领地。大学生是宣称对大学拥有所有权的另一个重要群体。大学是学校，如果没有学生，学术成就终归会枯萎。学生毕业后，他们因成为董事、校友及捐赠者而又会充当“拥有者的”角色，他们才是正式决定主要政策的人，他们出钱，因而非常关心“他们的”学校的声誉。此外，还有其他的“部分拥有者”，其中包括政府（科研经费的提供者）、向学生和大学贷款的银行家、学校规章制度的调节者、许多学术活动的评审委员会和委员。最后一个群体是普通民众，尤其是自命为全体民众喉舌的新闻界①。概括而言，大学的利益相关者包括内部利益相关者和外部利益相关者两部分。内部利益相关者有教授、行政人员、学生；外部利益相关者有校友、捐赠者、董事、政府、银行、外部专家等。无论是内部利益相关者与外部利益相关者之间还是彼此的内部都不是完全一致的，而更多的是利益的冲突。由于大学利益相关者的复杂性，在大学管理的过程中谁负责？谁拍板作决定？谁有发言权，发言权有多大？这些始终是错综复杂和有争议的问题。“首先，大学和学院是成年人的学校，成年人对学校教育的要求及学校对成年人的要求，很难协调。其次，大学往常被看作社会变革的原动力，被看作能影响政策的科研成果生产者，也被看作赋予中选者进入终生受益的场所或成员资格的地方。许多人急于对其中的某些成果施以影响。第三，学院和大学可以利用自身的资源为了与教育多少有关的广泛目的建立基金会和大型企业。大学是大雇主，它们从事大规模的有价证券投资，拥有住宅房地产，经营饭店和礼品店，在国外办学，以及其他等。基金会和企业如何处理资金，是校园内外各类人关心的问题，所以他们要求了解情况。最后，几乎所有的高等学校（包括公立的和私立的）都接受了纳税人提供的资金或补助金（哈佛大学20%的预算来源于政府拨给的基金）。钱既取之于民，这就意味着，人民的代表（包括新闻办）对资金接纳人如何行使权力，理所当然要关心和重视。”② 基于此，罗索夫斯基认为，优秀的大学管理者必须自觉地降低利益相关者之间的利益冲突，强化所有利益相关者对于大学本身的认同，一起为了大学的发展努力工作。

利益相关者是利益分化的必然结果。随着利益的分化，“任何一个组织

①② 罗索夫斯基．美国校园文化——学生·教授·管理［M］．济南：山东人民出版社，1996：5－6，233.

在其所处环境中都有一个以上的利益关系人，他可能是显性的或隐性的。"①在利益相关者网络当中，由于人和组织的自利倾向以及短视，"损人利己"或"损人不利己"的事情会经常发生。为了能解释利益相关者之间利益冲突的极端情况，经济学家建构过三个模型。一个是"公地悲剧"理论。该理论认为在追求利益的过程中，个人的理性会导致集体的非理性。如果每个人都只是追求他自己的最佳利益，毁灭将是所有人不可避免的结局。"使用公共资源的人不会为争取集体的利益而合作，人们会陷在传统的环境中无法改变影响他们动机的规则。"② 另一个是"囚犯困境博弈"。该博弈的均衡状态是双方拒绝合作，结果是"损己不利人"。第三个理论模型是"集体行动逻辑"。对于集体行动的逻辑，奥尔森指出："除非一个群体中人数相当少；或者除非存在着强制或其他某种特别的手段，促使个人为他们的共同利益行动，否则理性的、寻求自身利益的个人将不会为实现他们的共同的或群体的利益而采取行动。"③ 以上三个模型都说明，在利益分化过程中利益冲突的必然性以及化解利益冲突可能遇到的困境。那么人类社会利益分化过程中真的无法形成有效的解决机制吗？答案显然是否定的。人类社会的实践已经表明，对于公共事物的治理，对于利益冲突的化解，上述三个模型并非完全正确。上述理论中的模型"只是一些使用极端假设的特殊模型，而非一般理论。当特定环境接近于模型的假设时，这些模型可以成功地预测人们所采取的策略及其结果，但是当现实环境超出了假设范围，它们就无法预测结果④"。埃利诺·奥斯特罗姆通过对"公共池塘资源"（the common pool resources）的博弈分析从实证的角度证实了运用非国家和非市场的解决方案解决公共事务中利益冲突的可能性，并提出了"自主治理理论"（Self-government Theory）。该理论认为，人类社会中大量公共池塘资源问题在事实上并不是依赖国家也不是通过市场来解决的，人类社会中的自我组织和自治实际上是更为有效的管理公共事务和化解利益冲突的制度安排。人类社会中无论面对何种利益的冲突，只要通过充分的沟通，合作总是比不合作更有利于取得双赢。作为利益相关者，在利益分化和既得利益的基础上，只要经过长时间充分的沟通与交流，人与人之间完全可以

---

① 官有垣，陈锦棠，陆宛苹．第三部门评估与责信［M］．北京：北京大学出版社，2008：307.

②③ 奥斯特罗姆．公共事物的治理之道［M］．上海：上海三联书店，2000：273，17.

④ 吴东明，等．非营利组织管理［M］．北京：中国人民大学出版社，2003：57.

自主地建立起共同的行为准则，以维护共同的利益；组织内部个体与个体之间以及组织与组织之间完全能够就维护公共利益而组织起来，进行自主治理；并通过自主治理最终形成一个牢固的利益相关者体系。在现实中这种自发产生、自主形成的利益相关者体系不需要政府或市场的调节就可以有效运行。教育虽然不完全属于“公共池塘资源”问题，但是教育转型过程中的许多问题与“公共池塘资源”却非常的相似。比如，教育转型过程中的应试教育问题，所有的利益相关者都知道应试教育不好，但每个人从自己的利益出发又都在用实际行动维护着应试教育，甚至是强化着应试教育。最终在一个“囚犯困境博弈”当中，所有的利益相关者遵循着“集体行动的逻辑”，结果只能是应试教育“公地悲剧”不断上演。当代中国的教育转型要从应试教育走向素质教育，摆脱囚犯困境就必须首先从政府和市场的控制转变为利益相关者的自主治理。

（三）利益分化对教育转型的影响

教育虽然一直与商业和政治保持一定的距离，但这并不意味着教育转型过程中没有利益冲突。利益通过分化普遍存在于人类社会生活的各个领域中，任何一项改革都必须面对利益的分化与冲突。比如，“科学团体的自我利益会影响教育计划。根据维护理性无私这一原则确定的专业人员的证书制度，会使科学团体借口不符合甚或有违理性无私这一准则而在世界范围内限制本专业人员的扩充。”① 教育转型是一项系统性的教育改革，必然牵涉教育利益相关者的方方面面。按照弗里德曼的理解，利益相关者是指那些能够“影响”组织目标的实现，或是被这种实现“所影响”的个体或群体②。教育转型过程中不仅会受内外部利益群体的影响，也会影响内外部利益群体的利益获得。当前阻碍教育转型的不仅仅是反对教育转型的利益相关者群体，即便是那些支持教育转型的利益相关者，其内部由于利益的冲突也同样会阻碍教育转型的进行。有时教育转型的失败甚至不是因为反对者的阻挠，而是支持者内部的内讧。由此可见利益冲突的复杂性与普遍性。“当我们审视发生在今天现代化校园中的复杂而动态的过程时，我们看到的既不是官僚体制枯燥而正规的一面，也不是学术委员会中平静的以形成一致意见为导向的因素。相反，利益群体出现了。这些群体以许多不同

① 沃勒斯坦．知识的不确定性［M］．济南：山东大学出版社，2006：5.

② 龚怡祖．漫说大学治理结构［J］．复旦教育论坛，2009（3）：49.

的方式将他们的利益联合起来，从不同的角度对决策过程施加压力。"① 虽然无论是内部利益群体还是外部利益群体，支持者群体还是反对者群体都可能会对教育转型产生或积极或消极的影响。但内部利益群体与外部利益群体、反对者群体与支持者群体之间的区别还是存在的。尤其是在教育内部利益群体与外部利益群体之间仍然存在着显著的差异。对教育转型而言，外部利益群体主要来自政治领域和经济领域，它们对教育转型的影响主要体现为权力和金钱。内部利益群体多源于教育系统本身，即便存在着利益冲突也多属于教育系统内部矛盾的范畴，而非场域逻辑的冲突。与经济领域唯"利"是图、政治领域唯"力"是图有所不同，教育的最大利益是对知识的推进和促进学生的成长。在教育领域中，尤其是在高等教育领域中，至少会把理念和真理看得与利益同等重要。"在这个新的时代里，大学并不是全然由利益驱动的。学术威望依然是重要的，既因为它是吸引商业性收入的磁石，也因为其本身也是大学的目的所在。大学既要让利益最大化，也要让'威望最大化'，这既要从它们在社会上的分量方面来看（它们的地位价值），也要从它们的学术质量上来看。文化上的价值或许会引起会计师的异议，但这种价值仍然是一种有力的因素，特别是在一些比较古老的具有更深的学术文化根基的大学。"② 当代社会教育绝不能完全由金钱和权力等外在利益来支配。相较于外部利益群体对于外在利益的追求，教育内部的利益群体会更加在乎以学生的德性发展为核心的内在利益。由于内部群体与内在利益、外部群体与外在利益之间不完全是一一对应的关系，因此在教育转型过程中局内人与局外人对于利益的关注有所不同也是不争的事实。这也正是教育转型过程中要特别强调教育自主性的原因。外部利益群体只是教育转型的参与者，内部利益群体则是教育转型的真正承担者。没有外部利益群体的参与教育转型也许无法启动，但没有内部利益群体的配合教育转型则完全无法进行。没有外在利益的驱动，教育转型也许会缺乏动力，至多步履缓慢；但若没有对内在利益的追求与坚持，转型之后教育将会缺乏灵魂，迷失方向。

当前在一个利益高度分化的社会，教育转型的合法性既不是完全来自于外部利益群体对于外在利益的诉求，也不可能完全来自于内部利益群体

① 张新平．教育组织范式论［M］．南京：江苏教育出版社，2001：217.

② 马金森，康西丹．澳大利亚企业型大学的权力结构、管理模式与再创造方式［M］．杭州：浙江大学出版社，2007：44.

对于内在利益的诉求。教育转型是内外部利益相关者对于内在利益与外在利益共同诉求的结果。因此，教育转型绝不能把教育自身的利益当成转型的唯一目标，而必须将自身重新置身于更广大的社会目标之中。教育转型的过程必须在诸多利益主体之间寻求一种微妙的平衡，绝不能为了某一个主体的利益，走任何一个极端，仅仅强调某一方面的利益。教育机构在任何时候都不能以实现它内部人员的利益为追求的目标。教育转型的过程离不开各种利益相关者的投入和参与，离不开热情与真诚，教育转型所追求的应是利益相关者的整体利益。教育转型的决策与实施必须要充分考虑利益相关者的各种利益诉求，并尽可能给予相应的报酬或补偿，教育转型的前景有赖于教育机构对利益相关者要求的回报。“让组织成员满意，并不是也绝不能成为我们社会中多元组织的首要任务或检验标准。组织必须让外在于机构的人满意，必须为外在于机构的目的服务，必须取得外在于机构的成果。”① 作为一种进步主义的综合性改革，教育转型的目标应是将教育彻底转变为一个社会的机构，而不是“在社会中的机构”，努力理解和响应组织的各种利益相关者的愿望和祈求。转型之后的教育应是汇聚教师和学生的智慧、延展人的才智，培养关心公共利益新群体的无形学院，而不再是考试的机器。

教育机构作为非营利组织，因为不能分配盈余，且没有最终的所有者，属于典型的利益相关者组织。“学校或许是最复杂的社会产物了。一方面，如同其他正式组织一样，学校必须对一个复杂的人力物力资源的混合体的组织、管理、指挥等方面事物加以处理；另一方面，它又与大多数其他正式组织不同，学校因从事人力生产而导致其独特的组织与管理问题。由于每个人——家长、纳税人、立法者、教师——实际上都可以被当作学校的利益攸关者（stakeholder），因此，学校的管理过程就变得极其复杂了。”②当代社会由于利益的高度分化，加之教育转型涉及面很广，必须认真考虑转型过程中可能涉及的各个利益相关者，科学评价各利益相关者对教育转型的重要性以及它们对于教育转型的倾向性，最后根据它们的重要程度以及对教育转型是支持或反对从而采取不同的应对策略。在这方面，米切尔从管理者的视角选择了三个属性来刻画利益相关者的重要性，指出了“谁是必须关注的利益相关者”。米切尔用来刻画利益相关者显著度的三个属性

① 德鲁克．社会的管理［M］．上海：上海财经大学出版社，2003：95.

② 汉森．教育管理与组织行为［M］．5版．上海：上海教育出版社，2005：3.

分别是："（1）影响力，即某一群体对组织可能施加的影响力；（2）合法性，即某一群体与组织之间的关系的合法性；（3）紧迫性，即某一群体对于在组织内实现其要求的紧迫性。影响力基于合法性而获得权威，又基于紧迫性而得以执行；合法性则基于影响力而获得权利，又基于紧迫性而得以申诉。某一群体同时具备三种属性，就是确定型利益相关者；某一群体兼有其中两种属性就是期望型利益相关者；某一群体只具备其中一种属性，则是潜伏型利益相关者。若三种属性都不具备，则是潜在的利益相关者。"米切尔认为，"管理者应给予确定型利益相关者最高的关注度，对这类群体的要求应最优先地给出明确、及时的回应，否则有可能对组织目标的实现产生重大的不利影响。期望型利益相关者也应被管理者纳入工作视野，因为他们一旦再获得另一种属性就会变为确定型利益相关者，而他们恰恰可能有动机去寻求这第三种属性。而对于潜伏的利益相关者，则可以给予较低的关注度，因为他们暂时还不会对组织产生重大的影响。"① 与米切尔工具性的分析方法相比，P. C. 纳特和 W. 巴考夫在 1987 年发表的一篇文章中提供了另一种有效的方法来评估利益相关者对学校提出的社区发展问题及解决方案的反应。根据这个方法可以划分出四种类型的利益相关方。这一分析框架对于分析影响教育转型的利益相关者同样具有借鉴意义（见图 2）。

利益相关单位分类②

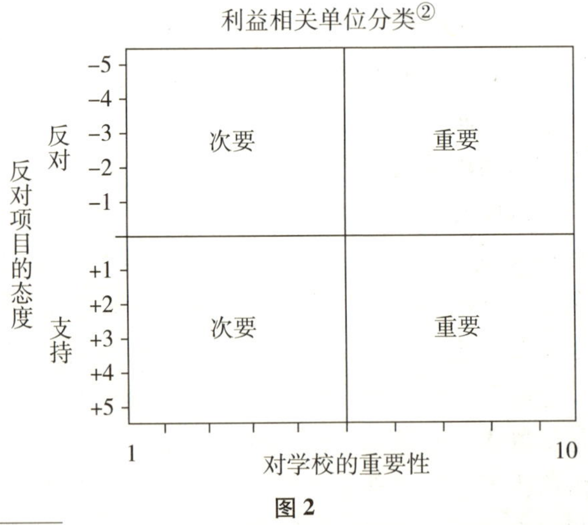

图 2

① 柏檀，周德群．高等教育质量的利益相关者动态分析［J］．黑龙江高教研究，2009（10）：8－9．

② 葛守勤，周式中．美国州立大学与地方经济发展［M］．西安：西北大学出版社，1993，158－159．

根据图2所示，影响教育转型的利益相关者可以分为四类，分别为持反对态度的次要利益相关者、持反对态度的重要利益相关者、持支持态度的次要利益相关者、持支持态度的重要利益相关者。教育转型的成功要求既要了解持支持态度的利益相关者为什么支持，也要弄清楚持反对态度的利益相关者为什么反对。只有通过利益相关者分析弄清了教育转型过程中哪些利益群体是促进转型的因素，哪些利益群体是阻碍转型的因素，然后有针对性地采取应对的措施，教育转型才能顺利进行。

最后需要指出的是，教育转型过程既受外部利益群体的影响，又受内部利益群体的影响，但这并不意味着教育转型一定就是利益妥协的产物，也不意味着教育转型就只是利益的重新分配。教育转型有它自身独特的逻辑和规律。利益的影响只是教育转型的必要条件而不是充分条件，其他如观念、制度、技术、权力同样在影响教育转型。在教育转型的过程中，如果单纯地基于利益考量，简单地把学校当作公司企业或政府机构的附属部门，那就好比把艺术等同于金钱。这种做法虽然不能说完全不对，但至少没有看到二者之间本质的区别。金钱可以反映艺术的价值，艺术的价值也可以转换为金钱，但艺术就是艺术，金钱就是金钱。教育转型也一样。教育转型会受到内外部利益群体的影响。教育转型也可以通过利益的机制来进行驱动，教育转型本身也可能会导致利益的重新分配，但无论如何教育是教育，利益是利益。教育转型需要考虑利益群体的因素，但教育转型绝不只是为了利益，更不应屈服于利益群体或利益集团的压力。不过，教育转型不以“利益”为目的并不意味着一定要将教育转型理想化、神圣化，赋予教育转型过程过多的价值色彩。相反，教育转型过程中一定要尽力避免清谈和自负，今天教育的目的已不再是满足“闲逸的好奇”，接受教育也不再是有闲阶级奢侈的装饰；在强调产业性和生产性的今天，追求利益的企业精神对于教育转型未必一定是坏事，更不能把利益当成教育的对立物。在教育转型过程中，金钱虽然不是万能的，但是没有足够的资金支持恐怕也是万万不能的。正确的做法就是要在教育转型过程中，保持利益与其他相关影响因素之间的微妙平衡。利益只是实现教育理想的工具，利益只是制度、技术和权力的润滑剂，而不是教育所要追求的目标。

（四）当代中国教育转型中的利益因素

当代中国教育转型受很多因素影响，比如理念、政策、体制、技术、历史、文化，等等，在这诸多因素当中利益最容易被忽视。在中国人的传统观念里，教育似乎与利益无关，教育转型只是教育自身的事。但事实上，在今天教育已经成为我们整个社会中最为普遍的存在，教育是与整个社会联系最为紧密的人类活动。当代的中国社会中虽然不能说教育就是中心，但整个社会以教育为中心已经形成一个庞大的利益相关者体系却是不争的事实。教育领域的任何改革如果忽视了利益的存在，就无异于纸上谈兵。"从与改革的关系看，存在着教育改革的支持力量、教育改革的反对力量及教育改革的中间力量。教育改革的支持力量是一个'总体性的'人群概念，它既不是'价值共同体'，也不是'利益共同体'，而是'利益联合体'。"① 由于教育与每一个家庭、每一个社会成员都息息相关，当代中国教育转型的过程中必须考虑利益相关者的利益和立场。这些利益相关者的存在或直接或间接地影响到当代中国教育转型的进行，当代中国教育转型也会或直接或间接地影响到众多利益相关者的利益。概言之，影响当代中国教育转型的利益因素按照"教育的内外部关系规律"② 可以分为内部和外部两大类，根据这些利益群体对教育转型的态度又可以分为支持者与反对者两大类。通过二者相交叉可以看出影响当代中国教育转型的利益因素大致有如下四种（见表2）。

表2

	内　部	外　部
支持	支持教育转型的内部利益相关者	支持教育转型的外部利益相关者
反对	反对教育转型的内部利益相关者	反对教育转型的外部利益相关者

当然，对于当代中国教育转型而言，利益相关者的立场并非一直不变。由于社会的转型，在公共利益与个人利益的权衡中，无论是外部利益相关者还是内部利益相关者都会不断调整自己的立场，以最大限度地满足自己的利益诉求。另外，由于当代中国教育转型的复杂性，加之个人理性的有限性以及教育利益贴现的迟滞性，更多的利益相关者对于教育转型的态度可能是中立的。不过，中立不是一种稳定的状态。持中立观点的利益相关者随着教育转型的深入进行，最后大多数还是会分化到支持者或反对者阵

① 吴康宁．谁支持改革——兼论教育改革的社会基础［J］．教育研究与实验，2007（6）：1.

② 潘懋元，王伟廉．高等教育学［M］．福州：福建教育出版社，1997：36.

营中。对于当代中国的教育转型而言，无论是支持还是反对，包括中立，都只是一种基于利益判断的立场表达，绝不含有价值因素。支持教育转型的并不意味着方向正确，也不必然代表真理；反对教育转型的也不一定是观念落后或思想保守。中立派客观上是冷眼旁观，但也不代表他们不参与。教育转型的过程虽然离不开对于教育理念的信仰与坚定，但也不排除利益的计算与表达。毕竟不同的社会群体对于教育拥有不同的需求和期待。有人接受教育是为了获取系统的理智和修养，有人接受教育则只是为了读书识字将来能有一份糊口的工作。对于当代中国的教育转型，有人看到的可能是理想的实现，有人看到的可能是商机的无限，还有人看到的可能只是一片迷茫。

随着中国社会的不断进步，当代中国教育转型的利益相关者分布很广，大致包括学生、学生家长、教师、政府、企业、媒体、出版商、教育研究者等。这些利益相关者当中，政府是战略利益相关者，其他都是一般利益相关者。如果再根据重要性和紧迫性来分类，学生、教师、学生家长可以视为核心利益相关者，政府和教育研究者则是重要利益相关者，企业和其他用人单位是次要利益相关者，出版社和媒体则是边缘利益相关者。当然，如果是根据实际的影响力来分类，结果又会不一样。政府、媒体和出版商可能成为核心利益相关者，学生、教师以及学生家长只是重要利益相关者，企业、用人单位和教育研究者可能会沦为边缘利益相关者。由此可见，对利益相关者的分类取决于分类的标准和分类之后的目的。另外，无论是利益相关者的重要性程度、紧迫程度还是实际影响力，伴随着教育转型的进行都会有所变化。在教育转型的启动阶段、攻坚阶段和结束阶段，各利益相关者作用的发挥也会各不相同。在教育转型的启动阶段，政府、教育研究者、媒体以及出版商一般会对教育转型产生重大影响。政府的政策、教育研究者的成果、媒体的宣传、出版商的运作都会对教育转型的必要性和合法性产生决定性的作用。在教育转型的实施阶段，学生、教师以及学生家长的重要性开始上升。教育转型的推进，归根结底还是要落实到教师和学生的身上。无论研究者如何言说，无论媒体如何宣传，无论出版商如何运作，也无论政府如何进行制度设计和政策安排，教育转型的最后环节必须要面对具体的个人，即教师、学生以及学生家长。如果是这三方产生了抗拒，教育转型不可能成功。虽然人和人的目的都是社会的产物，虽然人的行为和态度都受制于社会的结构，虽然现代自由主义已经认为首要的社会单位是具有多重利益的团体，但是在人与社会的关系当中，在一个多重利益相关者的网络当中，当代中国的教育转型还是有必要回到古典自由主义的立场，坚持把个人作为首要的社会单位，强调教育转型必须面对具体的个人而不能局限于多重利益的团体。在教育转型的结束阶段，教育研究者的反思以及企业和其他用人单位的反馈至关重要。研究者的反思和用人单位的反馈既是对于教育转型的总结，也是评价教育转型得失成败的标准。

最后要指出的是，当代中国教育转型过程中的最大问题就是没有意识到庞大的教育利益相关者群体的存在（即使意识到也有意无意地忽视了庞大利益相关者群体的诉求）。当代中国的教育转型没有经过充分的酝酿，没有得到利益相关者的深入讨论，从决策到实施基本上是“黑箱”操作。某种意义上，部分政府官员和小部分教育研究者的“利益共谋”在当代中国教育转型中起到了本不应有的决定性的作用。他们按照自己的主观意愿以改革的名义设计并安排了中国教育转型的路径与方向。当下由于利益相关者视角的缺失，社会各界对于教育转型的认同度较低，改革推进过程中舆论和媒体的强烈批评也就在所难免。目前更为吊诡的是，一方面关于当代中国教育转型官方并没有明确的态度，更没有明确的“路线图”和“时间表”，甚至对于教育转型的目标也不是十分清楚，昔日的素质教育如今已经日益沦落为一个空洞的教育口号。另一方面与政府的消极无为相比，教育转型作为学者的一种话语方式开始越来越多地弥漫于民间社会和学术圈子，越来越成为学界和官方解释和解读几乎所有中国教育问题与教育改革走向的有力“武器”。其结果，现实中种种教育问题的产生、一次次教育改革的失败或是无功而返都将成为当代中国教育转型过程中难以甩掉的“包袱”。面向未来，当代中国教育转型的成功推进必须要充分调动各方利益相关者的积极参与，只有在多方参与而不是在双方“共谋”的机制下，教育转型才有可能取得成功。只有经过多方面充分的沟通与讨论，支持教育转型的利益相关者才能实现真诚的合作，反对教育转型的利益相关者才能理解教育转型的必要。虽然未来还不确实，虽然教育转型的过程中也可能改变着中国教育转型的目标，但无论如何作为一项严肃的系统性的制度变迁，无论是政府还是学界对于当代中国教育转型都必须要有明确的目标、清晰的理念和系统的规划。只有这样，当代中国教育转型才可能是自觉的而不是自发的，是有计划的而不是盲目的，是可以控制和预期的而不是转到哪里算哪里。换言之，当代中国教育转型的成功实施必须要具备三个基本要素，即目的地、路线图和时间表。目的地也许模糊，但一定要有一个正确的方向；路线图肯定不是唯一的，但一定要使现有的改革能够有所依循，而不是摇来摆去；时间表也许不能精确，但一定不能是无限期。这三个要素当中缺少一个，当代中国教育转型就不一定是真的要转型或能转型，而很可能是某些人在拿转型说事，即在以教育转型的名义来实现其他改革的目标，甚至是以改革的名义来为某些利益群体谋取私利。

五、权力转移与教育转型

权力是政治学的核心概念，在社会科学的其他学科中也经常使用。“每个组织都必须组织权力，因此必须有其政治学，这既不是什么新的东西，也并不令人惊讶。”[①] 由于学科立场的不同，对于什么是权力不同学科可能会有不同的界定。不过，一般认为，“权力基本上是一个行为者或机构影响其他行为者或机构的态度和行为的能力。”权力在本质上意味着“具备做某种事的能力”或“产生某种结果的能力。”[②] 教育作为人类社会中相对自主的一个领域，虽然一直与权力保持必要的距离，但权力的阴影却始终没有离开过教育领域。从教会的“婢女”到国家的“姻亲”，教育在权力的控制下从未真正实现过独立。无论是宗教的权力还是世俗的权力，教育转型总摆脱不了权力的约束。今天在社会转型的大背景下，传统的权力格局开始变化，新的权力结构开始形成。按托夫勒的说法：“我们正处于‘权力转移期’。眼前的世界正进行解构，取而代之的是一个完全不同于以往的新权力结构，而且这种权力转移正在社会各个阶层展开。”[③] 当代中国教育改革必须适应权力的转移，一种新的权力格局既是教育转型的动力又是教育转型的目的。

（一）权力的力量

力量是权力的本质，权力本身就意味着力量，不存在没有力量的权力。

---

① 德鲁克．社会的管理［M］．上海：上海财经大学出版社，2003：79.

② 康晓光．权力的转移——转型时期中国权力格局的变迁［M］．杭州：浙江人民出版社，1999：45.

③ 托夫勒．权力的转移［M］．北京：中信出版社，2006：3.

权力的生成虽然有个人魅力或其他传统因素的影响，但今天在正式组织里权力主要是科层化制度安排的结果。科层制是以组织目标、效率为核心的制度。它“不是把权力授予个人，而是把权力授予职务；科层制的组织形式有一种意义相当深远的成就，这一成就为科层制提供了稳定性，又为它提供了持续控制其成员的能力。有权的人不再需要一种闪光的眼睛或者一种洪亮的嗓门了，他或她只需要能够取得某种特殊权威地位的证书就行了①”。在科层化的制度框架下，权力是硬通货，权力对于科层制度就像金钱对于经济系统一样。没有利润，经济就会崩溃；没有权力，科层就会解体。权力对于科层制度的依附，与科层制度对于权力的需求相辅相成。为了能够扩大权力，科层组织首先要膨胀机构；为了能够应对庞大的机构，又必须要集中权力。因此“独裁是一切权力的梦想”②。但事实上，这一梦想又必然被权力本身所打破。因为除了独裁者之外没有人会喜欢独裁。毕竟在一个民主社会里，独裁不具有政治合法性。政治的独裁会遭遇到市场经济和公民社会的制约，经济的垄断也会受到民主政治和公民社会的反对。“一个社会，除非它赋予了个体成员以社会身份和社会功能，除非决定性的社会权力是合法的权力，否则是无法发挥其正常功能的。前者确立了社会生活的基本框架：社会的目的和意义；而后者塑造了这个基本框架内的空间：它使得社会成为具体的东西并且创立了社会的制度。”③ 为了防止权力的膨胀和独裁的出现，将统治的合法性建立在法理的基础上就较个人魅力式的统治或传统型的统治更加合理。因此，在一个民主社会里，法律是所有组织获得其合法权力的必要基础。没有法律就没有权力，同时通过不断地完善法治建设，权力才受到合理的约束。

在政府内部以权力制约权力当然是一种不错的选择，但在实践当中权力的共谋有时也会防不胜防，为了防止政府的独裁和暴政的产生，还必须将权力差异化，即权力之间必须能够作出有效区分并保持分离以相互制衡。权力差异化原则要求，政治领域的权力必须受到经济领域权力和社会领域权力的制约，反之亦然。“在权力的差异化方面取得的进步始终伴随着对暴政的防备，而所谓暴政，用帕斯卡尔的方式可以理解为一种秩序对另外一

---

① 康永久．教育制度的生成与变革——新制度教育学论纲［M］．北京：教育科学出版社，2003：338.

② 鲍曼．现代性与矛盾性［M］．北京：商务印书馆，2003：21.

③ 德鲁克．社会的管理［M］．上海：上海财经大学出版社，2003：9.

种秩序的侵占，确切地说，就是一种权力的入侵，即与某一场域联系在一起的权力干预另外一个场域的运作。”[①] 通过权力的差异化，人类社会生活中的各种权力被限制于自己的场域内部，强权或霸权产生的可能性将大幅度减少。西方谚语“国王的归国王，恺撒的归恺撒”就是这个道理。民族国家框架下政教分离原则对政教合一体制的取代就是权力差异化的直接结果。权力的差异化不但有效地划分了权力的“势力范围”，而且可以防止权力的共谋。此外，也只有在权力差异化的原则下，被支配者在与强权的冲突中才有可能得到应得的好处。英国前首相老威廉·皮特的“风能进，雨能进，国王不能进”的名言就生动形象地阐明了个人权力在公权力或国家权力面前的尊严。受到民主化思潮的影响以及宪政制度的不断完善，今天的社会由各种各样的组织构成，不同的组织在不同场域拥有自己的权力，任何一个组织都没有能力将其他组织整合成一个价值共同体或利益共同体，更不可能也不允许出现权力共同体。诚如彼得·德鲁克所言：“社会正在迅速地变得多元化。然而我们的社会理论和政治理论却仍然假定，社会中除了政府之外不存在其他任何权力中心。事实上，自 14 世纪以来，整整 500 年，西方历史和西方政治家的要旨始终是要摧毁所有其他的权力中心，或至少是削弱它们。这种冲动终结于 18 世纪和 19 世纪，其时（除了在美国）诸如大学或国定教会这样一些仍然幸存下来的原创机构都已变成了国家的器官，而它们的官员则变成了国家公务员。但就在这时，从 19 世纪中叶开始，新的权力中心诞生了：1870 年左右出现了第一种新的权力中心，即现代企业。自那时以来，新的组织一个接一个地冒了出来。”[②] 在今天除现代企业之外，政党和政府是当今社会最有权力的组织，但它们在公共事物之外对于普通公民或社会组织的私人领域也不具有强制的合法性。民主社会按照法治的原则，对于公民而言只要法律没有禁止的就属于自己自由选择的范畴，而对于政府而言只要法律没有授权的就不能随便干预。因此，虽然“人们经常把权力比作侵犯行为，说权力具有侵略性，就像一头野兽俯下身去，贪婪地盯着它的战利品：自由、法律或权利（right）”[③]，但事实上，权力与权力之间的相互约束，对自由、法律或权利也起到很好的保护作用。在差异化的原则下，权力也有其边界，权力绝对不是万能的。权力

① 布迪厄．国家精英——名牌大学与群体精神［M］．北京：商务印书馆，2004：698.
② 德鲁克．社会的管理［M］．上海：上海财经大学出版社，2003：73.
③ 基恩．市民社会：旧形象，新观察［M］．上海：上海远东出版社，2006：6.

一旦越过它的边界，便微不足道。“民主制度，简而言之，就是一个破裂了的，能够自我反思的权力体系，统治阶层和被统治阶层每天都会意识到：在别人头上行使权力的人无法为所欲为；（如斯宾诺莎所言）即使统治者也不得不承认，他们无法让一张桌子吃草。”① 权力的行使一定不能危及对权利的保障。如何在权力与权利之间保持必要的平衡是现代社会的轴心原则。

最后，权力的力量源于合法性，对于合法性的追逐是权力的目标。只有基于某种合法性，权力才能“无所顾忌”，才能具有“正义”的力量；如果失去了某种合法性，权力要么不再具有正义的力量，要么就会演变为“非法”的暴力。“正义而没有强力就无能为力；强力而没有正义就暴虐专横。正义而没有强力就要遭人反对；强力而没有正义就要被人指控。因而，必须把正义和强力结合在一起；并且为了这一点就必须使正义的成为强力的，或使强力的成为正义的。”② 由此可见，对于权力而言，正义是合法性的首要条件。“合法性是一个纯功能性质的概念。世界上根本就不存在绝对的合法性。权力除非与一种基本的社会信息相关联，否则不可能是合法的。‘合法性’的构成乃是一个必须借助于特定的社会及其特定的政治信念来回答的问题。当权力得到了社会所接受的伦理道德原则或形而上学原则的支持时，它便是合法的。至于那种原则在伦理道德上是善是恶，或在形而上学上是真的还是假的，那与合法性无关，合法性就像任何其他的形式标准一样，在伦理道德和形而上学方面都是中性的。”③ 当然，没有哪种权力是天然合法的，任何权力都有一个合法化的过程。在法治的原则下，从“非法”走向“合法”的过程往往既是一个权力合法性转移的过程，也是一个权力重新分配的过程。权力的合法性就像统治的合法性一样，绝不是静止不变的，而是会不断面临新的合法化危机。权力如果要一直保持有力量，就必须不断地调整权力策略，不断获得新的合法性来源以实现新的合法化。比如，今天在西方社会中，“已经形成的规模巨大的私人权力必须为其行使找出新的合法性。显而易见的是，从18、19世纪继承而来的那种简陋的有关统治权力的民主理论，已无法轻而易举地为现代法人团体的权力提供合法依据。许多知识分子的高收入来自于这一事实。意识形态工作的全面增加，基于入主新型权势中心的既得利益集团，希望自己的形象能在科层体

① 基恩．市民社会：旧形象，新观察［M］．上海：上海远东出版社，2006：8.

② 帕斯卡尔．帕斯卡尔思想录（修订版）［M］．西安：陕西师范大学出版社，2007：174.

③ 德鲁克．社会的管理［M］．上海：上海财经大学出版社，2003：15.

系内外为他们工作的人眼中钝化、漂白、模糊甚至错觉。”① 未来随着信息技术的飞速发展，权力的合法化危机将会更加明显。一方面，传统的民主理论已经不能够为政治权力提供合法性的有效辩护；另一方面，在经济领域和社会领域新的权力中心的崛起又急切地渴望通过民主的程序以获得权力合法性。现在我们要面对的问题就是，未来的社会中，除了民主理论之外，还有什么可以为各种权力的行使提供有效的合法性，是不是所有的权力都还需要通过民主程序才能获得合法性。根据托夫勒的看法，今天暴力、财富已经被民主原则所控制，在民主之后，知识就是权力，未来的帝国是建立在脑力上的②。知识作为权力合法性的新来源，为教育的转型提供了最佳的契机。由于信息和知识取代了蛮力，智力创造财富不再是神话。对于教育而言，“财富蕴藏其中”不再只是一个“必要的乌托邦”③，而是一个活生生的现实。未来社会中无论是个人还是组织，无论是企业还是政府，无论是小学还是大学，知识的角色已经剧烈地变化，在 21 世纪里，知识创造财富，并促使权力转移将成为大势所趋。在信息化的时代里，随着网络日益成为人的一种生活方式或生存状态，一个全新的网络社会正在迅速崛起。在网络社会里，工业化时代的权力模式已经过时，以网络为中心的新的权力结构正在形成。

（二）权力转移的历程

人类社会中，权力没有永远的“主人”。一方面集中的权力会走向分化，另一方面“国王”的权力会转移到“平民”的手里。社会发展中，由权力的分化和转移共同构成了不同的权力格局，不同的权力格局又衍生出不同的权力结构。“权力在各个主体之间的分布状况就是所谓的‘权力格局’。这种格局决定了对象之内的各个主体的权力以及它们之间的相互关系。”④ 权力转移就是权力格局发生了变化，即权力主体之间的力量对比关系发生了变化。今天在从工业社会向信息社会转型的过程中，“‘权力转移’

① 米尔斯．白领：美国的中产阶级［M］．南京：南京大学出版社，2006：120.

② 托夫勒．权力的转移［M］．北京：中信出版社，2006：7.

③ 联合国教科文组织 21 世纪教育发展委员会．教育——财富蕴藏其中［M］．北京：教育科学出版社，1996：序言.

④ 康晓光．权力的转移——转型时期中国权力格局的变迁［M］．杭州：浙江人民出版社，1999：53.

不只是权力的重新分配，而是权力的改造。”① 根据康晓光的研究，从权力系统的内部来看，存在四种基本的权力格局演变方式。“第一，权力种类的构成发生了变化。权力种类构成的变化，或是由于出现了新型的权力，或是由于原有的权力消失了。第二，对象的权力要素构成发生了变化。要素构成的变化，或是由于出现了新型的权力要素，或是由于原有的权力要素消失了。第三，权力要素的分配格局发生了变化。要素分配格局的变化，或是由于某些权力占有或控制的要素的数量扩大了或是质量下降了，或是由于要素脱离了某些权力的控制而被置于另一些权力的控制之下。第四，权力结构发生了变化。权力结构的变化，或是某种权力的结构发生了变化，或是由于不同权力的结构发生了相对变化。”② 人类社会发展中，从农业社会到工业社会，再从工业社会到信息社会，权力的转移虽有快有慢却从未停止过。今天由于社会的再次转型，人类社会又一次进入了“权力转移期”。托夫勒认为：“暴力、财富和知识三者决定社会中的权力分配。培根虽然在知识与权力上画了等号，却没有说明权力的品质，以及知识与另外两个因素之间的互动关系。”“知识摇身变成当今品质最高的权力，它一改以往附属于金钱与暴力的地位，而成为权力的精髓，甚至是扩散前两者力量的最高原则。”③

基于场域的不同，权力可以分为三类，即政治权力、经济权力和社会权力或文化权力。政治权力指源于政治领域以政府为主体并以统治合法性为保障的权力；经济权力指源于经济领域以企业为主体并以市场趋利性为宗旨的权力；社会权力或文化权力指源于社会领域以政府和企业之外的第三部门为主体并以公民社会为象征的权力。政治权力源于政治领域，但其指向或运用绝不限于政治领域，政治权力对于经济领域、社会领域都可以产生影响。同样，经济权力虽然源于经济领域，其影响同样可能波及政治领域和社会领域。社会权力或文化权力也一样。如涂又光先生所言：“社会生活的政治、经济、文化三部分是一个整体，其间关系密切，虽然如此，还是三个部分，各有不同的矛盾特殊性。”政治的根本是“力”（power），经济底根本是“利”（profit），文化底根本是“理”（truth）。无论哪个领域，“力”“利”和“理”都不宜单独存在。政治领域以“力”为中心，

---

① 托夫勒．权力的转移［M］．北京：中信出版社，2006：4.

② 康晓光．权力的转移——转型时期中国权力格局的变迁［M］．杭州：浙江人民出版社，1999：53.

③ 托夫勒．权力的转移［M］．北京：中信出版社，2006：12.

"利"和"理"为"力"服务。经济领域以"利"为中心，"力"和"理"为"利"服务。文化领域以"理"为中心，"力"和"利"为"理"服务。① 教育属文化领域，教育为政治、经济服务当然应该以"理"为政治、经济服务，而不是教育本身要变成"力"和"利"的一部分。如布迪厄所言："权力型学校之间的斗争是企业与国家高级公职场域内部斗争的一个方面，通过这些斗争，如今，在文化生产场域内部，经济权力和政治权力的拥有者越来越被赋予了知识合法性的外表；他们在中间知识分子的支持下，在经济现实主义的迫切需要的名义下，凭着责任专家（通常为经济学家）按照美国模式发布的参数，说是要推行一种新的文化生产者的形象，这种文化生产者即使不会更实用，但肯定会更顺从。"② 教育与政治、经济的关系直接反映了一个国家或社会的权力格局。一个国家或社会的权力格局既与该国的文化传统有关，又与其政治民主化进程和公民社会的成熟程度有关。在社会发展中权力格局不是静态的，而是不断演化着。比如，改革开放之前中国社会的权力格局就完全是由政治权力所主导，政治权力不但在政治领域，而且在经济领域和社会领域都具有最大的影响力，与此同时经济领域和社会领域则完全处于无权状态。改革开放以后，伴随经济领域、政治领域和社会领域改革的不断深入，当代中国已经逐渐从一个总体性社会演变为一个转型社会。当前处在转型期的中国社会虽然还称不上是一个公民社会，但其权力格局与改革开放前相比已经有了明显的变化（见表3）。

表3　转型社会的权力格局矩阵③

权力对象 / 权力主体	政治领域	经济领域	社会领域
政治领域	+ + +	+	+ +
经济领域	—	+ +	+
社会领域	—	—	+

注释："+ + +"表示存在强权力关系；"+ +"表示存在一般权力关系；"+"表示存在弱权力关系；"—"表示不存在权力关系。

① 涂又光．文明本土化与大学［J］．高等教育研究，1998（6）：7.

② 布尔迪厄．国家精英——名牌大学与群体精神［M］．北京：商务印书馆，2004：372－373.

③ 康晓光．权力的转移——转型时期中国权力格局的变迁［M］．杭州：浙江人民出版社，1999：62.

由表3可以看出，当前在我国虽然政治权力仍然具有强烈的控制性，但毕竟在不断削弱。与此同时，经济权力开始崛起，并不断地对社会领域施加经济影响。源于公民社会的文化权力刚刚萌芽，而且受到政治权力和经济权力的双重控制，社会领域的自治和公民社会的自主仍然有很漫长的路要走。按照公民社会理论，权力转移的理想状态应是政治权力在政治领域有决定性影响，并对经济领域和社会领域有一般性影响；经济权力在经济领域有决定性影响，并能够对政治领域和社会领域有一般性影响；文化权力在社会领域有决定性影响，并能够对政治领域和经济领域有一般性影响。只有这样才能够实现三个领域之间基于自主的相互依赖而不是基于权力的相互控制与被控制。对于政府而言，"专制在于渴求普遍的、超出自身范围之外的统治权。强力、美丽、良好的精神、虔敬，各有其自己所统辖的不同场所，而不能在别的地方；但有时候他们遇到一起，于是强力和美丽就要愚蠢地争执他们双方谁应该做另一方的主人；因为他的主宰权是属于不同的种类的。他们相互并不理解，而他们的谬误则在于到处都要求统辖。但什么都做不到这一点，哪怕是强力本身也做不到；它在学者的王国里就会一事无成；它只不过是表面行动的主宰而已。"① 因此，不同场域之间，权力必须相互尊重。权力的力量之间有强弱之分，权力的主体之间有高低之别，但所有的权力在自己的场域内都是至高无上的。合法的权力绝不应越出权力的边界。越界的权力就像从潘多拉盒子里放出的魔鬼，由于场域逻辑的冲突，它带给其他场域的绝不只是不祥的预兆而很可能是巨大的灾难。

总之，人类社会中权力的转移既漫长又迅速。说其漫长，是指权力系统内部的要素与结构从发生变化到最终全部完成转移，需要一个十分漫长的过程。说其迅速，是指新兴权力中心的崛起往往是"一夜之间"的事情。很多情况下人们还没有明白这种新的权力的来源和性质，这种新兴权力中心就已经存在，并正在迅速扩张。"工业化国家的兴起让暴力被有系统地垄断，被吸纳进法律，并且让人类越来越依赖金钱。""今天，当工业社会已经把暴力改头换面地隐藏进法律中，我们也正在把金钱改头换面转化成另外的形式。"② 21世纪的今天我们又站在了权力转移的新起点。今天以知识为基础，在知识经济和知识社会的框架下，一种新的拼图式的权力架构正

① 帕斯卡尔．帕斯卡尔思想录（修订版）[M]．西安：陕西师范大学出版社，2007：186.

② 托夫勒．权力的转移 [M]．北京：中信出版社，2006：29.

在成形。在这种新的权力格局中，权力被进一步分散到了具体的个人。一方面“个人和权力中心的距离越来越大，以致个人产生了一种无权感”①，另一方面由于信息技术的发展，在网络社会里每一个人只要拥有知识都会成为当然的权力中心，都拥有巨大的权力。

（三）权力转移对教育转型的影响

权力对于教育的影响是广泛的。无论是政治领域的权力、经济领域的权力还是社会领域的权力，都会或直接或间接地对于教育转型施加自己的影响。不过，无论在哪种权力格局下，来源于政治领域的权力（不仅仅是政治权力）对于教育转型的影响都最为明显。因为，近代以来在民族国家的框架下，教育毕竟主要由国家提供，有什么样的国家制度，就会有什么样的教育制度。基于意识形态的考虑，无论在何种政治制度下，作为统治阶层为了国家利益及其统治都需要教育为该统治的合法性提供服务。对于国家的热爱，至少是不能反对成了教育“政治合法性”的底线。基于此，在社会转型和教育转型的过程中，政治制度往往不可避免地会成为教育制度转型的底线。为了保持政府对于教育的有效控制，为了维护国家教育权以及教育的主权，政治权力不可能不干预教育转型。对于政府而言，权力拥有者会抵制那些缩小他们自由行使权力的行为。不过，反对教育转型的并非都是权力拥有者，许多受权力所支配的人对于教育转型也会发出最强烈的反对的声音。

在民族国家体制下，教育与国家之间的“姻亲”关系虽然可以避免教育转型对于权力格局的直接挑战，但由于其他因素的影响，权力格局本身的变化却是无法避免的。随着权力格局的变化，政治控制力的减弱，来源于政治领域之外的其他各种权力中心的影响会明显增大，一旦政治权力与其他权力之间的平衡被打破，教育转型也就不可避免。“20 世纪 80 年代以后，西方社会发生了实质性变化，一方面行政权力对社会的渗透和控制加强了；另一方面在市民社会内部，经济系统的商业霸权也扩张到社会文化生活的各个角落，社会被严重物化，除了权力和金钱这两种媒介之外，人们已经丧失了诸如语言等其他沟通能力。”② 在今天上述现象已不只是存在

---

① 米尔斯．白领：美国的中产阶级［M］．南京：南京大学出版社，2006：276.

② 袁祖社．权力与自由——市民社会的人学考察［M］．北京：中国社会科学出版社，2003：2.

于西方社会而是成为了一个全球性的问题。面对这一困局，只有教育才能成为文明社会的有效“抗体”；只有通过教育领域的“交往理性”，被消费主义主导的物欲社会才能回到正轨。从眼前看，教育本身当然也会面临金钱和权力的腐蚀与诱惑，但人类社会发展的历史表明，只要处置得当，最后的胜利者一定属于表面处于被支配地位的教育。当然，为了赢得这场胜利所要付出的代价就是教育必须转型，必须从工业型的教育转向知识型的教育。

在知识社会中，教育将成为权力合法化的源泉而不再是权力的侍从。与资源和资本相比，“知识是取之不尽的”。“进入信息时代之后，知识跟暴力、金钱又有了更大的不同：依照权力的定义，暴力和财富都应只归强人或富人所有，但今天靠知识，弱者与穷人都可以翻身夺权了。知识是最具民主性格的权力来源。”① 教育作为知识的集成，生产、传播知识的过程本身也在生产并传播着权力。与过去权力对于知识的单项筛选和规训不同，在知识社会中知识将规训权力。知识不仅将改变权力的分配，而且将改变权力的品质。“权力产生知识（而且，权力鼓励知识并不仅仅是因为知识为权力服务，权力使用知识也并不只是因为知识有用）；权力与知识是直接相互指涉的；不相应地建构一种知识领域就不可能有权力关系，不预设和建构权力关系也不会有任何知识。”② 与暴力和财富决定的权力不同，知识决定的权力具有天生的民主性格。以知识为基础的权力强调的不是服从而是认同，不是征服而是承认。在信息社会中，“权力不是知识的障碍，二者的关系就如同利益和意识形态的关系。问题不仅仅是揭示权力是如何利用知识来达到自己的目的或如何压制知识来抬高其他的。”“若没有一个沟通、记录、积累和转移系统，任何知识都不可能形成，这系统本身就是一种权力形式，其存在与功能同其他形式的权力紧密相连。反之，任何权力的行使，都离不开对知识的汲取、占有、分配和保留。从这种层次上看，不存在知识与社会的对立，也不存在科学与国家的对立，而是存在着各种‘权力—知识’的基本形式。”③ 应该说，当前社会中各种“权力—知识”的基本形式，既是教育转型的动力也是教育转型的目标。所谓的知识型教育，其实也就意味着教育成为“权力—知识”的共同体。一方面教育系统通过生产知识可以为自身的合法性提供有效辩护；另一方面教育系统所生产的

① 托夫勒．权力的转移［M］．北京：中信出版社，2006：14.

②③ 刘北成．福柯思想肖像［M］．上海：上海人民出版社，2001：263－264，263.

知识也可以成为社会各个领域中权力合法化的新源泉。欧内斯特·盖尔纳认为："站立于现代社会秩序基石上的不是刽子手而是教授。国家权力的主要工具和象征不是断头台，而是（被恰当地命名的）'国家博士'。合法教育的垄断现在比合法暴力的垄断更重要、更关键。""这样，'教授们'和他们的雇主——国家的互相满足的合作舞台就布置好了。他们彼此需要对方，没有知识的权力无疑是没有头脑的；而没有权力的知识则是无力的。统治者和教师们从同样的、管理人的有利地位出发来看这个世界；将其视做有待教化和赋予形式的一个无形的、尚未开发的广袤空间。他们以相似的术语来理解自己：形成赋予者、设计者、建筑师、立法者、园丁。任何一方没有对方都是不完整的；只有联合起来他们才能将自己视作整个社会的代言人和卫士，视做社会最高价值准则和命运的载体/实践者。他们几乎没有摩擦的可能。"① 由此可见，在未来的知识社会，谁拥有了知识谁就拥有了权力。权力转移要求教育转型，教育转型也就意味着权力转型。

总之，权力是教育转型的直接推动力，权力转移与教育转型具有内在的一致性。一方面新的权力格局会促使教育转型，另一方面教育的转型会进一步巩固这一新的权力格局。权力转移对于教育转型的影响关键还不在于权力的重新分配而在于权力性质的变化。权力的重新分配固然可以推动并保障教育转型的进行，但只有权力性质本身的变化才符合教育转型的内在规定性。如果权力的性质没有发生变化，只是重新分配，教育转型之后的命运仍然不过是从一个"主人"换了另一个"主人"，教育本身的自主性仍然无法保障。今天知识在权力合法性中重要作用的凸显从根本上改变了权力的性质，也改变了教育与权力的关系。权力只有从基于暴力和财富转移到了基于知识，教育转型之后才不会面临"转型之后"怎么办的困惑。

（四）当代中国教育转型中的权力因素

由于体制的原因，当代中国教育转型过程中的权力无疑处在主导地位。在各类权力当中，源于政治领域的权力影响最大，其次是源于经济领域的权力，教育自身的权力对于教育转型过程虽然至关重要，但事实上所起的作用却微乎其微。当然，这样一种结果的出现与各类权力在整个社会中所占的地位也是一致的。直到今天，在我国政治领域的权力仍然控制着大部

① 鲍曼．生活在碎片之中——论后现代道德［M］．上海：学林出版社，2002：262－263.

分的资源，经济领域的权力虽然急剧膨胀但至今仍然无法影响政治，社会领域自治的权力极小，小部分非政府、非营利组织仅有的一点点自治权也处在政府的严密监控之下。

当前在我国，教育仍然属于国家的事业单位，是国家意识形态工具的重要组成部分。在制度安排上，我国教育系统仍然以公立学校为主，在法律地位上所有的公立学校都属于事业单位。单位制度之下，我国的教育机构不可避免地带有政府的影子，甚至可以说公立学校就是一个“小政府”。“我们最容易观察到的单位的一个特性是，单位是一种权力和福利的再分配制度，它是国家赋予一些精英人物和追随精英的人物以特殊国家权力的形式。”① 基于这样的一种组织定位和制度安排，当代我国教育转型面临的第一个制度障碍就是事业单位转型和国家权力的逐渐退出。改革开放以来，为了推动教育改革的顺利进行，我国对于事业单位体制也曾先后进行过多次改革，但每一次改革几乎都是无果而终。原因很简单，我国的单位体制已经深深镶嵌于政治体制之中，政治体制不改革，权力结构不变，单位体制很难变动。无论是集权还是分权最后都很难逃脱“一放就乱，一收就死”的改革困境。以我国政府的行政分权改革为例，“行政分权分为两类：一是中央政府（国务院）对中央各部的分权，即条条分权；二是中央政府对地方政府的分权，即块块分权。行政分权是在不改变生产单位的行政隶属的前提下，拥有上级规定的完成上级决策的行为选择权。由于没有改变生产单位的行政隶属关系，中央政府屡次在条条分权与块块分权中徘徊。当强调集中管理时，中央政府就将诸企业收归中央管理；当发现统得过死，导致企业丧失活力时，又将诸多的企业、学校，各种科研、卫生、文化机构下放给地方政府。”② 由此可见，由于大的体制没有变，很多改革都只能不断重复这种“一收一放”的游戏。

在我国，根据1998年10月25日国务院公布的《事业单位登记管理暂行条例》的规定，事业单位是指国家为了社会公益目的，由国家机关举办或者其他组织利用国有资产举办的，从事教育、科技、文化、卫生等活动的社会服务组织。事业单位具有两个特点：“一是以脑力劳动者为主体、以知识产品为主要劳动成果的知识密集型组织，其成员一半以上由专业技术人员（知识分子）构成，具有干部身份。二是强烈的行政属性。尽管事业

①② 周翼虎，杨晓民．中国单位制度［M］．北京：中国经济出版社，1999：3，60－61．

单位是独立的基层组织，只受行政部门的领导和管理，只存在规模大小和轻重之分，没有权力大小之分，但事实上，单位成员在不同生产单位之间的横向流动导致了这种规定的失效。单位成员固定的身份制度和相关的福利待遇使得事业单位的行政级别不可避免地保留下来。"① 按照《现代汉语词典》的解释，事业单位，在计划经济体制下，特指没能生产收入，由国家经费开支，不进行经济核算的单位。它大致包含三层含义：第一，不从事生产经营活动，不产生收入；第二，没有成本—效益约束，不存在成本补偿；第三，经费来自国家财政拨款，不分配盈余，不进行利润计算。很显然，依照我国现有法律政策，我国公立学校全部属于事业单位的范畴。由于单位本身泛行政化、泛政治化，社会各个场域中到处都有行政权力的影子，甚至是国家的影子。"中国单位制度下的单位，不是一般意义上的工作场所，也不同于西方具有明确的技术规范和程序规范组织，以及以效率为根本原则和目标的厂商，它是在特定历史条件下，根据一系列具体的社会制度安排所形成的一种极具中国特色的'制度化组织'。"② 在事业单位的制度框架下，政府由于是教育机构的出资者和所有人，对于教育转型拥有最终的决策权。从教育转型的实施来看，单位体制下每个学校都有自己的主管部门和行政级别，学校自身对于转型没有自主权，也没有积极性。转型与否全由教育主管部门的文件决定。学校只能或只是遵照文件的精神进行转型试验，否则就涉嫌"违法"，面临巨大的制度风险。从教育系统内的资源配置看，学校只与直接隶属的行政机关发生经济、资源和人事关系，不同隶属关系之间的教育机构是一个个相对封闭的小社会。如此一来，由于缺乏规划整体性的教育转型在实施过程中不可避免地面临着碎片化的可能。当前中国社会虽然已经开始转型，各种改革也在深化，但行政权力仍然缺乏有效的制约，以行政权力为中心，多方共谋的权力关系网络已经形成。这种网络化的权力关系网的存在使得当代中国教育转型有着巨大的偶然性和不可控性。"由于存在着几乎无处不在、无孔不入的关系网络，因而在教育改革问题上，也就会常常出现'变通'的现象。其结果，尽管也有事先规定的工作程序和预先约定的'游戏规则'，但这些程序和规则在实践过程中未必就会得到严格执行，而是有可能以各种各样的借口被搁置在一边。在错综复杂的关系网络的作用下，教育改革充满了变数与不确定性，

① 周翼虎，杨晓民．中国单位制度［M］．北京：中国经济出版社，1999：39.

② 揭爱花．单位：一种特殊的社会生活空间［J］．浙江大学学报，2000（5）：76－77.

有时甚至会因各种各样的‘变通’而使对于教育改革的资源配置、效果评价等带有‘戏剧性’色彩。”① 基于此，未来如何在权力差异化的原则下不断完善权力约束机制，避免不同场域间通过共谋而形成权力关系网将事关中国社会转型和教育转型的成败。除了源于政治领域的权力制约以及单位制下的权力困境之外，制约当代中国教育转型的另一个重要权力因素就是源于经济领域的权力对于教育领域的“渗透”。改革开放以来，我国经济领域取得了巨大的进步，积累了惊人的财富。当前在我国，以“富人”为核心逐渐形成一个“特权阶层”。这一阶层在短时间内积累了巨大的财富。凭借财富的累积效应，他们成为了社会转型过程中的既得获益者。由于体制的原因，目前源于经济领域的权力无法影响政治，为了进一步获得更多的财富和权力，社会领域中的文化和教育就成为了经济权力所要俘获的首要目标。作为经济权力在教育领域渗透的必然结果，当前在市场化的逻辑下，产业化已经被强加到了教育身上，教育的公平理想和公共性不可避免地遭到破坏。

当前我国政治权力和经济权力虽然在制约着教育转型的实现，但整个社会还处于转型之中，政治权力、经济权力和社会权力之间的格局也在不断发生着变化。这种权力的变化本身也在为教育转型提供契机。短期内虽然我国教育实现完全自主尚无可能，但是随着观念转变、制度创新、技术进步以及利益的不断分化，一个不同于现在的新的权力格局必然会出现。在这个新的权力格局中，知识将成为新的中心。在知识社会中，由于知识对于社会发展的日益重要，由于教育在知识生产中的重要地位，教育的自主性也将逐渐受到政治权力、经济权力和其他社会领域权力主体的普遍尊重。在这个新的权力格局中，政治权力和经济权力将不再意味着对教育转型的阻碍而是对于成功的推动。可以相信，未来只要教育的利益相关者能够对于教育事业保持一贯的真诚和热情，当代中国教育转型就一定能够成功。

---

① 吴康宁．制约中国教育改革的特殊场域［J］．教育研究，2008（12）：19.

专题三

教育转型的内部机制

导　论

（一）“机制”理论与教育转型的内部机制研究

机制理论是建立在系统论的基础之上的。系统论的基础是社会学的功能主义的社会形态观。功能主义认为社会是一个复杂的体系，它的各个组成部分协同工作产生了稳定和团结，功能主义者们把社会的运行比作一个活的有机体的运转。[①] 英国社会学家斯宾塞是社会学中功能主义者的代表，借用当时盛行的生物学演化论的观点，使用有机体类比（organic analogy）的概念，强调不同的社会组织满足不同的社会需求之现象。法国社会学家涂尔干在他的《社会分工论》一书中也指出人类社会组织分化跟功能特殊化之间的关系，组织之间的功能互补成为社会稳定生存的重要条件。美国社会学家帕森斯（Talcott Parsons）整合这些功能主义的观点，奠定了结构功能论的典范。总之，在功能主义者的眼中，社会就是一个如同机器一般的系统，而这个系统的运行是依靠着一定的系统机制的。

在功能主义的视野中，社会的演化是基于社会各要素之间的配合。当一个因素发生变化的时候，社会中其他与之相关的因素也必然随之发生变化，因为它们之间是互相联系着的有机体；同样，倘若与社会的某个要素

① 吉登斯．社会学［M］．北京：北京大学出版社，2009：22.

相关的要素发生变化时，那么该要素也一定会发生变化，因为它们处于相互关联着的结构之中。功能主义视野中的社会就如同一架精密的机器，它内部的各个机构透过齿轮紧紧地结合在一起，正是这些机构之间彼此传动，配合活动，才驱动了社会这架大机器的运转。在一定的时间内，各个机构的配合运动必然导致整个社会发生位移或变化，以至于社会离开原来的状态，而进入到一个新的状态之中，当社会发生这样的位移或变化时，就意味着社会的形态发生了变化，这时作为整体而言的社会就在这样的变化之中发生了转型。也就是说，在功能主义的社会观之中，社会转型是由社会各个要素相互之间的配合而造成的，这是基于社会各个群体之间的共识，以及在共识基础之上互相之间主动的配合。作为一架精密的仪器，社会的各个要素之间是紧密相连的[①]，因此，只要任何一个要素发生了变化，必然导致其他任何要素乃至整个社会的变化，而转型就有可能由社会中的任何一个要素引起。但是，引起是一回事，而真正达至转型，还需要看这个要素在整个社会中所处的地位以及对与之相关的要素的影响，同时也需要这种变化不断地积累，最终发生形态上根本的转变。

社会学的另一大重要流派——冲突理论，也从另一个视角对转型作出了解释。冲突理论认为社会系统的各要素之间是彼此冲突的关系，在这种冲突之间，同样造成了相互之间的影响与改变，只不过对于功能主义来说，这种改变是出于各要素之间的相互合作，是主动的；而对于冲突理论来说，这种改变则是被动的，乃是出于各要素彼此之间冲突的强力。但不管怎么说，这两种理论都认为，各要素之间的相互关系造成了一个系统的动态运行和改变。而事实上，一个系统内的各要素之间常常并存着主动和被动这两种关系。在教育系统的转型中亦是如此。

总的来讲，社会学的理论认为“机制”的基本含义有三个：一是指事物各组成要素之间的联系，即结构；二是指事物在有规律性的运动中发挥的作用、效应，即功能；三是指发挥功能的作用过程和作用原理。认识“机制”这个概念，就要把握两点：第一，系统及其各个要素是机制存在的前提；第二，协调各个部分之间的关系一定是一种具体的运作方式。在机制理论的视野中，事物的运作会在事物的内部交汇形成一些高度敏感的

① 这是基于“万事万物之间的联系是普遍的”认识原理。

"关节点"或者"临界区"。这些点或者区相对于整个事物发展及其运动的全过程来说，是微小的、短暂的，但它又是非常关键的，其变化决定着事物整体发展变化的方向和状态。① 总之，所谓机制就是"带规律性的模式"。但是对于事物发展的内部机制而言，实际上就是需要把握事物内部结构的关键部分，也就是事物内部结构中可能对事物整个发展的方向和状态起关键作用的节点，而机制的形成，还需要诉诸这些关键节点的作用原理。

因此，对于教育转型的内在机制而言，有三个方面需要明确。首先，教育是一个完整的系统，亦即它是一架需要我们来研究的机器。如果教育本身并不是一个完整的系统的话，那么它就不是由一些要素透过相互之间的运作方式而联合在一起的，其原因要么是不具备要素条件，要么是不具备作用条件。其次，需要明确教育系统的结构是什么，它有哪些要素，这些要素是如何彼此关联从而形成教育系统的结构的，以及它在教育系统中的位置和功能如何。再次，需要明确寻找出教育系统的各个要素对整个教育系统及其他部分之间的影响关系和影响原理，以及它是如何促进整个教育系统的运行与改变的，亦即它是如何构成或参与教育系统的运行机制的。

（二）形成中的系统：首要的转型

学科研究大抵有两种类型，一种是其自身就是针对一定的特定规律体系而进行的纵向研究，也可以说是一种知识学科，例如逻辑学、社会学、心理学、数学、物理学、化学等，这些学科都有其自身独立的知识逻辑体系；另外一种是借用一项或多项纵向研究的规律而来研究某一特定的问题域的横向研究，也可以说是一种应用学科，例如商学、工程学、教育学等。教育学是一门横向的研究。因为教育研究往往需要借助于其他学科如社会学、心理学的研究方法，而教育本身仿佛只是这些研究的一个问题域而已。这种境况下，教育研究事实上就是一种关于教育的社会学研究，或者教育范域内的心理学研究。因此，教育学作为一门研究的尴尬之处就在于它不是一门独立的"知识"学科，它的研究需要借助其他知识学科的逻辑。这就首先带来对教育学自身独立性问题的质疑，这个质疑同时关乎教育系统自身的独立性问题。这也是在对教育系统及其转型的内部机制进行考察之

① 黄林芳．教育发展机制论［M］．上海：上海财经大学出版社，2006：56－57.

前，首先需要明确的一个问题：教育系统相对于整个社会系统，它有多大程度的独立性？教育这一系统到底是依附于社会这一大系统，还是自身作为一个独立的系统而相关于社会其他的系统？因为，将教育系统看作一个独立的完整系统是考察其内部机制的前提，因为倘若独立的完整的教育系统不存在的话，就不会有所谓的“内部”机制可言。

当把教育系统当成一种社会系统来看时，它的每一个构件都处在一种横向机制和纵向机制的交结点上，例如从纵向看处于教育系统的教育机制中，从横向看处于社会系统的权力机制中。那么，我们是否能够剥离社会其他的系统而内部化地思考教育本身的系统？如果是层层依附的关系，我们就不能内部化地思考教育的独立机制，而应该分层分级地思考社会系统各个构件的教育部分，然后再整合成教育系统的机制问题；如果是先独立而后相关的关系，那么我们就可以独立研究教育系统内部的关系和机制，然后再关联其与整个社会系统的关系。诚然，社会研究并不具有理论上的纯粹性和精确性，任何的社会研究都只需大体上的一致性就可以完成对理论的验证[①]，甚至有的时候在不同的历史时期，对同样的问题域都有不同的求解。例如在经济学中，20 世纪三四十年代经济危机当中，凯恩斯主义主张需求决定供给，这是符合对当时社会的经济解释的；但是到了 70 年代，经济陷入滞胀之后，恰恰是供应学派供给提供需求的理论解决了当时的问题。因此，我们也不会偏执地脱离社会时代强求逻辑上的教育独立性。另外一个方面，我们甚至承认，教育的各个构件在进行运转的时候，它时刻不能脱离社会系统中的相同层面对其的影响，但是仍然需要思考的问题是，对此项构件的影响到底是教育系统内的大，还是社会其他层面的大？举例来说，教育权力可以看作教育系统的一项独立构成，但是不可否认它仍然受到社会系统其他权力因素的影响，但是何者大？在今天，许多研究甚至将课程这样一个教育色彩很浓的要素都当成一种意识形态的工具进行研究，此时我们不得不怀疑“教育内部”这一概念存在的可能性。布雷钦卡曾指出，教育作为一种具体的行为，根本不存在一个能将其与其他种类的行为明确区分开来的、可观察的属性。[②] 如果果真如此的话，那么独立的教育系统的概念就不存在，更不要说讨论所谓的教育系统及其转型的内

---

① 艾尔巴比．社会研究方法［M］．北京：华夏出版社，2005：3.

② 布雷钦卡．教育目的、教育手段和教育成功：教育科学体系引论［M］．上海：华东师范大学出版社，2008：161.

部机制了。

如果教育系统存在的话，那么借用上述学科体系的思维方式可以作这样的分析：教育的每一项构件也都处在一个横向的系统和一个纵向的系统中。横向系统是指社会的要素系统，纵向的系统是指教育系统。例如，教育权力这个构件，它既处于横向的社会权力系统中，属于权力的一种或一部分；但在另一方面它也处于教育系统中，属于教育构成的一种或一部分。这种分析方式或许可以打破上面所发问的“教育这一系统到底是层层依附于整个社会这一大系统，还是自身作为一个独立的系统而相关于社会其他的系统?”这一问题，从而将教育系统和社会系统放置在一个互动、有机的关系当中，站在要素的角度，研究它的纵向关系，从而形成这个互动体系中的纵向关系，形成对教育系统的内部研究。但是，实际的问题是，这个纵向的关系有联系吗？当考虑教育的某一要素时，它主要是受这一横向关系的节制，还是受纵向关系的节制？或者受哪个的节制大？纵向关系在多大程度上可以节制？其实这还是在拷问教育这一系统存在的实在性。以教育权力为例，从要素的概念构成来讲，权力只是这一概念的形式构成，而教育却是这一概念的属性构成，因此，从内在关系的角度，这一要素应该更受纵向属性的节制。在当今中国的教育现实中，种种迹象都在表明，似乎教育的各个要素还是受横向关系的节制大，纵向关系弱甚至阙如。例如，教育管理的行政化，而非教育化；课程目标的意识形态化，而非人本化。也可以从纵向关系本身的联系来看，对于教育本质的认识，教育行政部门提素质教育，理论界提主体教育，现实的教育实践则是应试教育，形成三张皮的状况；现实的教育政策的实施在不同层面之间不能一以贯之；教育投入和需求不按教育规律而按市场规律；等等，这些都表明独立的教育系统还很脆弱，甚至阙如。因此，如果要在中国语境下考察实存的教育转型的内部机制的话，实在是一个艰难的课题。

但是尽管教育系统是很脆弱或者很不独立的，但是教育的各种要素仍然存在。而这些要素恰恰就是教育系统的基本资料，所缺乏的就是它们之间的联系而已。对于教育系统的独立性而言，各个要素摆脱或者放松横向关系的牵制，而生成或者密切纵向的关系，是一条很好的发展之路。因此，对于当前的中国教育而言，教育的各项要素摆脱横向关系的辖制，而形成纵向的连接，亦即独立的教育系统的生成是一个首要的转型（见图 1）。当前正在进行的高等教育去行政化改革，就是将教育管理从横向的行政管理

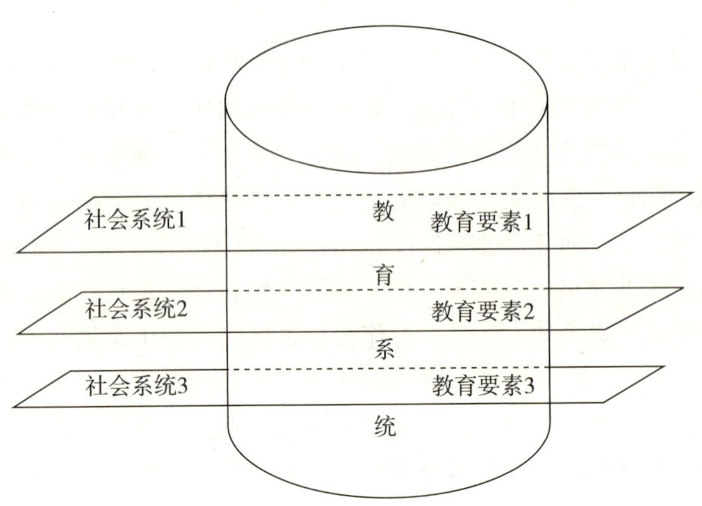

图1　教育系统和社会系统关系

关系中脱离出来，从而形成纵向联系的教育管理，当然这项改革的成败还需拭目以待，其关键不是教育管理这一项要素的独立，而是整个教育系统各项要素的整体独立。当然这种独立也只是相对的，是一种主次关系的置换，亦即将教育管理由主要受行政关系的制约转变为主要受教育关系的制约。

从教育本身的存在来讲，教育首先发生的转型是从无系统向有系统转型，从依附性存在向独立性存在转型，从无形向有形转型。这是教育转型中的首要转型。当然，如果要问这种转型是已经的、正在的、将要的，还是应然的、或然的、实然的，这就很难说了。因为近年来，教育一直在努力作这种转型，但是，也一直屡屡向其他方向被转型；这是教育自身的一种本然努力，但是，这种本然恰恰也是一种教育中的人常常迷失的本然；这种努力也是出于教育本然的必需，但是，却不知道这种看似的“必然”或将走向“何然”?

因此，我们对教育系统的每一个要素进行转型机制的考察时，首先要考察的是它是怎样在横向关系中为纵向关系谋取独立性，从而促进独立的教育系统的形成。在高等教育、基础教育都大遭行政化、官僚化、市场化诟病的今天，这是教育最为看重的转型。从教育的内部建造中，打造独立的教育，更是我们的当然使命。

（三）转型中的系统：转型研究中教育系统的结构和要素的确立

当考察教育转型问题的时候，首先需要明确的是教育转型问题的研究域。陈云恺在相关的研究中首先对“型”进行了一番训诂性的研究。他认为，所谓的“型”，在汉语中与“范”“模”等意思相似，就是指铸造用的模具，亦即型态和结构①。也就是说，教育的型就是指教育的结构和形态，因此在某种意义上，所谓的教育转型研究就是研究教育的结构形态的转变。

如果我们将转型的问题域定义在教育的结构形态的转变的话，那么毫无疑问它所期许的就不是教育具有一成不变的结构，即组成要素和作用机制。实际上，实存的教育很难说有某个确定的形态要素，因为随着时代以及观念的变化，不但观念中的教育不断发生着变化，就是教育的实存形态也在发生着种种的变化。在观念层面上，教育已经大大超出了传统意义上的“传道、授业、解惑”的功能性范畴，已经向人的生成等主体性范畴延伸；现代意义上的教育也大大超出了人的阶段性的受教育，并且向终身教育的方向大步前进②。在实存形态上，教育也由传统教授四书五经的私塾而转变成今日的学科教育和学校教育体系；同时随着现代教育的登场，教育政策、教育结构等研究门类也陆续崭露头角……教育的面目无日不随着观念和时代的改变而变迁，因此，要找到教育系统中固定的要素绝非易事。即使勉强找到课程等教育系统的要素，也发现其本身的要素和形态亦在不断地变化之中。可以说，在称得上教育转型的教育变革中，我们看到的不仅仅是教育要素的内容及其意涵发生改变，同时也包括要素之间关系的改变。可以说教育系统内的要素及其相互关系的改变才是教育转型的元意义。但是，作为教育转型的内部机制研究，恰恰要关注的就是造成这种结构改变的教育内部结构。所以问题就难在这里，怎样在教育系统自身要素和结构中找出导致其自身的要素和结构发生变化的因素。事实上，正如莱文所说，“教育史上有很多事例表明，在一定时期被认为是很有必要的教育改革，在另一时期却被看做是愚蠢的，甚至是有害的。”③ 教育的改革与转型

① 陈云恺．教育转型论［M］．长春：吉林人民出版社，2003：11.

② 联合国教科文组织国际教育发展委员会．学会生存——教育世界的今天和明天［M］．北京：教育科学出版社，1996：第三部分.

③ 莱文．教育改革——从启动到实施［M］．北京：教育科学出版社，2004：146－147.

是一个不断发生着的过程，教育始终处于一种改变的形态之中。因此在进行教育转型的内部机制研究时，首先要做的就是对要素的改变进行研究，并找出教育系统本身一直导致改变的那些要素，及其改变的原理。因此实际上首先要做的工作就是要研究转型的可能变和那些不变的要素（这里的变不是要素自身的变化，而是要素的变质或者消失、生成），进而研究那些不变的要素的变化（自身的变化）所带来的教育系统要素和结构的变化。在机制理论中，这些要素就仿佛是节点和临界区。

鉴于此，我们首先需要对这个既不完全独立又处在不断变化之中的教育系统，作一个相对独立而又完整的描述，从而界定我们研究的基本对象。

教育是一个人的主观实践的客观社会存在，它的主观性体现在它的目的性和能动性上。就目的性而言，就是说教育不是一个随意性的活动，而是带着人的强烈的主观目的性的活动；就能动性而言，教育也不能看作一种自然性活动，而应该看成一种社会性活动，它带着强烈的实践性质。尽管教育是人的一种主观实践活动，但是它仍然受一定的客观规律和机制的制约，符合一定的实践逻辑，在其作为一种社会性存在的意义上，它有一定的客观性。教育的客观性，为教育系统的可研究性提供了基本的前提，而教育的主观性则为教育系统的形态、要素和结构的界定提供了基本的依据。因此对教育系统要素的基本界定，主要抓住教育目的（目标机制）和教育理念（观念机制）这两大主观机制，以及教育政策（宏观运行机制）和课程执行（微观运行机制）这两大客观机制，来考察教育系统及其转型。对于教育系统而言，它的基本作用对象（或实践对象）是教育对象，即学生，而它所要达到的实践结果则是教育结果，即培养出什么样的人。因此，教育对象和教育结果可以看作教育系统运行中的输入和输出，而且教育对象正是在经历了教育系统的作用之后，达到教育结果所致的状态。或者可以说，教育系统的运行和作用使得教育对象完成了向教育结果的转化。而对于教育对象而言，教育系统直接对其产生作用的乃是其运行机制的部分，即教育政策和课程执行这两大客观机制，但是对于教育系统自身而言，教育目的和教育理念又是制约着教育政策和课程执行的两大主观机制。教育活动作为一种人的社会实践活动，它的存在在本质上是一种主观的客观存在，因此，从主观和客观两重维度来界定教育系统的存在，并且从主观机制和客观机制两方面来研究教育系统及其转型的内部机制。图 2 可以表示教育系统的要素及其机制的状态。

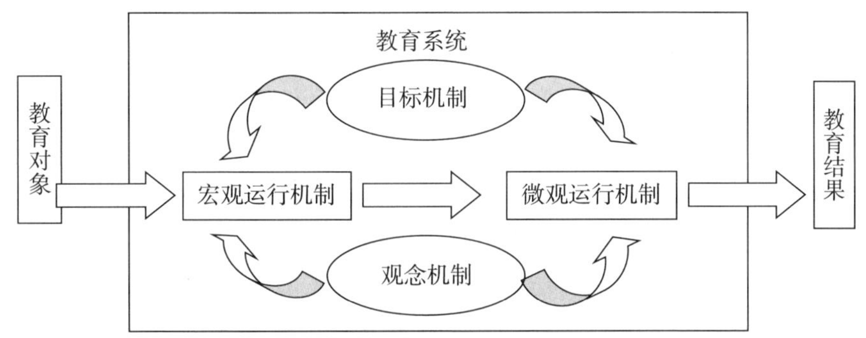

图 2　教育系统与教育转型的内部机制模型

教育目的：指人们从事教育活动的主观动机，是人们对教育活动的期待。对于作为人的主观实践活动的教育活动而言，作为动机的教育目的是教育活动得以发生的逻辑起点，因此教育目的也是教育系统得以生成的逻辑起点。

教育理念：教育作为人的一种主观目的性的活动，它必然是人的有意识的活动，也就是受人的理念所支配的活动。因此，教育理念对于作为有目的的教育活动而言，是一种关乎本质的不变的存在。同时，对于实存的教育系统而言，教育观念是教育系统存在和转型的主观前提和观念基础。

教育政策：尽管我们非常强调教育是一项育人事业，但是也不能否认它也是一项社会事业，甚至是政治事业，并且对于社会或者政治而言，它们也常常将教育看作维护其自身存在或者形态的重要的工具，因此，很少会忽略对教育的关注；而对政治而言，更是将教育看作维护意识形态以及统治的重要工具，似乎一刻也不会放松对教育的管理。因此，教育政策是作为社会存在的教育的必然要素，也是影响教育转型的重要力量。一切教育观念只有转化为教育政策，才能够真正实施于教育现实当中，教育政策有效地规定了实存教育的存在方式和形态。对于实际的教育系统而言，教育政策主宰着教育在地域、层次、领域等方面的宏观布局，同时还涉及教育的行政体制和联络形态等宏观关系（教育结构），以及投入体系和分配（教育投入）等宏观运行方面，同时它还引导着教育转型的宏观实施和方向。因此可以说，教育政策是教育系统宏观运行方式的基本动力和表征，同时也是研究教育转型的路径。

因此，我们在考察教育政策这一教育系统和教育转型的宏观运行机制时，也把教育结构和教育投入作为其重要考察对象，因为它们不仅仅是教育政策的直接调整对象，而且在教育系统和教育转型中也有着重要的机制性作用。教育从来都是分布在人类社会当中的，并且是围绕着人类的各项活动延续或开拓的，对于一个社会而言，教育在各个层面的分布和公民受教育程度，既与这个社会实际状况相关，也影响着这个社会的发展。因此，教育作为分布在人类中间的活动，就必然有一定的结构分布。而这既是教育转型的主要方面，也影响着整个教育系统的分布和转型。教育结构是有形的社会教育系统的宏观存在模式。同时，教育作为一项具体的人的活动，它需要一定的客观物质基础，才能成为实实在在的教育行为。因此可以说，教育投入关乎实体的教育的生成。作为物质性活动的教育，它的存在必然受到投入的影响，这种影响甚至可以上升到质量、存亡的层面。同时，对于教育转型而言，教育投入也是最为有力的动力。

课程执行：课程教学是教育的实施活动，如果没有课程或者教学活动，可以说教育就没有实际的存在形式，就是虚无的。课程是教育的具体存在形态，教育系统的一切运作最终都要转化为课程的形态，或者说最终都是为了课程的运作。因此对于教育转型来说，课程可谓是转型的最终落脚点。

此外，从教育的存在本质的属性角度，关注教育系统和教育转型这两大类机制之间的关系：教育作为一种人的有目的性的活动，其本质中具有主观目的性和客观实在性两个并列的存在属性。它的组成中也有一些观念或者计划性的要素，这些要素主要表达了教育的主观目的性层面的属性；而另外一些要素则涉及教育的物质性层面，是它的客观实在性的表达。在这两个属性中，主观目的性的成分受教育系统的纵向联系较大，而客观实在性的要素，如教育投入等则受制于横向的社会性关系较多。在以上这些教育系统要素的选择中，我们认为，两大主观机制——教育目的和教育理念，更体现为教育之为教育的主观目的性的要素；而两大客观机制——教育政策、课程执行，则表现为教育实践所依赖的客观实在性的要素。这种要素的分类，在某种程度上为我们考察教育系统的内在要素之间的关系模式对整个教育系统的影响，提供了一个重要的视角：主观目的性与客观实在性的相谐程度为我们对教育系统的独立性和整体性的研究提供了一个基本的尺度。

而教育系统中的主观机制对客观机制的制约的一个重要表现，就是使得教育中未实现的教育目的和教育场域中的反教育性存在向理想的教育系统转化，这也是教育转型的一个重要形式。就系统自身而言，这个分析模式还体现了理想的教育系统就是主观目的性和客观实在性的完全吻合。因此我们把教育系统存在的这种主客二重性关系作为基本的考察对象。

同时，在实存的教育系统中，我们着力抓住教育系统的宏观和微观两个运行维度，抓住教育政策这一影响和塑造着教育系统的宏观结构和环境的运行机制，以及课程执行这一教育系统的微观实践和活动的运行机制，从而在宏观和微观两个方面来限定并分析教育系统的结构及其运行机理，但这并不是强调这种分析方式达到了某种程度上的“全面”，而是在面对教育系统这一“庞然大物”时所需要的一种分析上的可把握性。并且，作为对教育这一实存机制进行的一项研究，这里的宏观和微观分析也并不是强调这两大机制之间的独立性，而是注重这两大机制之间是如何作用并构成教育这一大系统的。事实上，在某种意义上，以教育政策为中心的考察和以课程执行为中心的考察，构成了对宏观教育和微观教育的考察；在现代教育的语境中，这两种型态的教育存在彼此之间是相互作用且相互构成的。如果仅仅考察课程执行这一微观领域，实在不能说清楚教育的“现代”特征；相反地，如果仅仅考察教育政策这一宏观领域，甚至不能说考察了教育本身。基于此，我们认为，正是教育的宏观和微观两大运行机制构成了现代教育的“现代”性和“教育”性，因此考察现代教育的实存形态和运行以及转型机制这两大视域是基本的考察结构，也是有效的考察路径。

此外，由于教育系统及其转型的内部机制主要是着眼于教育系统这样一个宏观的存在，同时它又是这一宏观存在的内部机制，因此，它所涉及的研究范畴既有宏观的广阔性，又有微观的机理性，是一个很难把握的论域。其中，最难以把握的就是怎样才能够将研究对象的宏观和微观两方面有效地结合在一起，从而凸显研究对象的统一性。也就是说，在分析教育系统这一宏观存在时，能够关涉它的微观机制，而在分析教育系统及其转型的微观机制时，又能够透视其系统的整体性，从而将研究严格限定在“教育转型的内部机制”这一特定的对象中。因此，我们对教育转型的内部机制要素的选取和研究的路径作了特殊的安排：我们所选取的每一个机制的要素——无论是主观的还是客观的，也无论是宏观的还是微观的——

就其自身的存在和结构而言，实际上都是一种中观的存在，即其自身并不是一个基本性非构成性的存在，反而，每一个机制也都是由更多的下一位的教育要素所构成的，这里的微观和宏观是相对于教育系统这一整体概念以及这些要素之间的相互关系而言的；同时，这些要素的选择还出于对它们在某种意义上在同一层面上构成了整全的教育系统的考量。也就是说，对于对教育系统整体运行的分析而言，这样的划分具有一定的解释学的意义。基于这样的缘由，我们在分析的过程中，由于每一个机制本身都有构成性的要素，因此首先要做的就是阐释这些机制本身的内涵及范畴，从而在概念上确立研究的对象，继而分析这些机制自身内部的构成性及生成性的原理，由此探索该要素自身是如何运作或运动的。这种分析实际上是对这些机制的内部原理进行研究，相对于本研究的主题——教育转型的内部机制研究而言，这是一种对机制的内部进行的研究；随后探索在教育系统中这些机制与系统及其内的其他机制的发生原理，寻得这些机制在当代（中国）教育转型中的作用及原理。我们在讨论这些机制的影响因素时，也严格限制在教育内部，而外部的因素如非必要不做详细考虑。

最后还需要说明的是，教育中最为重要的存在是主体性的存在，即教师、学生等人的存在，对教育的任何考察如果失却了对主体性的人的考察都是一种缺失。但是，基于我们的考察对象是教育系统及其转型这一社会性存在，因此，在选取研究要素时，并没有将教育中的人作为独立的机制，反而将教育中最重要的主体——学生，作为仿佛分隔于教育系统终端之外的“输入”（教育对象）和“输出”（教育结果）。这并不是降低了主体性的人在其中的地位，反而将人作为这一系统真正的“血液”来看待，如果失去了这一“血液”，对教育系统而言，不但失去了它的活力和生机，甚至对于作为一种社会性有机存在的教育系统而言，也失去了它的有机性。同时，教育系统作为一种社会性的存在，人的主体性必然蕴含在它的每一个构成要素之中，如果失去了人的主体性，这些要素都不能构成一个有机的机制，从而运行为社会性的教育系统；同时，各种机制正是由于有不同主体的参与，才构成了它的有机运作。因此我们在对教育系统的各种机制进行论述时，时刻站在不同主体的视角，对这些机制进行主体性的透视，从而在人的主体性中找寻这些机制运作的“主”因和“动”因。

一、教育目的：教育系统与教育转型的目标机制

（一）“教育目的”的意涵及其生成因素

1. 教育目的的意涵

教育目的本身是一个纷繁芜杂的问题。有人认为，它关乎形而上的对人及社会的本质性思考，为要达至人的本质性生成与回归；同时又有人认为，它仿佛只是一种形而下的功利主义的需求，只是为满足个人发展和社会发展的需要而已。在理论上对教育理想的倾情与现实中对教育的种种功利诉求，仿佛时时都在诉说着这种分裂。正如英国教育哲学家怀特（John White）在其《再论教育目的》中所感叹的：“这个主题是不是大得难以涉足，它是不是与有关终极价值、社会利益以及人类在宇宙中的位置等错综复杂的基本问题密切地交织在一起，以至于鸿篇巨论也难以把它阐述清楚呢？或者与之相反，这个问题是不是不值一提呢？或许讨论教育目的达不到任何结果，要么因为本身就没有结果可言，要么因为我们讨论的结果将纯粹是主观上的徒劳？”① 因此，当我们来严肃地审视这一概念的时候，就需要从不同角度来进行提问，以期达到理解这一概念在不同层面上的真正含义。本文对教育目的多重提问的目的并非是要在这些意涵中做出元概念的正本清源，而是要从无论是主观上还是客观上来厘清教育系统运行中所产生的并且影响着教育系统自身运行的教育目的，这对于研究教育系统及其运行机制而言，是理所当然的题中应有之义。

对于教育目的首先的一个发问是，“通过教育应该达到什么目标？”或者可以说，人们通过教育活动所期待的结果是什么？这就是我们在进行教育系统的界定时，所涉及的教育系统的输出。在严格意义上，教育的对象只能是人，教育系统的输出也只能是活生生的人，而教育的目的就是造就人，并且造就合乎培养目的的人。但在某些特殊语境中，教育的目的也被表述为塑造一个什么样的社会，并且是透过对人的造就来达至对社会的塑造。关于教育功能的表述中往往将之归为两大功能，即育人功能和社会功能。不可否认，无论何种教育，也无论带着何种目的来开办的教育，在客

① 怀特．再论教育目的［M］．李永宏，等，译．北京：教育科学出版社，1992：7.

观上都具备这两大功能，因为作为人的本质规定的社会性就已经决定了人与社会是紧密联系的。但是在目的观的视域下，仍然存在何为主要目的、何为次要目的的问题，投射到功能观的视域中，就是何为主要功能、何为次要功能。这个问题在根本上就是教育目的是个人本位观还是社会本位观的问题。教育目的除了个人本位观和社会本位观之外，还有一种提法就是文化本位观，即认为教育的目标应该是塑造出一定的社会文化。冯建军对教育目的本位论也进行了系统的分析，他指出："教育目的，作为教育活动的一种应然追求，它同人的教育世界观紧密相连，'所谓教育世界观，是指关于教育的统一的综合见解，形成这一见解的三个基本要素，就是人类观、社会观、文化观'。"① 这一观点将教育目的的三种本位观全都纳入了进去，认为这三者都是应然的教育理所当然的关注目标。

但是，无论是社会本位观还是文化本位观，在教育系统中，或者在实存的教育当中，教育的直接对象只能是人。从某种角度看，无论是社会本位观还是文化本位观，其核心之意都是建立在对人的本质和价值的社会性和文化性基础之上的一个重新建构的观点。例如在我国，教育目的常常表述为培养社会主义社会的建设者和接班人，但是这一表述在某种程度上是建立在马克思主义关于人的社会性和阶级性这一本质属性的基础之上的。不过，不管对教育目的的本质观作何种的正本清源，在实存的教育系统中，确实并存着这三种观点，并且这三种观点不但是存在于理论界，甚至也构成了教育实践界教育目的的多元局面。行政机构从社会管理的角度往往持社会本位观的立场，尽管有时也会使用"以人为本"和"中华民族的伟大复兴"等人本主义和民族主义的话语，但是在根本上都是出于社会管理的需要，并且政府往往将这一观点透过国家意志贯彻到教育政策的制定和执行之中，从而在根本上影响教育系统的宏观运行。而家长往往从儿童自身前途的需要出发，持个人本位观，尽管这种个人本位观并不是人的本质意义上的，而是人的发展意义上的，但是由于他们作为监护人的教育消费者的直接期待，也无时不在影响着学校教育的微观运行。当然，还有不少的个人或机构，出于民族国家情感和文化教育理想，持文化本位观直接办学或推进文化教育项目，就更是不一而足了。总之，在现今中国文化多元分化、利益诉求各异的分离化的社会背景下，教育系统中不同主体的教育目

① 冯建军．现代教育原理［M］．南京：南京师范大学出版社，2001：172.

的本位观也呈现出多元分化的局面，这在某种程度上也就造成了教育系统的内部分离。

总之，就目标机制而言，严格的表述是，教育目的是站在一种主观有倾向的立场上来表述对教育结果的某种期待。教育目的正如它的名称一样，饱含着某种强烈的主观目的性。但与教育功能不同的是，教育目的更强调教育对人的目的。教育的对象是人，因此教育的目的是培养什么样的人，是指作为人的教育活动对“新人”的一种期待。尽管有的时候教育目的也表达为培养“社会性的人”，但是总的来说，教育目的的概念是在强调对人的期待，而不是对社会的期待，或者通过对人的期待而客观达成对社会的期待。从另外一个角度也可以说，教育功能是在研究教育的已在或潜在的客观效果，而教育目的则是在讲人对教育将来的效果的期望。或者说教育的功能和目的都是指教育的结果，只是功能指实际的结果，而目的指期待的结果。

其次，对教育目的的一个提问还可以是，“教育要实现什么样的人的目的?”在某种意义上，这种发问可以表述为，“教育要生成什么样的人?”这是一个形而上的提问，这个提问在某种意义上是一个神学和哲学视域中的问题。福禄培尔在《人的教育》中写道：“有一条永恒的法则在一切事物中存在着、作用着、主宰着……这条支配一切的法则必然以一个万能的、不言而喻的、富有生命的、自觉的、因而是永恒的统一体为基础。”① 这种思想在黑格尔那里得到了形而上学的确证，“他认为教育的目的是要削平个体特点，引导精神认识和追求全体。全体在黑格尔那里是以绝对观念的形而上学形式出现的。”② 尽管不是每一个人都赞同他们的观点，但是他们对于教育目的的这种回答，确实是关于教育目的思考的一个维度——人的本质之维度。因此，对于人的本质为何的问题，可以说是关乎教育目的思考的一个本质性的问题，因为倘若这个问题不明确，那么关乎“生成什么样的人”或“实现什么样的人的目的”的问题也就无从谈起。严格一点说，倘若没有对人之为人，以及人应该是什么样的人的本质性问题的思考，那么教育不但失去了其目标指向，甚至失去了其基本对象。教育作为对人对其自身的改造性行为，必不可少的前提就是对其自身的应然性认识，因此可

① 福禄培尔．人的教育［M］．孙祖复，译．北京：人民教育出版社，1991：1.

② 科恩．自我论［M］．佟景韩，范国恩，许宏治，译．北京：生活·读书·新知三联书店，1986：32.

以说，教育的本质规定性必然蕴含在人的本质规定性当中，同时，如果缺失了对人的本质的认识，对教育本质的认识也就没有根由。柏拉图在《理想国》中为这样的认识论提供了理据。《理想国》所探讨的问题，首先是人的德性本质以及人的真理本质问题，在讲完了“洞穴”比喻之后，教育问题才正式登场。这也意味着教育乃是人对自我本质的认识澄明之后，追寻这一本质的途径。在学科体系中，也可看到这一点。柏拉图曾经指出，教育在其本质上乃是一种哲学。确切地讲，教育在其本质上乃是哲学的实践活动。因为自我认识问题和真理问题共同构成了哲学的两大主题，正如德尔斐神庙上镌刻的“认识你自己”。因此，教育在其本质上乃是人对自我本质追寻的实践手段，正是在这个意义上，可以说“教育在其本质上乃是一种哲学”。因此可以说，对于“教育要实现什么样的人”这一教育目的的追问，就其本质而言，是在追问教育目的的本质，对这一问题的回答必然是哲学性的，同时也可以说其构成了教育的本质目的。

在这一点上，我们还需要强调的是，教育目的的这一层追问有着深刻的哲学渊源。有哲人说，“教育在其最高本质上乃是一种哲学”，这种论断在某种意义上与教育目的的这一层追问息息相关。但是教育学自身的学科地位却常常受到质疑，就如有论者说的，“教育学自诞生之日起，对其作为一门学科的合法性的质疑、争论就一直没有停止过”①；也正如本章前面所说，在现实的社会存在中，教育系统的独立性几乎阙如，不但如此，即使教育学本身的知识地位也常常受到质疑。但是，这一切都无法抹杀教育学本身的存在地位及其知识使命。

人之所以会产生对世界的思考，其根本原因在于对自我以及自我所处世界的认识的需要。自古以来，自我认识问题就是真理问题最为重要的方面。正如卡西尔所说，“认识自我乃是哲学探索的最高目标”②。这种认识体现为人对个体生活和共同体命运的关注。苏格拉底说，“没有经过反思的生活是不值得过的”，这句话正说出了知识的使命。因此从“人思考”的原动力和使命的角度，认识自我和反思生活是“知识”一词理所当然的题中应有之义；对人的发展及其社会命运的关注，是社会科学思考的直接动因和最高使命。如果失却了对人及其社会的关注，社会科学也就失去了存在的理由。因此，以人及其社会为对象的关于问题域的思考，是社会科学最主

---

① 余维武．教育的立场与教育学的学科立场［J］．教育理论与实践，2006（10）．

② 卡西尔．人论［M］．上海：上海译文出版社，1985：3．

要的思维形态。也正是在这个意义上，知识不单指向规律，更指向美德，“知识即美德”才得以可能。同时，任何的知识不但缘起于对人及其社会的关注，同时也是对人及其社会的反思。近代以来的科学主义知识观仅仅关注规律，却摒弃了知识的最终使命，从而也就从价值论上摒弃了知识的意义。知识不但有其逻辑性意义，更有“反思生活”的批判性意义。这种知识的批判主义同样属于理性的立场，它所针对的正是人及其社会的“问题域”范畴，是知识的当然意义和使命。“教育是成人之业”已经成为基本的教育信条。如果不通过教育，人无法成为真正意义上对自己生活进行反思的“人”；如果不通过教育，人无法成为个体生活和社会生活的主体性的建构者，正是教育赋予了人主体性地位。尤其在今天这样一个多元的时代，面对物质世界的光怪陆离和精神世界的纷繁芜杂，人的主体性的建构就更是一个突出的本体性问题。因此可以说，教育生成了人的世界，在人的一切生活域中，教育“远非从属者，反而是统领者”①，教育是关涉人的生活的最为重要的领域，作为统领人的生成的教育而言，关注人的本质是理所当然的题中应有之义。李泽厚在 20 世纪 80 年代从主体性哲学的角度预言，“教育学——研究人的全面生长和发展、形成和塑造的科学，可能成为未来社会最主要的中心学科”②，教育在人的个体生活中具有如此强大的建构能力，本身也是最为强大的“反思”生活，这种反思首先是针对“人是什么”以及“人应当是什么”这些根本问题的。对人的个体生成和发展而言，教育目的的这层发问是最为基本的发问。同时，教育在社会构造中也处于基本性的地位。蔡元培在 1901 年《在杭州方言学社开学日演讲词》中指出：“我国苦专制久矣，诚以诸君［建立该学堂］宗旨之正而引而申之，扩而充之，以灌输立宪思想于国民之脑中，则政体改革之机，必有影响如是者。”每一个时代的革新，无不是从教化启蒙开始的。无论是柏拉图，还是卢梭、杜威，无不将其政治哲学的建构最终纳归到对教育的建构。因为社会的建构归结到最后还是要回到人的建构中，建构一个新的社会，在本质上就是要建构一种新人。这一点，在《理想国》等著作中体现得极其明显；而杜威的《民主主义与教育》对教育的倾情更是可见一斑。因此，在社会建构

---

① 霍斯金．教育与学科规训制度的缘起［M］//华勒斯坦等．学科·知识·权力．上海：生活·读书·新知三联书店，牛津大学出版社，1999：45.

② 李泽厚．康德哲学与建立主体性的哲学论纲（1980 年）［M］//实用理性与乐感文化．北京：生活·读书·新知三联书店，2008：216.

中，教育起着极其重要的作用，从这个意义上，教育也应该时刻反思需要生成什么样的“新人”。

正如布伦塔诺（Brentano）所指出的，与世界的等级结构相一致，实在科学也形成一种等级，“在这种等级中，每种较高等级都是以较低等级为基础。较高等级的科学研究较复杂的现象，较低等级的科学研究较低级的现象，所有这些都交织在一起”①，教育在生成和社会建构中，发挥着极为重要的基础性作用。一切人类的知识要想对人的个体发展和社会建构形成影响，从而成为真正意义上的知识——人的知识，都需要在教育中得到落实。而教育学的生命恰恰站在批判的立场上，在教育这一问题域中形成对一切知识进行反思的批判思维，对人类个体和社会命运给予最高关注，而这是一切知识的最高使命。正如有论者所指出的，教育学所需要的不是一种“什么是什么”的论断性的规律思维，而是一种“关怀人间、人心、人事的无立场的教育学思维”②，是一种关注价值的批判性思维。也正是在这个意义上，教育始终要关注的是“人是什么?”“教育要生成什么样的人?”这样本质性的目的追问。

对教育目的的第三个提问是，“教育能够为我（我们）提供什么?”或者说，“我（我们）能够从教育那里得到什么?”这在本质上是一种教育需求的表达。从本质上讲，教育需求就是人对教育本身的需求。它所指称的是一种构成“人类”成员的本质的或必要的特征，也就是说，人类需求教育，这种需求是人的一种本质特征。也可以说教育需求的概念是在表征人的一种属性，而这种属性来自于人的“自然”，它适用于所有曾经生活过、现在生活着，以及将要生活的每一个人。此外，作为人类本质特征的教育需求，也可以被理解为如同语言和笑声一样仅仅适用于人类，而不是用于其他的生命存在。教育需求就自然的必要性而言，是每个人在特定阶段都表现出来的对教育的依赖性特征。③ 这个意义上的教育需求，仅仅受制于人之作为人这一个因素。它所希求的对象是教育本身，而非某一具体的教育目标。

但是，对于“教育能够为我们提供什么?”的追问，乃是一种非本质的

---

① 布雷钦卡．教育目的、教育手段和教育成功：教育科学体系引论［M］．上海：华东师范大学出版社，2008：2.

② 金生鈜．无立场的教育学思维［J］．华东师范大学学报：教育科学版，2006（3）.

③ 布列钦卡．教育科学的基本概念：分析、批判和建议［M］．上海：华东师范大学出版社，2001：155－157.

教育需求的追问。这种需求可以简述为教育系统的相关主体出于自身的需要向教育所提出的诉求，一旦主体介入到教育的场域或教育系统中，这种诉求就是其教育目的的表达。这种需求因着教育系统中主体的不同而有不同的表达。在实存的教育中，行政部门、家长、学生、教师、社会甚至教育理论工作者等这些介入到教育系统中的不同主体，对于教育目的都有着各自立场的不同表达。例如，目前中国的情况是，教育行政部门可能是从政府的立场上，提出的意识形态和社会管理为基础的教育诉求；而家长可能是从功利主义的立场上，提出诸如升学、知识能力等方面的诉求；学校更多的是提出升学率等方面的诉求；教育理论工作者则提出教育本质的诉求；社会则提出人力资源等方面的诉求；等等，不一而足。这些诉求用教育目的的话语来表述，就是行政部门期待教育能够提供意识形态所要求社会塑造方面的需要；家长则希望教育能够提供儿童发展能力方面的需要；学校则希望教育能够提供教育政策对学校考核体系所要求的需要；教育理论工作者则希望教育能够提供人的本质需要；而社会则希望教育能够提供培养其自身所需求的人才结构的需要……因此，可以看出，与教育系统相关的不同主体对于教育目的有着不同的期待，这些期待因着主体自身的立场不同而呈现着多元化的特征。

对于教育目的的提问还可以从另外的方面进行，例如“怎样才能算是接受过教育?”这是对教育的一种伦理性的追问。对此，英国教育学者弗朗尼卡·威廉斯（Veronica Williams）说过一些发人深省的话，值得我们认真思量。

> 即便我对科技的知识、发展和应用有所研究，但却没有考虑到它们在道德上的含义及目的，我还算是受过教育吗?
>
> 即便我具备操控键盘的技巧能力，但却从未曾思考过自己存在的独特性和价值，我还算是受过教育吗?
>
> 即便我对地理了如指掌，但却没有承担我在创造世界中所应负的责任，我还算是受过教育吗?
>
> 即便我对一切药物的功用及效果尽皆通晓，但对人类生命的根本价值却毫无体验，我还算是受过教育吗?
>
> 即便我在生理学上对有关性的知识各方面均知道得一清二楚，但从没有想过人类的身体是神圣的，我还算是受过教育吗?
>
> 即便我晓得如何赚钱，并懂得如何享受金钱所带来的地位和物质，

但从来没有感受过在海边漫步、欣赏鸟语花香、至诚的友谊或创作所带来的喜悦和满足，我还算是受过教育吗？①

从这个意义上，教育所关注的不应当仅是人的存在性本质，而更应该是人的伦理性本质，即价值意义上的“人之为人”的问题。教育的对象是人，这是教育实践和其他一切生产实践在根本上的不同之处。因此，在教育系统中，作为教育对象和教育结果的学生就不能被看作生产活动中的原材料和产品，这是我们进行教育目的的思考时首先需要考虑的关于教育自身的伦理。作为教育结果的学生和产品的根本不同还在于，教育结果的本身就含有对学生伦理性的期待，这是人和产品的根本不同。因此，不能单纯技术性地看待教育的结果，不能将人当作客体化的机器一样来看待，而要当成伦理性的主体来看待。因此，在教育目的的考量中，不能单纯注重技术性的目标，更要注重伦理性的目标。如果学生仅仅从教育中得到技术的塑造，而没有得到伦理的塑造，那么只能说他只是接受了“生产”，而不能说他已经接受了“教育”。对一个人来说，接受教育就意味着他与其他劳动产品的根本不同，他是一个能动性的伦理的主体，他不是拥有其他产品的客体性的生产或消费的技术功能，他应当具备的是如何生产和如何消费的主体性的伦理功能。所以，“真正的教育，其目的在于培养道德高尚的人。苏格拉底认为，道德的完善比技术和职业训练更为重要。”②

因此，对于教育目的这样一个大问题，绝不能简单地以“是”或“否”，以及“只有”或“必须”等字眼加以绝对化，武断的回答只能造出独断论思想。教育目的本身就是极其复杂的“问题集群”，即问题套问题，问题的前提还有前提等复杂的递推性。这也是一个不容一下子回答出来而又使人不得不回答的“母命题”，这个“母命题”下还有不少“子命题”。③事实上，对于教育目的的任何回答看似只是针对以上提问的某个或某些方面，但是，其实也都蕴含着上述分析的所有方面。

2. 教育目的的生成因素及图式

教育目的作为教育系统及其转型中的目标机制，它在教育系统中具有

① Veronica Williams. Towards An Education In Beliefs And Values[G]//Selmes, Cyril S. G. and William M. Robb (eds.). Values and the Curriculum: Theory and Practice. Aberdeen: Center for Alleviating Social Problems through Values Education, 1993: 32.

② 奥恩斯坦．美国教育学基础［M］．刘付忱，译．北京：人民教育出版社，1984：4.

③ 谢俊．“教育目的”辨析、历史发展及确立原则［J］．重庆文理学院学报：社会科学版，2010（3）.

特殊的位置，在某种意义上，正是这一目标机制赋予了教育以主观上的能动性，使其成为一种主观能动性的实践活动。从某种意义上，教育目的是教育系统的“把门者”，一切社会其他系统的主观和客观因素要想进入到教育系统，从而达到其自身的目的，都需要首先转化为教育目的，否则就难以通过教育系统来实现其自身的目的。因为教育目的是教育系统得以生成的主观性逻辑起点。同时，一旦社会其他系统的主体将其目的转化为教育目的，他也就成为了教育系统的相关主体。因为此时他本身就是教育目的的持有者，无论他是否直接与实存的教育机制关联，他总是或多或少地影响着教育系统的运行。从相反的角度，教育系统的运行机制是透过教育系统的相关主体来实现的。

从教育作为人的主观目的性的实践活动角度，教育目的的来源就是教育系统相关主体的主观目的；而其他一切客观因素都是透过这些主体的主观目的而转化为教育目的的。从教育目的的生成因素角度，教育目的的相关主体主要有：教育者主体、受教育者主体、教育组织者主体、受教育者监护人主体以及其他相关社会主体、教育研究者主体（例如舆论主体、监督主体等）。他们对教育目的的期待不同，而实存教育系统的教育目的的形成是这些主体之间相互联动、制衡的结果。教育目的的生成模式如图 3 所示。

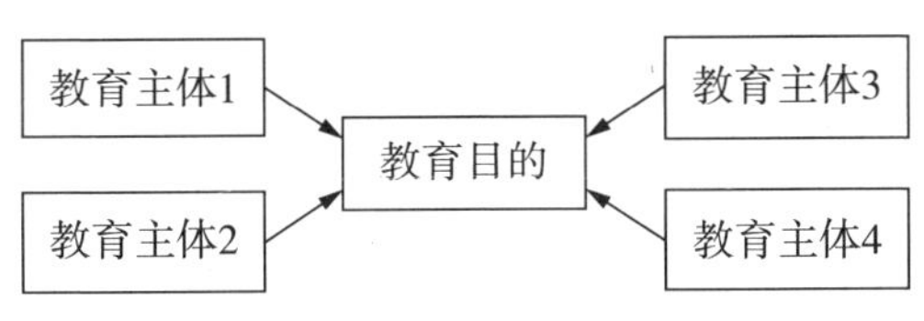

图 3　教育目的的生成模式

（二）教育系统中的目标机制及其图式

教育作为人的一种主观目的性行为，目标是其能动性的逻辑起点，因此，对于实存的教育系统而言，教育目的也是其得以运行的逻辑起点。在教育理论的思考中，对于“教育的期望和教育要促进什么”的实践思考是教育学的起点。① 无论是出于主动还是出于被动，人做事总是带着一定

① 布雷钦卡．教育目的、教育手段与教育成功：教育科学体系引论［M］．上海：华东师范大学出版社，2008：193.

的主观目的性，这是我们考察一切可资研究的人类社会活动的立论前提；同样，无论是出于主动还是被动，一切可资研究的人类社会活动总是出于一定的人的主观目的性，这是作为社会科学研究意义的确立；甚至可以说，人们对于社会科学的研究本身就带着一定的作为人的主观目的性，这不但是出于研究者及其研究自身的目的，更是出于人类及其社会活动所本有的目的。因此，当我们来研究教育系统及其转型中的目标机制时，作为一种社会科学视域中的研究，其本身就不仅仅是一种纯粹的研究活动，而是带着认识这种目标机制，从而有效地实施教育目的的研究目的，甚至可以说，正是出于这种目的，才生成了研究的活动，这本身就存在着一种目的—手段的机制在里面。对本研究而言，这种目的—手段的机制自然而然地也成为了我们考察教育系统及其转型机制的“逻辑起点”，这也是在考察这种系统机制时将教育目的这一目标机制放置在首位的原因。

1. 目的—手段的生成图式

“一般而言，只有当一个目的或目标存在的时候，我们才能谈论所谓的手段。因此，规定目的就在逻辑上被视为‘寻找手段或方法之起点’的前提。‘目标决定手段……它在思想上先于手段而产生，但却通过手段并在手段之后才真正在现实中反映出来’。经院哲学家以如下形式来表述上述意义，即：‘目标是计划的起点，也是实现计划的终点’，只有在确定教育目的之后，人们才可以去寻找（完全或部分）影响其实现的条件。”① 这可以说是作为人的主观实践活动的教育的必然属性。在本质意义上，人对于实践活动的主观目的性中，必然包含着面向实践维度的指向，即对手段的“渴望”。因为作为面向实践的主观目的性，其在本质上就具有实践性的品质，这是一种实践的主观目的性。因此，尽管实践活动还没有真实地发生，但是在本质上，实践活动已经在人的主观世界当中开始生成。用更直接的语言表述就是，人的目的中必然蕴含着对目的达成的寻求以及计划，否则，就不能构成人的目的。从相反的视角，人的主观能动性活动中也必然蕴含着人的目的在里面，这是在实存的角度说明目的对于手段的构成关系。

从生成性的角度看，目的和手段的关系可以表述为：目的总是要通过

---

① 布列钦卡．教育科学的基本概念：分析、批判和建议［M］．上海：华东师范大学出版社，2001：134.

一定的手段才能够“落实”为其所期待的教育结果，这是目的性中主观的实践性的必然结果。对于教育系统而言，就是一定的教育目的总是要寻求一定的教育手段，才能够达至教育结果。如果教育目的不寻求教育手段的话，就不能够真正形成实存的教育系统，从而产生实践的教育活动，如是则教育目的就只能够存在于主观世界之中，从而也消解了教育作为人的实践性活动的本质。对于教育系统而言，所言的教育手段也就是上文教育系统的机制模型中的宏观运行机制和微观运行机制。从这个角度，教育目的与教育手段的生成关系也可以用图 4 表示。

图 4　教育的目的—手段生成图式

从相反的角度，教育手段也总是由一定的教育目的生成的。如果没有教育目的，教育手段也就失去了其实践的主观性本质，也就不能称之为人的主观能动性的实践活动了，手段的实践性也就意味着其中必然蕴含着目的性，这种目的性将之引向下一步手段的生成，并最终引向教育结果，当教育结果实现的时候，也就意味着手段停止的时候。因此，在手段的微分形态中，在实存中下一步的手段总是来源于上一步的手段，在实践的主观性中下一步的手段总是来源于上一步手段中所蕴含的目的的规定性，最终，从整体的角度看，教育手段归根结底来源于教育目的的规定性。这种目的—手段的生成图式表述为，每一个教育行动中都要区分出三种因素：(1) 教育活动所追寻的目标；(2) 受教育者所面对的独特而复杂的内在和外在条件；(3) 在教育者自己决策范围内的实现目标的手段。①

2. 目的—手段的选择图式

同时，教育目的是教育手段选择的主要依据。在现实中，可资使用的教育手段是多样的，然而，人并不能够同时使用所有的手段，只能够使用一种或一些手段。在手段的选择中，人并不是随机的，而是根据教育目的来进行手段的选择。因为手段总是为了实现目的的，目的也总是对手段的选择有着规定性的功用。尽管教育手段作为教育活动的实践形式，它本身也含着人的能动性，但事实上人在手段中的能动性也是受目的的规定的，

① 布雷钦卡．教育目的、教育手段与教育成功：教育科学体系引论［M］．上海：华东师范大学出版社，2008：193. 由于本研究对象的规定，对于因素（2）不作详细考察。

因为能动性本身就蕴含着主观目的性在里面。从更高的角度，手段之所以具有多样性的特征，乃是由于手段的能动性实践本质；但是手段的选择同样作为一种能动性的实践，却是受着目的的制约。从另外的角度，手段的多样性也是来源于人带着对目的实现的期待的能动性设计的结果，而最终实施的手段恰恰要接受目的的选择。这也是西方许多课程设计实践中，首先针对教学目标进行“头脑风暴”设计手段，然后再透过手段的选择进行课程设计的实践图式。

对于教育系统的机制模型而言，即使是在实存的教育中，教育系统的宏观运行机制和微观运行机制也可以存在着不同的设计模式，但是经过教育目的的规定性选择，最终总是呈现为一种或一些运行机制。从宏观运行机制的角度，例如在当今世界，不同的社会、政治、文化背景中，教育政策总是呈现出因时因地的多样化的特征，但是每个国家和地区，根据自己的社会、政治、文化背景总是呈现为某种确定的政策形态。从微观运行机制的角度，例如灌输式和对话式就是两种不同的课程模式，但是根据教育目的的不同，总是在不同的时代呈现为某种确定的课程模式。教育的目的—手段的选择图式如图 5 所示。

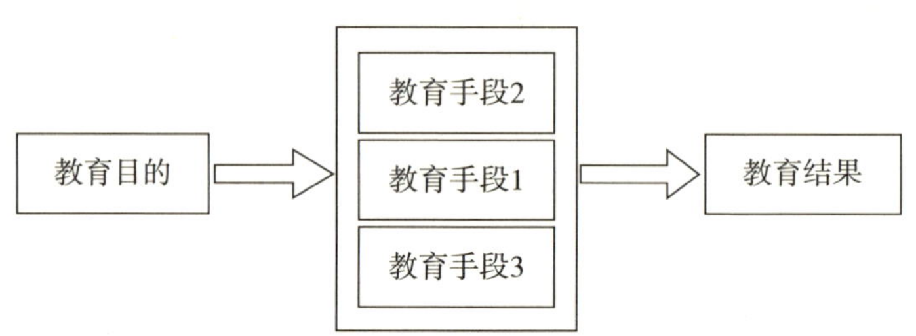

图 5　教育的目的—手段选择图式

3. 目的—手段的矫正图式

人的任何一项活动之所以是人的活动，其中最重要的原因是因为只要作为人的活动，都必然有人的观念意识参与其中。人的观念对于人的实践活动有着一种“监督性”的功用，而这种功用是透过目的图式来实现的。教育作为人的一种主观目的性的活动，其全部过程必定是围绕着这一目的而开展的有计划的活动。如果有什么活动违背了教育的目的，或者并不是围绕着教育目的的有目的性的计划性的活动，它都需要排除在人的教育活动之外。既然教育是一种有目的性的活动，而教育的全部过程也是围绕着这一目的而开展的计划性的活动，那么教育的全部活动必然不能离开人的目的意识，也可以说，人关乎教育的观念是贯穿于教育的全部环节之中的，它在本质上是人的目的意识，规约着每一个教育活动的目的性和计划性。当然，也有教育理论认为，教育并不具有明确的目的性和意识性，“教育常常包含一些不清晰的计划、规范、规定或者评价”，但是，教育仍然“是一种人类的工作，它试图以适当的、审慎的和仔细的方式去行事。有意识地按照某一目的或者某种程序合乎目的地行动”①。因此，作为人的活动，教育本身是无法脱离人的目的意识的，教育目的规约着作为人的活动的教育的全部方面，教育理念的范畴可以说是与教育本身同构的。正如上文所说，在教育系统的分析中，存在着主观目的性和客观实在性两个向度，依照两者相谐的程度，可以将教育系统的客观构成分为三个方面：未实现的教育目的、理想的教育系统、教育场域中的反教育性存在（见图6）。

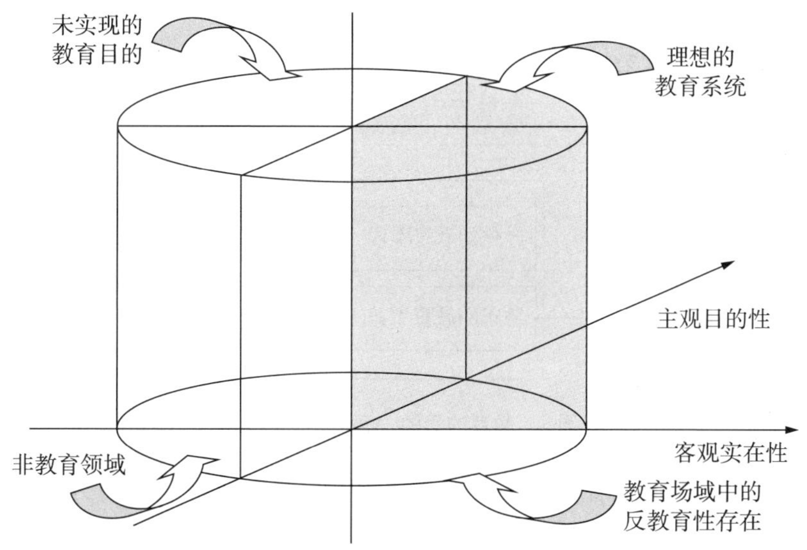

图6　教育的主观目的与客观实在的关系

在这个分析图式中，未实现的教育目的总是试图透过一定的教育手段而客观实在化为理想的教育系统，这是目的—手段的生成图式。这个分析图式中所呈现的教育场域中的反教育性存在，就是背离教育目的的存在，它总是要寻求一定的矫正手段，而转化为教育系统中的理想存在，这本身

① Soltis. An Introduction to the Analysis of Educational Concepts. Reading, Mass. 1968: 5.

就是由教育实践活动的目的性本质所决定的，因为实践总是追求目的的活动。

教育中反教育性存在是一个教育异化的问题。教育目的作为人的一种主观追求，在客观实践中必然存在着种种异化问题。实存的教育系统中，造成异化的原因是多种多样的，例如功利主义价值观的影响、传统灌输式教育思维的缠裹、单一教育主体的话语霸权，等等，这些都是教育实施过程中不可避免的影响因素，这些影响因素都会透过一定的手段而造成异化了的教育结果。教育可能产生正当的结果和异化的结果，从教育功能的角度，这也就是针对教育作用产生的积极的良好的效果而言的正向功能，和针对教育作用产生的消极的不良的后果的负向功能，也称为教育的积极功能和消极功能。但是教育作为人的实践活动，必然受着人的主观能动性的支配，这种主观能动性的重要约束因素就是教育目的。因此，受教育实践的主观能动性的影响，教育目的总是对实存教育中的异化了的手段有着矫正功能，这种矫正功能是因着背离了教育目的的教育结果的反映，从而透过一定的教育手段的选择，重新达至合乎教育目的的机制（见图7）。

图7　教育的目的—手段矫正图式

教育目的对于教育系统的矫正是转型实施过程中的重要动力之一。当教育目的确立之后，对实存教育系统的变革主要依靠的就是这种矫正功能的能动性作用。而实存教育系统的目的—手段的矫正功能的发挥，往往都是多主体联动、制衡的结果。上文在教育目的的生成机制中已经论及，教育目的是多主体相互联动、制衡的结果，单一主体由于其诉求的主观片面性和教育认识的片面性，往往会走向异化的路径，因此需要其他主体的联动、制衡，才能发挥这种联动性、能动性的矫正功能。

（三）我国教育转型中的目标机制

现阶段，我国教育转型中的目标机制主要体现在以下方面。

1. 多元主体的诉求：教育目的的独立性问题

正如前面导论所言，在当代中国社会，教育系统的独立性是一个十分突出的问题。在现实社会中，教育系统常常被其他系统所宰制，从而依附在其他系统之中。这一问题在教育系统的目的机制中的表现就是，教育场域中的许多教育活动并非是为了教育本身的目的，而是为了教育以外的其他社会系统的目的，这在初始机制中造成了教育系统相对于其他系统的附庸性，以至于整个教育系统都处于不独立的附庸状态。这种状况往往是由于其他系统中的主体在教育系统中掌握话语霸权所造成的。对于当今的中国教育而言教育被权力系统所宰制，是众所周知的事实，因此，怎样使得教育系统的目的机制能够包含多元主体，尤其是教育系统的直接主体（如教师、学生和教育研究者）的诉求，打破目前这种一元宰制的状态，从而使得教育系统的目的机制能够达到多元联动和制衡的状态，这是教育系统能够摆脱其附庸性的第一步。

此外，教育目的的贯彻是实现教育系统独立的手段。在目标—手段图式中，教育目的在某种意义上是确立教育系统本身作为一种“教育”系统的方式。因为，对于教育系统而言，正是由于许多非教育性目的的干预，才使得其自身作为教育系统特质的缺失。所以，在某种意义上，强调教育系统自身教育性的目的，是其自身身份确认的一个重要前提，让教育回归到教育自身的目的，也就是在教育目的机制中实现多元主体都是出于教育自身的目的，本于自身教育系统内主体的身份，诉求对教育的期待，最终使得教育系统的相关主体皆本于教育自身的机制而提出目的诉求，是教育系统寻求自身独立性的重要路径，这也是教育转型中的首要转型。

现实之中一个很重要的问题，就是当前的许多教育政策并不是按照目的本身的需要而决定的，而是按照政治、经济等方面的目的进行的。甚至，在许多教育的微观场域中，对教育问题的诊断和矫正也并不是出于教育自身的目的，而是出于行政等方面的目的，这些本于非教育系统内的目的—手段机制的教育选择和教育矫正，只能够带来一个结果，就是加剧教育以及教育系统的异化。

2. 人之本质的回归：面对功利主义的挑战

任何改革在某种意义上都是一种向人的回归，但这并不是说任何改革都是教育方式或手段的改革。因为随着时代的发展，教育手段也随之发生新的变化，然而在这个过程中，时代的主题与教育的根本主题——人，并不一定趋于一致，因此，常常会发生教育的主题被时代的主题湮没的现象，这往往体现在教育手段与教育方式的“无人化”上。而教育学的时代使命则是努力使教育回归到人这一永恒主题上来，也就是说在时代的背景下研究人的实现的问题。从某种意义上，失却了对人的关注，也就失却了教育之为教育的本质。人的存在是教育的基本存在，因此雅斯贝尔斯说：任何忽略了基本存在——“人”的目的都是扭曲的目的，其出发之时已经预示着必然失败。人的回归才是教育改革的真正条件①。从某种意义上，对于教育改革而言，人的回归是最为根本的旨归，教育转型的根本方向就是“人”的回归。

自从经验哲学兴起以来，经过启蒙运动的鼓吹和现代生活方式的助力，功利主义已经成为了这个时代的主旋律。在表面上，功利主义哲学是一种以人为本的哲学，声称以最大多数人的最大幸福为自己的判断标准，因此功利主义的教育往往也以“唯人”的面目自居。然而功利主义似乎关注的是人，但是事实上功利主义所关注的只是人的需要而非人的本质，是一种在人以外的世界而投射的人，而并非在人自身世界而存在的人。尤其是功利主义式的思维，更是将时代的精神带上了物欲化的不归之路，物质、经济、消费这些物化语言成为时代的关键词。在这种时代精神的影响下，教育世界中也充斥着种种物质性的语言，知识不再是美德，而是经济；教育不再是志业，而是产业。这些不仅仅充斥着教育的形式和手段，甚至也在改变着对教育自身的理解。这在人这一主题中的表现就是，教育不再关注人自身，而是关注人的能力、社会价值等这些外在性的因素，这恰恰失去了对道德人格等内在因素的关注。这些都是将人当成了对象或手段，而非目的。诚如德国教育家鲍勒诺夫（O. F. Bollnow）所说的那样：“人盲目地热衷于各种外在目的的追求，却忘记了关心自己的灵魂，忘记了‘人是目的’的意义，忘记了人的自我教育的重要性。”② 甚至，在将教育当成产业的思路下，将接受教育当成了消费，将学校当成了工厂，将学生当成了产品，而这一切都是为了将人制造成社会这一大机器中的部件和器具。正如

① 雅斯贝尔斯．什么是教育［M］．邹进，译．北京：生活·读书·新知三联书店，1999：51，53.

② 邹进．现代德国文化教育学［M］．太原：山西教育出版社，1992：163.

蔡元培所说的，“教育是帮助受教育的人，给他能发展自己的能力，完成他的人格，于人类文化上能尽一分子责任，不是把受教育的人造成一种特别的器具，给抱有其他目的的人去应用。”① 保罗·弗莱雷在他的《被压迫者的教育学》一书中，通过对教育政治性的阐述，揭示出统治阶级通过教育对民众进行精神钳制和控制，明确引出教育的真正目的在于使人重新看待并改造自己及其生活的世界，通过教育唤起民众的批判意识，反思自己的生活现状，使教育能够为民众解放意识服务。他认为，在压迫式的教育中，学生不被看作教育中的“人”，而被看作被教育的“物件”，从而使之成为统治社会顺从的“部件”。不过，凡是教育，都应该是使人成为人，更加人性化。但这一教育目的却被“压迫者”操纵，本应使人“人性化”的教育却将人“物化”（不将人看作人，而是如同牲口一样，是被奴役和压迫的对象）。② 真正的教育是要对抗这种将人“器件化”的压迫，将人从这种“器件化”当中解放出来，从而实现人的主体性的实现，成为一种自由的教育。而在现代社会中，这种教育中的压迫者已经远远超出了统治阶级的范畴，诸如货币、经济甚至广告等现代生活方式无不成为现实中的压迫者，试图使人按照它们的逻辑来规制自己的生活，而它们的逻辑无一是将人引向人自身的本质，而是将人引向物质化的功利倾向。在这个过程中，虽不能说功利主义哲学为之提供了本体性的基础，但确确实实功利主义哲学为这种现代性宰制提供了方法论和认识论基础，是这种宰制的实际鼓吹者和鼓动者。因此，对于现代教育而言，将人从这种宰制性的压迫中解放出来，使之不再是器件，而回归为人，实在是其时代使命；而对于教育自身而言，将自己从这种压迫式的工具中解放出来，而成为真正的教育，这也实在是教育转型的时代本义。

对于这样一个技术化的现代社会而言，教育要实现向其本质主题的转型，首先需要关注的就是教育的伦理精神的重建。杜威说：“每一门学科、每一种教学方法、学校中的每一偶发事件都孕育着培养道德的可能性。”③ 伦理精神应当贯穿于教育的始终，而成为教育的根本气质。这首先是由教育的对象——学生——人——的本质决定的。尽管在本质上人也具有物质性的本质，但是从根本而言，人却不是一种“物化”的存在，而是一种伦

① 蔡元培．教育的命运［J］．读书，1993（10）．

② 弗莱雷．被压迫者的教育学［M］．上海：华东师范大学出版社，2001．

③ 杜威．学校与社会·明日之学校［M］．北京：人民教育出版社，1994：164．

理性的存在，关于人的一切都不能单纯“物化”地看待，而要伦理化地看待，因此知识在很大程度上就不是一种技术，而是一种技艺，甚或美德。因此，对于现代社会而言，尤其对于当代中国社会而言，对抗功利主义的挑战、实现人之本质的回归，不但是我们对教育的认知，更是我们对人之本质的认知。进一步地，这种认知更要转化为我们的教育实践，而使之成为一种人的实践，这是当代中国教育极其重要也极其需要的转型，同时也是当代中国教育最为需要的一种矫正。

3. 人之主体性确立：理论与现实的对搏

在当代中国的教育中，理论界和实践界分别被主体性和功利化两种话语所宰制，这已经是一个不争的事实。这种分化的背后诚然有上文所分析的功利主义的影响，但更有现实教育系统中理论界与实践界的分离。这种分离很大程度上是由于教育实践界为许多非教育性因素所宰制而造成的。在当今教育理论界业已意识到教育要向主体性的人回归的情形下，教育实践界却鲜有响应，或者只是作出一些异化的响应，这是教育系统内部疏离的一个重要表现。因此，教育实践要脱离其他系统的宰制，接受理论界的反思和矫正，这是实现教育系统的独立，促进教育系统内部要素之间关联的重要方向。在目前的中国，实现理论与实践的连接是教育系统内部急需的重要转型之一。

二、教育理念：教育系统与教育转型的观念机制

教育理念是一个理论问题，当我们来研究教育系统与教育转型中的观念机制时，意味着我们需要研究教育理论和教育实践这两大领域及其关系。但是首先需要确立的是，我们所研究的不是两个问题域，而是在研究实存的教育系统中的两大构件。理论的来源就是实践，并且理论的目的也是指向实践，因此理论和实践之间一定存在着内在的关联。

（一）教育理念的内涵及范畴

教育理念可以说是教育机制中最大的一个要素。教育作为人的一种主观能动性的客观实践活动，它的客观性中必然蕴含着主观性的特质，这在理论与实践的关系中就是它的实践中必然蕴含着理论的特质。甚至教育实践中的每一个要素和活动都有其对应的理论形态，在某种意义上，教育的

实践形态乃是由理论形态生成的，因为“实践”一词所蕴含的含义就是主观对客观有着能动性生成关系。教育理念所涉及的观念机制主要有以下几个方面。

1. 教育本质观

对教育本质的追问，是人把握教育这一事物的核心追问。在实然意义上，“教育是什么”的提问意味着有什么样的教育就有什么样的教育观念；在应然意义上，“什么是教育”的提问意味着有什么样的教育观念就应该有什么样的教育。可以说，对教育本质问题的回答，构成了教育理念的基本范畴和内容，因此，教育本质问题成为了教育理念中的元理念，对它的回答实际上构成了人对教育这个事物的把握。早在20世纪40年代，张栗原就指出，“‘教育的本质是什么’这一问题，在教育哲学上，实是一个最基本、最主要的问题。……如果离开了这个问题，教育哲学就没有成立的可能。”①

在教育理论中，对教育本质问题的回答可谓千门百类。布列钦卡总结教育思想史上对教育本质问题回答的六种主要观点：（1）教育是一种有意识的活动（鲁道夫·洛赫纳）；（2）教育是一种包括权力在内的社会和文化的实在（涂尔干）；（3）教育是一种人与人之间的（社会）过程或者个体内在的心理过程（杜威）；（4）教育是促使人格形成的诸种因素的总和（马丁努斯·朗格菲尔德）；（5）教育是一系列促成人们达到值得追求之状态的过程（理查德·彼得斯）；（6）教育是一种对发展的控制及其对发展的影响（苏联教育科学院编《马克思主义教育学的普通基础》）②。这六种对教育本质的理解实际上构成了六种教育哲学的架构，意味着对教育研究的六种不同体系。我们会发现在不同的教育本质认识中，教育这一事物也有六种不同的事实指称以及机理结构。因此，在不同的教育本质观中，会有着不同的教育机制观念，以及不同的教育价值、目的和功能观。例如在第六种观念中，教育很明显是一种政治意识形态的工具，而第五种理解则主张教育的个体价值功能，第三种理解将教育纳入到了一种社会心理的分析框架中，第二种理解则主张一种静态教育结构观。本文将教育当作一种独立于其他社会文化存在的一种独特的社会存在，从而在一个独立的系统中来研究它的规律、价值、目的以及功能。这些对于教育本质的回答是一种基于社会

① 张栗原. 教育哲学［M］. 北京：生活·读书·新知三联书店，1949：127.

② 布列钦卡. 教育科学的基本概念：分析、批判和建议［M］. 上海：华东师范大学出版社，2001：25－29.

学的“教育是什么的”价值中立的回答，这是在讲述教育理念所关注的内容，这是一种教育理念的研究。

同时，教育理念作为一种研究对象，我们还可以从价值表达的角度发问教育的本质问题，即“什么是教育”或者“教育应该是什么”。这不是在考察作为实然的教育理念的内容，而是在考察作为应然的教育理念，也可以更为精确地表述为教育思想。这种教育思想产生于对现实教育的对象方面及其发生的条件结果的思考当中：它作为关于教育情境、目的和手段的知识，先于教育行动并决定了教育行动①。对教育思想的研究实际上是在关注教育理念本身，是一种对教育理念的研究。但这也构成了教育理念研究的一个很重要的方面。如果说教育理念的研究是一种对实存的教育的描述性的研究，那么对教育理念的研究则是一种基于实存的教育并面向理想的教育的批判性和建构性的研究。

2. 教育规律观

教育规律所研究的范畴是教育作为一个独立的系统，它的内在运行法则以及它与社会其他系统之间的互动关系，在一定意义上，教育规律可以表达为教育运行的内外部各种机制。因此在一定程度上，教育转型内部机制的研究可以说就是教育内部规律的研究，只不过教育规律这一概念包含着教育的宏观、中观和微观各个范畴内的各种规律性的东西，而教育转型的内部机制则专指教育宏观系统内的机制研究②。如果说教育系统中诸如学生、教师、课程等这些要素性的存在构成了教育系统运行的质料，那么教育规律作为一种机制性的存在也就构成了教育系统运行的形式。还应该认识到的是，教育规律这一概念紧随着对教育本质的理解，因为不同的教育本质观，不但会规约着教育质料的范畴，同时也规约着教育系统的机制性构成的形式。如果按照社会学功能主义的视野，把教育系统比喻成一架机器的话，教育本质既规约着这台机器是由什么构成的，同时也规约着这台机器是怎样运行的，亦即教育的要素之间是怎样相互关联的。教育规律也同样包含着两个方面：一是实存的教育是如何构成并运行的，二是理想的教育是怎样构成并运行的。前者是一种描述性的客观建构，后者是一种理

① 布雷钦卡．教育目的、教育手段与教育成功：教育科学体系引论［M］．上海：华东师范大学出版社，2008：7.

② 即使是研究教育的微观运行时，我们也不是专注于它的微观机理，而是站在一个宏观的视角，来关注作为一个整体的微观机制。

想性的主观建构。

3. 教育功能观和教育价值观

教育作为一种人的活动，我们关注它的理由不但是需要明白“它是什么”，还需要明白“它能为我们提供什么”以及“我们认为它能为我们提供什么”的问题。教育作为一种客观的社会存在，必然对这个世界的其他存在产生一定的作用和能力，促成一些其他存在的改变，这种作用和能力是教育及其他存在的客观属性，是由它们之间的相互结构决定的。这种影响体现在社会和个体的人两个方面。因此，所谓的“教育功能”就是指教育对人类社会和人的发展所起的作用。① 与此相应地，教育的功能也可以分为两类，即教育的社会功能和教育的育人功能②。当讲功能的时候，意味着是站在一种功能主义的客观立场上来看教育的作用，要脱离价值判断的倾向和理想主义的色彩，客观地看待实际的教育影响，并且有意识地引导其正向功能的发挥。因此，教育功能往往是站在一种社会学的立场上来看待教育的影响和结果。

教育价值的概念在广义上与教育目的和教育功能很难区分。“价值”这个词本身就充满了价值判断的意思，但既然是一种判断，那么必然是对已有或潜在的存在的评价，并不涉及将在或未在的评价。因此，教育价值的概念在某种程度上可以表述为对教育客观效果的主观评价。作为狭义的教育价值，在某种程度上它与教育信仰可以通约。如果把教育功能和教育价值这两个概念相比较，教育功能在某种程度上有在教育外部看待教育的意思，而教育价值恰恰是在教育内部看教育。

4. 师生观

教师和学生是教育场域的基本主体。对教师和学生在教育论域中的本质的认识，是教育的基本观念之一。首先，学生是教育的对象，教育作为一种育人的活动，其实就是一种“育学生”的活动。在某种意义上教育活动就是将学生从未经教育的原初性的人的状态转变成目的性的人的状态的过程。目的性的人已经由教育目的这一概念所表述。学生观实际上就是对原初性的人和过程性的人的看法和观念。而教师作为教育活动的重要主体，他在这一过程中的角色、作用以及参与机制也决定着这一过程实际的运行

① 袁衍喜．论现代教育的本质特征与基本功能［J］．辽宁教育学院学报：教育科学版，1990（2）．

② 朱本．育人为本论教育［J］．华东师范大学学报：教育科学版，1991（1）．

模式和机制。与机器系统中的机构的存在所不同的是，教育系统中的教师和学生是主观自由的存在，教育的期待不是一种部件式的人的存在，而是一种自由式的人的存在，教育过程中师生之间的作用机制不是一种机械式的、传动式的作用，而是一种能动式、交互式的作用。因此，教育过程其实是教师和学生两个主体之间的作用。如何看待这两个主体之间的关系以及互动机制，也就构成了师生观的重要内容。

除此之外，教育理论还包括课程观、政策观、课堂观等更多的内容，因为教育系统的一切存在皆有相应的理念与其对应，作为主观能动性之人的活动，人的主观观念总是与其实践活动相联系的。由于本研究的框架，我们主要探讨教育理念之整体作为观念机制在教育系统中的作用，所以并不一一列出，只是对观念机制起重要作用的这些方面加以介绍，而对于其他一些相关的方面，将在其他的机制中加以介绍。

（二）教育理念与教育系统的观念机制

1. 教育理念与实存教育系统的生成机制

实存的教育系统是一个教育概念实在化的世界，或者用柏拉图的哲学概念来进行表述就是，教育系统是由形式世界中的“教育”所生成的世界。因此，教育系统与“教育”这一元概念或者元理念之间存在着很紧密的本质定义与形式生成的关系。在理论上更为直接地说就是，对“教育”这一概念有怎样的界定，就将会生成怎样的教育系统，对“教育”本质的理念是生成对教育系统本身的定性乃至结构的基础。对于实存的教育而言，教育本质的定义规约了教育的问题域，也就是说，在社会这个大系统内，教育的本质规定了哪些社会存在纳入到了我们的教育性关注之中。而且教育本质问题不但规定了实存的教育边界，同时还规定了我们用什么样的理论架构来看待这实存的教育，或者说我们该如何认识这实存的教育。这两者首先有研究论域和视域的意义，但同时对于实存教育的运行和变迁而言也有很重要的意义。因为教育是人的有意识的活动，人对教育的认识，决定了他参与教育活动的意识。如果将教育系统比作一个人的身体的话，那么教育理念就是这个身体的大脑，身体每一部分的动作、行为都必须经由大脑控制，并且都要反馈给大脑。此外，教育理念本身的统一性也决定了教育系统自身的独立性。如果在理念层面上的教育并没有其本质规定下的理念的系统性，那么，经由此理念而构造出来的教育也不会有其本质规定下的存在的统一性和相对于其他社会系统的独立性。可以说，教育理念构造了教育，也构造了教育系统。教育理念的内容和性质决定了教育和教育系统的内容和性质。因此，对于一个客观实在的教育系统而言，教育理念可以说是其存在和转型的形式起点。任何的教育转型首先都是在观念层面上进行的，然后才能够落实到教育的实践当中。

教育理念与教育实存系统之间首先存在着一种要素构成上的生成性关系。在实存的教育系统中，就教育自身的要素而言有生成性的，也有既成性的。生成性的教育要素是指因教育理念而建构出来的教育要素。如果没有教育理念的设计，这类教育要素是不会以任何方式存在于社会系统当中的。诸如课程、课堂、学校、教育政策等都属于生成性的教育要素。而既成性的教育要素是指即使没有教育理念的建构，也会以一定的方式存在一定的社会系统中的那些要素。但是如果没有教育理念的建构，它不会生成为教育系统的要素，不会以教育要素的形态出现在教育系统当中，例如学生、教师等。教育理念对既成性的教育要素的生成关系，不但表现为使之生成为教育系统的要素，还表现为使之生成为怎样的教育系统的要素。例如，以儿童的形态出现在社会系统中的儿童，教育理念不但使之生成为教育系统的学生，同时，不同的教育理念之下的不同学生观还导致了在教育系统对学生这一主体性要素的认识的不同。因此，教育理念对教育系统的关系存在着对象生成与对象重构两种形态的生成性关系。教育理念与教育实存系统的生成机制如图 8 所示。

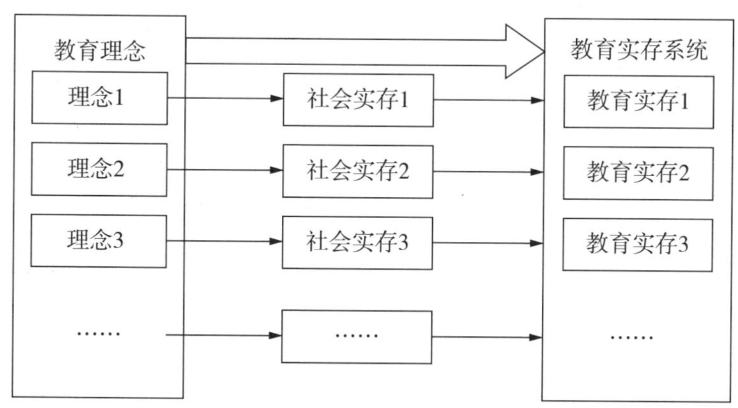

图 8　教育理念与教育实存系统要素生成机制

教育理念与教育实存系统之间的关系，还表现在教育理念与教育各要素相互关系之间的生成性关系。教育系统不但是由一系列要素组成的，作为一个系统，它更是一种关系性的存在，“系统”一词的内涵中就包括了关系性的机制在里面。当我们来研究教育系统及其转型的内部机制时，实际上就是在研究教育系统内部各要素之间的相互关系及其影响。教育系统各要素之间的关系，事实上受教育理念的设计和节制。作为实践活动，教育活动就是由带着主观能动性的人来调动各种要素来达成人的目的的行动，而人的行动的背后，其实就是人的观念的影响。在某种意义上，依着观念来调动和支配资源，本身就是主观能动性实践活动的当然意涵。如果去除主体性的人及其观念，单单从客观的教育系统的内部来看，人对教育系统诸要素的调动和支配就表现为教育系统诸要素之间的机制性的关系，这种关系既有静态的关联性关系，又有动态的机制性关系。正是这些关联性关系形成了诸要素之间彼此关联而构成为一个系统，同时也由于机制性关系，造成了教育系统的动态运行和变革（即转型），而这些关系都是来自于教育理念的观念设计和支配。因此，从某种意义上，教育理念不但是生成客观教育系统的观念机制，同时也是形成教育系统转型的观念机制。教育理念与教育关系的生成性机制如图 9 所示。

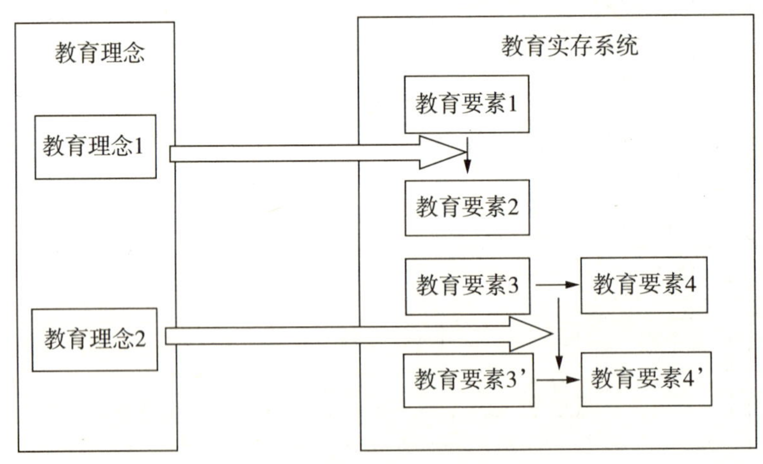

图 9　教育理念与教育关系的生成性机制

2. 教育目的与教育理念的生成关系

教育目的与教育理念的关系是一个复杂的问题。有人通常把教育目的看作教育理念的一部分。但是，我们认为，理念是一种认识和设计，而目的则是一种期待和诉求。尽管二者皆属于主观范畴，但在本质上是不同的。

前面我们已经分析了教育系统中的目的—手段图式，但是这一图式形成机制性的影响事实上乃是透过理念这一中介性因素而达至的。教育目的是一种静态的表述，在某种意义上是一种教育对象要达至的状态；而教育手段是一种动态的表述，是教育对象走向驾驭结果的动态过程。在生成图式中，静态的目的要生成动态的手段，其中所要经历的必然步骤是根据静态的目的对动态的手段进行设计，从而产生教育手段；对于选择图式而言，亦是如此；而对于矫正图式而言，矫正的对象乃是手段，静态的目的要对动态的手段形成矫正，必然首先包含着对手段的重新设计而形成矫正。如果不是将教育理念看作一种对教育手段的设计，而是看作对教育要素的认识，也同样如此。例如在灌输式的教育中，之所以将教育对象看作“受压迫者”，在某种程度上是由于其预设的教育目的乃是将教育对象塑造成为“压迫者”的工具；而对话式教育之所以将教育对象看作教育主体来认识，乃是由于其目的是要塑造具有主体性的“人”。因此，在逻辑意义上，教育目的是先在于教育理念的，教育理念是由教育目的而生成的，有什么样的教育目的就有什么样的教育理念。尽管将教育目的归在教育理念的名下有着诸多的理由，但是由于本研究所注重的乃是教育要素之间的关系机制，所以因这样的逻辑关系将教育目的在逻辑上先设于教育理念，自有本研究自身的“目的”。教育目的、教育理念与教育手段的生成性逻辑关系如图 10 所示。

图 10　教育目的、教育理念、教育手段生成关系图

（三）当代中国教育转型中的观念机制

教育的转型，在某种程度上是对教育理解的转型，是教育概念的演化与转型。对于传统教育而言，教育是什么，仿佛是一个确切的概念，即对人的道德人格的塑造。这在中国传统的教育中体现得非常明显。传统的教育无论是私塾教育还是县学教育、太学教育，都是以“四书五经”来塑造人的德性和德行，是一种“德”“礼”的教育。当然，这种传统的德教和礼教，与传统社会的形态很有关系，因为传统社会，或者更为确切地说是传统对社会的理解本身就认为它是一个德性和礼制的社会。在传统社会中，人无论是在政治、商业或者任何一个方面，对社会的参与在本质上都是以道德人的身份参与的。但是，在现代理解中，社会不单纯是一种德性的社会，更不可能是一种礼制的社会，而变成一种去德性化的关系性的社会，一种功能性的社会。因此在现代社会中，对人和教育也产生了不同的理解。这种理解的转型是如何形成的？这种转型是否有其正当性？本研究着重探讨的是教育转型的内部机制，所以接下来撇开社会理念本身，单单从教育概念的内涵转化来探讨这一转型。

1. 教育自身内涵的转型

陈桂生教授从村井实对教育的定义“教育是使儿童（或每个人）变得善良的各种活动”出发，来分析教育概念的结构。他认为，善是教育概念的应有之义，教育概念的转化，实际上是善的概念的转化。教育本义中的善是“道德人格之善”，因此，教育的本义是“道德人格的完善”；而其第一转义则指向“健全人格之善”，因此教育的第一转义就指向了“人格（个性）的完善”；其第二转义则指向了“社会性的人格之善”，故而教育的第二转义则指向了“社会性人格的完善”。其实，作为社会性的人而言，善的这三个层次从人之存在就有了，只不过随着人对自身认识的发展，对其不断细化并客观化。因此，对于作为本真的教育而言，这三个层次都是它的应有之义，至于从本义产生了两个转义，则是人对自身以及对教育认识的深化的结果。但是，在实际的教育观念当中，却不体现为对概念认识的深化，而体现为概念意义的转移，即在产生新的转义的时候，对其应有之义进行扬弃。具体来说，就是当发现了教育的第二义，而“忘记”了它的第一义，发现了教育的第三义，而“忘记”了它的第一义与第二义。① 尽管这种认识上的失误并不等于“教育”本义的失效，但是，也确确实实因为这种认识上的失误而导致现实教育的转型。古希腊的教育是为了培养“具有德性的城邦公民”，而我国现代教育则变成了培养“适应现代社会的人”。前者意在个体的建构，而后者则意在社会的建造；前者寓社会性于德性，后者则寓德性于社会性，甚至去德性而只讲社会性。对于前者而言，教育的关注点是人，社会则是人的社会；对于后者而言，教育的关注点是社会，而人则是社会的人。因此对于前者而言，教育是一项“人的事业”，而对后者而言，教育是一项“社会事业”。这是教育理念的理解变迁所带来的教育的现代转型（见图11）。

---

① 陈桂生．普通教育学纲要［M］．上海：华东师范大学出版社，2009：8－11．

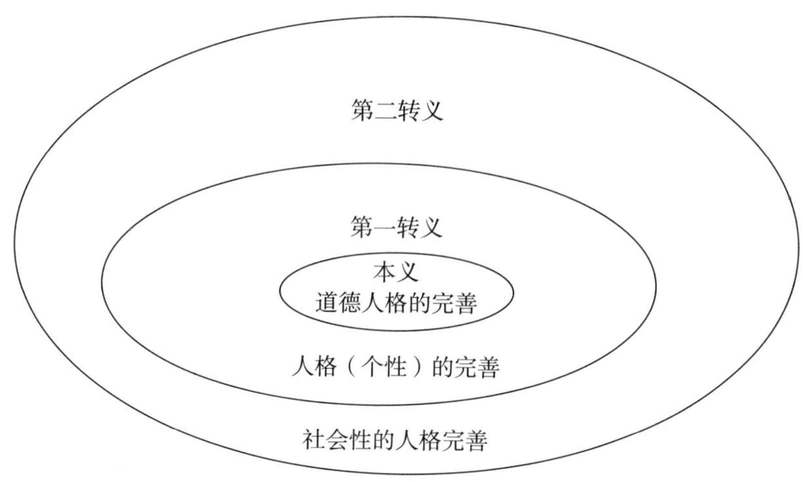

图 11　教育自身内涵的变迁

上述教育理念的变迁，实际上是源于教育目的的变迁。传统社会在某种意义上是一种个人本位的社会，人与人之间的社会关系弱于人与自我之间的关系，因此人的一切活动的中心都是自我的完善，在这种情形下，对教育的诉求也是如此。而现代社会则是一个社会本位的社会，在这样的社会中，相对于个体性的存在而言，社会性的存在成为绝对的强势存在，对一切存在的考量都是社会性的，甚至对个体的思考也都是放置在社会话语之中，一切活动的中心都是社会，因此，对教育的诉求就转化为社会性的诉求。现代教育在社会这一强势话语中，发生上述转义是理所当然的事，但是如果发生如陈桂生教授所言的“忘记”，实在是不应该的事，因为无论是个体本位还是社会本位，教育的对象永远都应该是“人”。

这种变迁也是对教育功能理解的变迁。无论是哪个时期的教育，都具备育人和社会这两个方面的功能，但是随着教育目的的这种转型，教育的这两大功能之间的主从位置也发生了转型。传统教育中，主要注重教育的育人功能，而其社会功能则是由育人功能而产生出来的一项派生性功能；但是在现代社会，主要注重的是教育的社会功能，而其育人功能则仿佛成为了一项附属功能。传统教育是一项“教书育人”的事业，主要注重的是培养什么样的人，而社会就自然而然地由这样的人去组成；但是，现代教育则是一项“社会（公共）事业”，主要注重的是我们的社会是怎么样，进而按照社会的模式去培养人。在后者那里，教育就好像被视作社会这一大的机器系统的上游生产线，其主要目的是为这个大系统的其他部门系统生产合适的材料，主要看重的是它对社会系统的作用，尽管在这个过程中也需要看这“材料”是什么样的材料，但是在人的意义上，主要不是看他内在的德性素质，而是看他对这个社会的适应性和有用性。这种转化，也是教育忘记“人”的重要表现。

2. 教育理念的转型对教育微观运行的影响

首先，教育内涵的变迁影响到课程的变迁。传统的教育是关乎个体道德人格的养成，并且呈现出一种内省式的课程机制。中国的蒙学教育在这一点上体现得特别明显。作为以文献为主体的课程体系，它的每一个课程的选取，亦即课程文献的选取，都体现了一种君子人格养成的个体德性的诉求。作为传统教育的重要文献——《论语》，即以“吾日三省吾身”作为其课程实施模式的自身规定性，它的每一项教育内容都要求儿童透过行为对其自身的内在德性进行内在省察，从而形成一种“内在修为”式的教育，这种教育下的课程因为是以个体的内在德性为基础的，所以也不可能诉诸于学科化的课程模式。但是，近代化以来的教育课程更显现为一种关系性、社会性的课程模式，这一点首先表现在学科化的课程设置当中。在近代的学科课程当中，绝大多数的课程都脱离了内省式的课程模式，而走向了科学化、学科化的课程模式。各种自然科学的课程既表现为人与自然的关系，同时也表现为个体与社会的关系，因为很多时候人所掌握的自然科学的素养和技能都是他在现代社会与他人交往的条件性基础。而人文类的课程也不再诉诸内心式的认知模式，而是诉诸于社会和关系的认知模式。这一点，在德育课程中体现得较为明显。现代德育不再像传统德育一样强调“内省”式的道德认知，而是强调人在与家庭、社区、国家、世界和自然的关系中的道德认知。这种课程模式的转变实际上与对教育认识的两重转义的迁移是一致的。

其实，不仅仅是教育内涵的迁移影响到教育微观运行的转型，根据上述教育理念与教育实存系统之间的生成性关系，每一个关于教育微观理念的转变也都会影响到教育微观运行的改变，这种改变要么表现在对教育要素的认识与建构上，要么表现在对教育关系的重构与重塑上。在此仅以课堂关系中主体认知的改变为例。

长期以来，中国的教育都是脱离其培养人的教育目的，而变成了借着应试而改变人的境遇的手段，从而是一种工具化的教育诉求；同时，许多时候教育目的也为个体人和社会人两大范畴所绑架，而成为一种意识形态化的政治人的培养目标。但是在市场经济中，教育的存在又事实上服务了其不可言喻的产业目的（这一点只需要看当今高等教育的经营和管理方式，以及中小学的择校等现象，即可一目了然），而培养什么样的人俨然成为了广告……总之，在中国教育现实中，教育目的的异化以及教育现实与教育目的之间的“口不应心”实在是久已存在的顽疾，由此当下有许多试图改变这一点的努力。例如，面对应试教育的异化，基于“人的发展”的“素质教育”理念似乎有从教育的第三转义向第二转义回归的味道。而教育理论工作者则提出了主体教育的思想，试图在人的层面上建构教育目的和教育理念，这有向教育的本义回归的味道。当然作为现代教育自身的反思，这两层回归并不是纯粹意义上的回归，而是现代教育向育人本质的不断回归，不断回归到人之本质、人是目的的主题中来。但也正是这样的教育理念的转变和教育理论的努力，才带来了教育实践本身由实践与目的分化的状态向实践与目的合一的状态转变。这种以儿童以及儿童的发展、儿童的生活为中心的教育理念的转变，也带来了课程领域的巨大改变。首先，课堂上再也不是教师教、儿童学的灌输性的单主体形式，而是转变成了教师和学生双主体的、互动的课堂观和课堂形式。同时，学科课程也不是以知识逻辑来组织，而是以儿童的生活逻辑和认知逻辑来组织课程，并且教材的编写注重和儿童的互动。这些都是由理念转化而带来的课程的转型。

除此之外，教育理念对学校模式、班级模式、学校管理等微观层面的改变，就不再一一列举分析。

3. 教育理念的转型对教育宏观运行的影响

教育内涵的变迁也对教育的宏观运行产生了重要影响，这种影响首先表现在教育结构上。严格地讲，传统教育中并不存在现代教育系统中的教育结构的观念。现代教育的结构实际上是一种对社会性教育部门的分析模式，而传统教育并不存在严格意义上的社会性的教育部门。传统教育往往是一种家庭式的、民间式的行为，正因为教育不再是一种只关乎个体内在德性的活动，所以，也促成了教育的社会化和社会性的系统化。现代教育由传统的家庭式、民间式的私塾机构演变成一种社会性的学校机构。可以说，学校这一社会性的专门教育机构的出现也是对教育理解的社会转义产生的结果。一旦将教育理解为社会事业，并且专门的社会教育机构——学校也出现了，那么，以学校为基础的社会性、国家性的教育体制的出现也就成为了一种必然。所以，教育结构、教育体制的出现实际上是教育理念现代化所带来的一种必然，而教育由家庭性向社会性转变的逻辑起点恰恰是这种观念的变迁。教育理念对于教育结构的影响当然还有更广的含义，如高等教育的布局、基础教育的资源分配等方面，这些都涉及教育公平观、教育需求观等方面，在此也不再一一列举。

教育的商品化和市场化，是教育理念对当代中国教育宏观运行影响的另一个重要的反映。当把教育的社会功能强调到了极致的时候，就变成了教育对社会的有用性意义上的功能，而不是教育能为社会提供什么意义上的功能。也就是只强调教育的适应性功能，而漠视教育的超越性功能。按照教育经济学的一般理解，教育对社会的经济功能主要表现在为经济的发展提供了必要的技术支持和人力资本支持。但是一种极度功能化的理解认为，教育的经济功能也表现在它本身也是一种商品，是市场供给人的消费品之一，因此，在某种程度上教育也有商品调节的功能，最终导致中国在通货紧缩的背景下将教育商品化，从而达到利用教育这一商品拉动整个消费市场的目的。这种教育的商品功能的理解，实际上脱离了教育的本质，而对其进行了异化的理解。但是，也的的确确是这种理解造成了当代高等教育的最为重大的转型，或者更确切地说一种“被转型”。这种转型始于错误的教育功能观和错误的教育本质观，但其结果恰恰极大地改变了高等教育的规模和布局，同时也改变了高等教育的内部结构，并且最终使得高等教育在这种异化的理解中越发被异化。教育商品化改变了整个高等教育的布局和教育体系的结构，同时也促进了基础教育中的民办教育，以及公民办教育的产生和发展，同时也促成了整个教育中的这些要素的结构性变化。如今这种变化不仅仅发生在高等教育领域，在学前教育领域里也极为泛滥，并且大有向基础教育蔓延的趋势——如今基础教育中的高额择校费、学区房等，无一不在以各种变异的形式表现这一点。

教育市场化与教育商品化还始于一种错误的教育需求观。当把教育单纯地看成一个市场或者一种商品时，就是将人对教育的需求与对商品的需求在本质上混为一谈。人对商品的需求源于人对物质的依赖性方面，在本质上体现为人的生物性本质。但教育是人之作为人的本质而需求的，教育需求在本质上是一种人的需求，而不是动物的需求。可以说教育需求是人之作为人的精神性甚至于灵魂性的需求，这种需求是深深根植于人之为人的本质中的。因此，教育需求既是在教育的本质中蕴藏着，也是在人的本质中蕴藏着。所以在对教育的理解和人的理解中，需要构造人的本质与教育本质的直接关联，将教育需求独立于市场等并列的概念，而成为独立的概念，构造出与人的商品需求并列的教育需求，凸显出整全的人的本质观和独立的人的本质观，从而实现教育自身的独立以及人的主体性的独立。这也是教育系统走向独立之路的必然性的认识前提。

教育理念对教育宏观运行的影响绝大多数都要体现在教育政策的意志之中，因为教育宏观运行往往是靠教育政策而运行的。教育政策在其抽象的层面上乃是属于主观范畴，而在现实中由于政策自身的权威性，而使得它成为教育宏观运行的实际框架，在客观上也是教育宏观配置和运行的方式。在教育的宏观运行中，往往是首先将理念转化为教育政策，并透过教育政策来设定教育的宏观布局和运行方式。因此教育政策在某种意义上也是教育理念影响教育宏观运行的机制和方式。

4. 教育理念与知识形式和人的理解的转变

知识形式和人对自身的理解之间有着极其紧密的关系，其最直接的表现是，人的活动开拓了知识的疆域，同时知识范式也改变了我们对人的认识。人类所有的知识都可以归为两类：一类是对大自然的认识，即自然科学；一类是对人类自身的认识，即社会科学。我们主要来探讨社会科学与人的关系，及其对教育转型的影响。社会科学只是一种宽泛的说法，其实它还要被分为两类：一类是关乎社会个体之间关系的知识，即社会科学；另一类是关乎个体自身的知识，即人文学科①。尽管这两种知识都关乎对人类自身的理解，但毕竟个体与社会对于一个人而言确实是两个特征迥异的范域。个体对自身的认识往往涉及的是诗学、艺术或存在哲学的领域，而个体对社会的认识往往涉及的是经济学、社会学或政治哲学的领域。人文学科的知识成果往往会带来人性的“解放”与个体的超越，直接影响人对自身的理解。在文艺复兴时期，首先是文学和艺术领域里的突破，导致人日渐认识到自身的丰富性，将人性从中世纪的禁锢之下“解放”出来，以致后来产生了现代性问题。人文主义者往往将之誉为个体的发现，甚至抬

① 林毓生．中国传统的创造性转化［M］．北京：生活·读书·新知三联书店，1988：3.

升为“人”的发现。文艺复兴以及它所影响下的现代性思潮实际上将人由原来在伦理中被统摄的地位转移到了伦理的中心地位，或者更明白地说就是人由原来伦理的客体变成了伦理的主体（也许更准确的说法是“在伦理中，人成为了自己的主体”）。因对人的理解的这种巨大的变革，作为成“人”之业的教育也必然发生巨大的转变。原先中世纪的教育目的是使人认识一个存在于自身之外的价值主体，而现代性观照下的教育，其使命则转向了个体在价值意义上的主体性确立，这就完成了教育由中世纪的范式向现代性范式的转变。而启蒙就从另一个方面体现了教育对人对自身认识的影响。20 世纪初，当中国还处在封建思想所宰制的社会形态当中时，许多到西方留学的志士，在欧风美雨的浇灌之下产生了救国救民的新思想，他们最常采用的方式就是兴办新学，将西方的民主思想和科学精神通过学校带给儿童，也带给中国社会，以影响中国人对自身的看法。所以，后来才在中国这样一个君臣思想深入骨髓的社会中兴起诸如五四运动这样的民主运动。假如没有与封建私塾完全不同的西式学校转型的话，也许今天我们的青年对自己的认识还浸淫在“子民”思想中，更谈不上发起和参与建立在“主人翁”特征的自我认识之上的民主运动了。可以说在那个时代里，是教育的转变改变了人对自我的认识，改变了人文学科的范式，那时所兴起的新文化运动、白话文运动等都是极有力的证据。不单单如上所述，教育改变了人文学科的内容，同时那时的西式教育还鼓动了青年人对自身认识的探讨。很难想象一个接受私塾教育的人会主动探讨“我是谁”的问题，但是对于一个接受了西式教育的人而言，探讨这一类的问题就不足为奇了。因此，教育此时不但传播了人文学科的知识，也鼓励了人们对人文学科的探索，促进了人文学科的发展。从冲突理论的角度看，那时候新的人文知识也必然对旧的教育提出巨大的挑战，形成一种强烈的抗争，以至于使旧的封建教育不得不向新的西式教育转型。另外，新的西式教育也不断向知识领域中旧的封建思想提出挑战，并形成强烈的抗争，促进知识的转型。不但在中国，就是在西方 16、17 世纪的启蒙运动中，教育也担负了同样的角色。

三、教育政策：教育系统与教育转型的宏观运行机制

（一）教育政策的过程机制及其宏观调整范围

首先需要强调的是，教育政策“不仅仅是一系列的指令或意图或制度规范”，而是具有活力和互动性的过程，它“反映了从创始、开发，到实施和评估等具有法定效力的权威性结构的连续性过程”①。因此，当我们研究教育政策这一概念时，并不是单单地来研究一系列的政策条文，而是研究教育系统的一种实在运行方式。教育政策这一概念首先意味着一种关系，这种关系不但指教育政策的制定主体、执行主体以及调整对象之间的关系，还指教育政策自身所调整的对象之间的关系。通常意义上，一般把政策看作“一系列来自政府内部和外部的具体的、复杂的、回归性的政治互动行为”，“这些政治互动远远超越政策制定活动本身，不仅包括政策内容及其实施、影响，也同样包括政策决策之前的环境影响、政策问题的来源，以及贯穿政策过程始终的各种力量之间的互动”②。因此我们考察教育政策的时候，就需要研究教育政策生成前后的过程机制及其调整范围。同时，当我们进行教育系统及其转型的内部机制研究时，又要在教育系统的内部进行探讨，将其研究范畴限定在教育系统内部。

1. 教育政策的过程机制

（1）教育政策问题认定　教育政策作为一种规范总是针对一定教育问题而制定的，如果没有教育问题，教育政策就失去了其调整的对象，也就没有存在的必要了。教育政策的问题认定至少包含了两个方面的含义：首先是教育问题的认定，也就是说教育系统中存在着这种问题，并且这种问题也为人们所觉察；其次是教育政策问题的认定，也就是说对所觉察到的教育系统中的问题进行甄别，看其是否属于教育政策所调整的问题。这就需要觉察到问题之后，对问题进行界定，并对问题的实质进行分析，并将

① Berkhout SJ, Wielemans W. Toward Understanding Education Policy: An integrative Approach [J]. Educational Policy, 1999, 13 (3).

② Seamas O. Buachalla. Education Policy in Twentieth Century Ireland [M]. Dublin: Wolfhound Press, 1988: 314.

问题陈述为政策环境中的语言，使之形式化为教育政策的调整对象。袁振国对教育政策的问题认定提出了下面的逻辑图式（见图 12）。

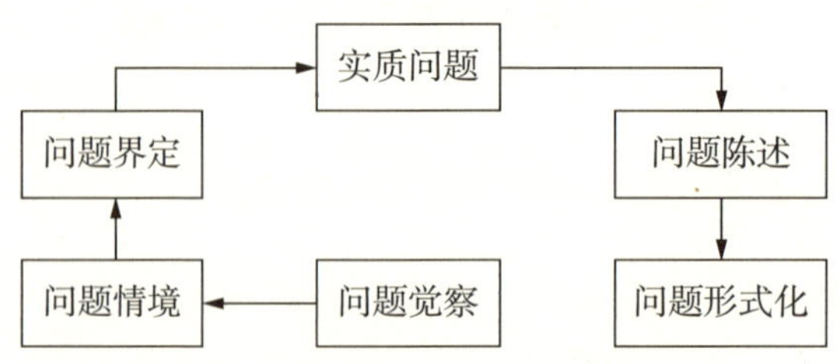

图 12 教育政策问题认定逻辑图式①

这个逻辑图式不但清楚地呈现了教育政策问题的形成过程，还呈现了形成教育政策问题的逻辑过程。

（2）教育政策制定　教育政策制定的主体往往是与教育相关的国家部门，这当中不仅仅包括教育行政部门，更包括立法部门以及影响教育资源分配的其他政府部门。在中国背景下，这一主体甚至包括发表对教育宏观运行方向产生重大影响讲话的政治领导人，因为有时这种“政治讲话”更加实际地影响了教育的实际运行。当然，在更广泛意义上，教育政策还包括教育机构的董事会章程等机构规章，只不过这在我国“教育国家化”的大环境中影响极小。教育政策的制定，包含了对形成的教育政策问题进行政策上的认定——亦即以政策的形式表述问题的存在及所在，以及以政策的方式提出问题的解决方案。这个解决方案中包括政策的调整要素对象，以及政策所调整的关系对象。因此，教育政策在某种意义上是对某类教育问题的解决方式。

教育政策的制定过程，首先包括制定成文的教育政策文本，以及教育政策的合法化。教育政策文本制定的主体可以是教育行政部门的人员，也可以是其他社会人员，更可以是从事教育研究的专家学者。而在现实中，一个政策文本的制定往往是多种类型人员系统合作的结果。政策文本制定的一个经典公式是：面对一个存在的问题；澄清目的、价值或目标，然后在头脑中对之进行排列或用其他方式加以组织；然后列出可能达到目的的重要政策手段；审查每项可供选择的政策会产生的所有重要后果；将每项

① 袁振国．教育政策学［M］．南京：江苏教育出版社，1998：23．

政策的后果与目的进行比较；选出其结果与目的为最佳目标的政策；[①] 最后形成文本。而教育政策的合法化，则是指教育政策要从其制定的文本转化为具有行政甚至法律权威的政策，需要其经过制定主体的法律确认的过程，这一过程根据教育政策类型的不同而由立法机构或行政机构等不同的主体按照其自身的机制而实现。教育政策合法化的过程就是教育政策正式化、权威化的过程。

（3）教育政策执行　教育政策的执行在广义上涉及教育系统内的所有相关主体，在狭义上涉及各种与教育相关的组织机构，尤其是教育行政部门。教育政策的执行是指将教育政策的意志转化为教育系统的实际运行方式，其步骤如图 13 所示。

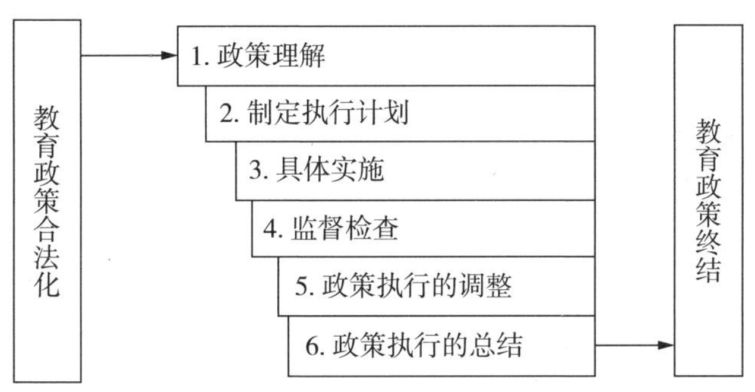

图 13　教育政策执行的一般步骤[②]

在图 13 中，政策的理解是政策执行的开始，其主体是教育政策的执行者，而非制定者，其主要目的是对教育政策所提出的问题及其解决进行解读，从而在文本层面上对其进行认定。而制定执行计划则是指针对具体的教育环境对教育政策的执行进行规划，是将教育政策的语言落实为具体的实践语言。具体实施则是指将制定执行计划落实为具体的行动。政策执行的调整则是指依照教育政策，对执行行动中偏离政策的行为进行调整，其依据是教育政策，其对象既可以是执行的行动，也可以是执行的计划。

（4）教育政策评估　教育政策的评估是教育政策运行的重要部分。政策科学的主要倡导者和创始人之一拉斯韦尔（Harold Dwight Lasswell）将政

① 布洛姆．决策过程［M］．竺干威，胡君芳，译．上海：上海译文出版社，1988：19－20.

② 袁振国．教育政策学［M］．南京：江苏教育出版社，1998：23.

策的评价功能定义为“就公共政策的因果关系作事实上的陈述”①，因此教育政策的评价涉及教育政策的问题认定、教育政策的制定、教育政策的执行及其效果的全部过程，以及这些过程之间的因果关系。政策评估的主体是政策的制定者和发布者，政府作为教育政策制定和发布的主体，是教育政策评估的当然主体。政策评估的目的是透过对政策的实效性检核和分析，确认政策的正确性，为将来改进政策和制定新的政策作参考。政策评估属于政策经过执行环节又回到政府的阶段。米切尔（Douglas E. Mitchell）指出，教育政策评估至少要考虑下述六方面因素：（1）是否反映了各利益主体的利益；（2）是否与学校工作开展相一致；（3）是否有现实意义和操作意义；（4）是否与基本政策或其他政策相矛盾；（5）实施该政策的效应和效率如何；（6）政治上、技术上是否可行②。从这些教育政策评估的主要内容中，我们可以看出教育政策的主要考量乃是是否能够有效地［（5）（6）］调整现实的［（3）］教育系统内的各个主体之间的关系［（1）］，促进教育系统及其在整个社会系统中的平衡运行［（4）（6）］，以致最终促进教育微观运行的有效性［（1）（2）］。

（5）教育政策终结　政策是一定时期内针对特定问题的一项行政应对措施，因此它具有一定时效性。这是因为首先问题本身就有一定的阶段性，当问题解决了或者转化为别的形式之后，针对这一问题的政策必然要走向终结；同时，针对问题的措施也有一定的时效性，如果社会环境发生了变化，那么针对已经过去的环境而采取的特定措施也就不再奏效，因此这一特定的教育政策也一定会终结。此外，如果一项政策在实施之后的评估中发现是低效甚至是无效的，它也会透过一定的程序或者在执行中自动走向终结。教育政策的终结是一项教育政策全部过程的结束。

2. 教育政策的宏观调整范围

教育政策的宏观调整范围主要包括教育结构、教育投入以及教育中的权力分配等宏观方面。教育总是以一定的宏观形式存在于特定的社会当中，当我们说教育的宏观运行的时候，并不是在说一般意义上存在于微观课堂当中的教育形式，也不是在说一种抽象的教育，而是在说作为存在于宏观社会系统中的教育部门，并且尤其指这种教育部门自身的结构和类型的存

① 朱志宏．公共政策［M］．三民书局，1991：28.

② Douglas E. Mitchell：“Six Criteria for Evalusting State-Level Education Policies”，Educational Leadership，1986：14－16.

在方式和比例，及其相关的要素和影响因素。这也是作为宏观行政手段的教育政策的调整对象。教育结构首先很好地表达教育的宏观存在形态，其次教育投入在很大程度上是政策调整的重要手段。

（1）教育结构的调整

教育系统的结构是指教育机构总体的各个部分的比例关系及其组合方式。教育系统的结构具有多层次性和多方面性，用表1表示：

表1　教育结构类型与层次

类型＼层次	高等教育	中等教育	初等教育	学前教育
普通教育	1. 研究生教育（研究生班、硕士、博士） 2. 大学和学院（学士、本科、第二学士） 3. 专科学校、职业技术学院（职业学院）	1. 中等专业学校（中等技术学校、中等师范学校） 2. 技工学校 3. 职业中学（高中、初中） 4. 普通中学（高中、初中） 5. 特殊教育学校（班）	1. 小学 2. 特殊教育学校（班）	1. 学前教育
成人教育	1. 广播电视大学 2. 职工高等学校 3. 管理干部学院 4. 教育学院 5. 高等教育自学考试制度、普通高等学校自考助学班 6. 独立函授学院 7. 普通高等学校附设函授部、夜大学、成人脱产班	1. 广播电视中等专业学校 2. 函授中等专业学校 3. 教师进修学校		
民办教育和宗教教育	1. 民办高等教育机构 2. 宗教学校	1. 民办中等专业学校 2. 民办普通中学	1. 民办小学	1. 民办学前教育

教育结构的构成首先体现了一种社会需要，基础教育的普及在某种意义上体现了现代社会对知识和文化需要的基本特征，而高等教育和中等专业教育的存在及其比例则体现了社会对精英人才和专业人才的需要状况。因此，作为教育政策调整的第一个层次，就是对教育的宏观运行和整个社会系统之间的平衡关系的调整，这种关系同时体现在教育系统对社会系统适应性和塑造性两个方面。也就是说，这种平衡不但关注社会需要，而且关注塑造怎样的社会需要。这是教育结构作为教育政策所调整的教育宏观运行要素的第一层含义。可以说教育结构奠定了教育系统及其宏观运行形式上的基本架构，同时也设定了教育系统的宏观边界。在某种意义上，教育系统作为一个与社会其他系统相并列的社会部门，乃是由其宏观边界所决定的。因此，在社会学的视域中，教育系统相对于社会其他系统的结构上的独立性，是由教育结构确立起来的。而教育结构作为一国教育宏观存在的一种体制性大问题，乃是由该国的立法或行政机构透过一定的政治或法律途径而确立起来的基本教育制度。对教育制度的任何要素或比例上的变更，对于一国而言都可以算得上是一种大的教育甚至经济、政治、社会战略的转变。同时，社会文化的背景及其重大变化常常都会导致教育结构的变化。例如，我国小学教育阶段的五年制、六年制问题，常常是因着经济社会发展水平的不同而有变通；又如农村教育的结构调整，也往往是由于农村城市化进程加快以及农村人口结构急剧变化而造成的教育结构的变动。

不但教育结构自身的要素及结构是教育政策调整的重要内容，同时教育对象在教育结构的不同层次之间递升的方式也是教育政策调整的重要内容，这就是考试政策。在古代，考试政策往往上升为国家战略的高度，因为古代的考试主要就是科举考试，它关涉“明经取士，为国求贤”之大体，甚至关乎一定时期之后国家政治的运行乃至国家的兴亡，因此往往由重要的大臣担纲主考，甚至最终由帝王亲自主持殿试而决出天子门生。在民国时期，在六院之中专门设立考试院主管全国考务，从这种专门部门的规定上，对考试的政策之重视可见一斑。而在1977年经过十年“文革”浩劫之后，邓小平力主当年恢复高考，甚至动用原来准备用来印刷“毛选”的纸张来印刷高考试卷，这在当时乃至今天都有着极其重要的政治及历史意义。这些历史案例都让我们看到，考试制度对于一个国家而言，不但是一种行政手段，甚至可以说是一种极其重要的政治策略。这是因为首先国家需要通过考试来遴选人才并且组织将来的社会，也就是说要通过考试将人才流入到恰当的教育结构并最终流入恰当的社会结构中去，这本身就是一种社会统治和社会组织的方式；而对于作为教育对象的个体而言，考试制度不但意味着自己将要接受什么样的教育，并且在很大程度上意味着自己将来在社会中的位置如何等这样一些关乎个体命运的问题，因此考试制度本身也涉及教育公平、社会公平的问题，同时还应该考虑如何为个体的选择开放更大的可能性，从而使得个体在社会生态中的命运选择具有更大的自由，这就是考试制度自身设计的开放性问题。

（2）教育投入的调整

教育投入在狭义上指对教育的资金投入，而广义上的教育投入指的是对教育的资源投入，这当中既包括各种物质资源的投入，也包括人力资源的投入。教育投入和教育结构之间有着紧密的关联。在一定程度上，教育结构是教育投入的路径。教育投入作为一个宏观概念，所指称的是社会资源向教育部门流入的方式及其结构与比例。因此，教育结构是教育投入的重要依据和路径，同时也是现实管道。另外，教育投入也是调整教育结构的重要手段。教育作为一项实在的社会存在，它必然需要依靠一定的物质条件作为基础，因此，教育投入在不同教育结构中的分配和比例可以在教育结构的不同类型和层次之间起到调控的作用，而这种调控作用往往遵行一定的逻辑次序：首先是由教育政策产生调控的意向；其次根据现存的教育结构作出调控的方案和措施；再次透过教育投入来调配资源，落实调控的手段；最终在教育的宏观运行范畴中达到调控的结果。因此，教育投入常常被国家用来作为教育宏观调控的重要手段，而且这种手段往往是十分有效力及效率的。

教育政策对教育投入的调整主要表现为以下几个方面。

第一，对国家投入的分配。在我国，教育投入最主要的主体是国家。在现代，国家对教育投入有着当然的责任。自从柏拉图以来，教育就已经与城邦政治联系在一起而成为公共事务了；对于现代国家而言，教育作为极为重要的公共事务，是政府施政的重要方面，甚至可以说是政府所必须要关注的“基础工程”之一。无论是在什么样的制度下，国家都有责任透过政府投入来促进教育公平，推进教育普及。而对于教育处于国家化状态的我国而言，教育更是一项关乎“百年大计”的根本工程，更是国家政府着力控制的领域，因此，我国尤其重视透过国家投入来控制教育体系。这不单单表现在义务教育投入等这些本然的领域中，甚至体现在高等教育科研资助等这些对教育系统自身而言边缘的领域之中。政府对国家教育投入的分配主要是依据一定时期内国家对教育的宏观策略及其政策而施行的。政府对国家投入的分配不单单表现在国家对公立教育的支持上，也表现在国家对民办教育的投入和支持上。

第二，对社会投入的准入。在历史和世界上，宗教团体、文化团体、企业单位以及其他社会团体一直都是兴办教育的主要力量，这些团体为了自身的使命和目标，往往都有兴资办学的动力和热情。但是开放这些社会力量办学往往带着一定的意识形态和思想多元的风险，因此对于我国而言，对社会力量办学的准入一直都是政策调控的重要区域。目前，我国对于教育的社会投入处于资金投入上有限度的准入，而其他资源投入上严格控制的状态。因此，我国尽管有着一定规模的民办教育甚至民办高等教育的存在，但是其办学主体往往都是企业或商业基金，很少有其他社会团体，因此我国的民办教育往往表现为商业性的，而非社会性的。教育政策对于社会投入的准入的控制，在其本质上其实并不是一个教育投入的来源问题，而是一个教育投入的流向问题，因为开放宗教、文化等社会团体办学，在本质上乃是使得资源向这些教育实体流入，从而形成一定特定形态的教育，并且透过此来改变教育结构的组成。例如在上列教育结构的类型和层次表中，并没有宗教中学、宗教小学等概念，但是对社会投入放开之后，首先就需要在这方面解禁。

第三，对个人投入的规定。作为直接享受教育成果的教育对象或其监护人，当然应该对教育的投入担负一定的义务。这种义务有显性的，也有隐性的。显性的是指学费、杂费等直接的投入义务；而隐性的则指择校费、赞助费甚至在一定的历史时期内所存在过的农村教育费附加等。这些虽然不是个人直接的教育投入，但也是政策所许可或规定的各种情形下的特殊的间接的个人投入义务，而且这种投入义务目前在我国现实的教育中以一定规模广泛地存在着。对于这些投入的用度，也由一系列或明或暗的规则所约束。

(3) 教育权力配置

教育作为一项涉及资源配置、社会管理等方面的社会系统，它必然涉及许多权力配置的问题。在我国，新中国成立以来的相当长的时间内，教育都处在中央集中管制的状态。教育系统的运行全国一盘棋，不但地方对中央没有多少的自主权，甚至作为教育主阵地的学校也没有丝毫的自主权，教育各个层面上的运行都是以中央为准，甚至在本应地域性、环境性、自主性更强的课程权力上也是如此，实行全国一纲一本。直至1985年《中共中央关于教育体制改革的决定》出台，针对政府有关部门对学校统得过死，使学校缺乏活力的现象，规定了简政放权、分级管理的原则，这就逐步形成了"国家+地方"的课程权力模式。《决定》强调："教育体制改革的根本目的是提高民族素质，多出人才，出好人才；把发展基础教育的责任交给地方，有步骤地实行九年制义务教育；实行九年义务教育，实行基础教育由地方负责、分级管理的原则"。1999年第三次全国教育工作会议上确定了"国家课程、地方课程与学校课程"三级课程模式，同时，《中共中央国务院关于深化教育改革全面推进素质教育的决定》中规定要"调整和改革课程体系、结构、内容，建立新的基础教育课程体系，试行国家课程、地方课程和学校课程"。实行三级课程政策是为了进一步简政放权，加强宏观的调控与指导，转变政府的职能，适当扩大地方尤其是学校的课程权力，改变"坐等上级指示精神"的被动局面，让不同的权力主体积极主动地参与到课程决策、课程开发与课程实施的过程中去，其实质是课程权力的再分配，意味着基础教育课程要采取"自上而下"和"自下而上"相结合的双向政策机制。这两次课程政策的调整实际上是课程权力逐步下放的过程，尽管这种下放并不是完全意义上的，因为在下放的过程中，仍然是以国家课程为主，但至少在执行上使得地方和学校具有了更多的自主权，更加符合课程执行规律的客观要求。而今年来与此相应的高考考试权向地方的下放以及透过自主招生向学校的有限度下放，本身也是顺应教育权力配置的这种下放的趋势，只是在长期的一统思维的背景下，这种下放要达到教育客观规律所需要的要求，还有相当长的路程要走。关于课程政策，休斯区分了两种影响学校课程的政策类型：第一种规定课程形成程序的政策，说明谁是参与者，并对权力作出限制，可称为课程政策制定的政策；第二种是课程政策制定过程的产物，即课程政策，确定课程的特点，具体说明必须、应该或可能教什么①。在这两种类型中，前者就是一种课程权力配置的政策，而后者则是对课程权力自身进行限制的政策。2010年《国家中长期教育改革和发展规划纲要（2010—2020年）》在网络上公开征求社会各界的

① Hughes, A. S. Curriculum policies [M] // A. Lewy (Ed). The International Encyclopedia of Curriculum. Oxford: Pergamon Press, 1991: 137-138.

观点和看法，并展开分析、综合与研究，使得社区、教师、家长、学生等社会各界都可以共同参与到课程政策的制定当中，扩大了课程政策的主体，形成多元协商、反复循环与彼此互动、共同决策的机制。这是实现课程决策民主化的重要途径，也有利于打破权力过于集中以及信息不对称等弊端，真正做到还政于民、还权于民，提升了课程政策的有效性和接受性。这个过程本身也体现了教育政策制定过程中的权力多元化的配置。

同时，教育权力的配置不单单涉及教育部门内部，还涉及教育系统内的其他相关部门。因为教育系统中的种种问题的解决都离不开其他系统中相关主体的参与，社会本来就是一个有机的系统工程。例如派恩（Lynn Paine）关于中国教师政策的案例研究发现，与教师相关的政策制定通常要求教育部与其他部委的接触与合作。其中，最常见的是国家教育部与财政部、劳动部和科技部等具有密切合作。在教育政策制定过程中，国务院需要批准主要政策，并经常协调参与者之间的不同意见。省、市、县和中学也同样被涉及。这些层次都有着相当的自主权力。教育部决定大的政策，提供入学前教育阶段课程大纲和课本，并在很大程度上管理着高校（通过控制大学入学考试系统和决定学术主修课）。省市教育权力部门管理第二级教育体系（通过对第二级教育入学考试的控制），为大学前教育提供部分经费，控制着高等教育部门一些非关键领域（财政、招生和部分的工作人事安排）。地方政府向中小学提供大部分经费。① 有一点需要注意的是，当我们研究教育权力在这些非教育部门中的配置的时候，并不是在教育系统以外来考虑问题，恰恰相反，我们是站在教育系统的内部将这些部门都当作教育系统的相关主体来看待。因此，在理想上实际是一种教育系统内的部门间权力配置，但是也必须承认的是当这种权力配置不是站在“教育的立场”上，不是在教育系统内部来考虑时，这种“理想”也就不“实际”了，或者说这种“实际”也就不“理想”了，所要表达的仍然是一个教育系统自身的独立性问题。因此，教育政策在教育权力调配中要站在一个“教育的立场”上，思考的是如何使得这种权力配置更加有利于教育自身的运行，而非平衡部门利益，只有在这种意义上，才算得上是教育权力的配置。

以上仅就教育政策调整的主要方面作分析，从而厘定以教育政策为中

① Lynn Paine. The Educational Policy Process：A Case Study of Bureaucratic Action in China ［M］//Kenneth G. Lieberthal and David M. Lampton. Buresucracy，Politics，and Decision Making in Post-Mao China，University of California Press，1992：181 -212.

心的教育系统宏观运行的机制。教育政策还涉及其他的调整范畴，它们或较为次要或可列入以上诸项，在此不一一列举。

（二）教育政策的执行机制

在教育政策的过程机制中，最为重要的乃是执行机制，这是因为无论什么政策，只有落实到执行中，才算是有效的政策。同时，对于教育系统的宏观运行而言，也是由于教育政策的执行，才使得这种宏观运行成为可能，从而构成以教育政策为中心的教育宏观运行关系及其机制。因此有必要对教育政策的执行机制进行分析。

1. 教育政策执行机制的内部关系

要认识教育政策的执行机制，需要对其内部关系进行分析。

教育政策的执行首先涉及执行主体和执行客体之间的关系。执行主体是教育政策的实施者，而执行客体则是教育政策所针对问题的相关主体，也是教育政策所要施加的对象。可以说，教育政策的执行就是教育政策的执行主体向教育政策的执行客体施行的过程。同时，在政策执行的过程中，政策执行的客体仍然会对主体产生互动性的影响，这种影响在一定程度上是由于这两种主体在教育政策执行过程的博弈，彼此互动，从而促进了教育政策的执行。此外，教育政策的执行过程也是政策再诠释和实践修正的过程。这种主客体之间的关系是教育政策执行中的主体性关系，也是首要的关系。

其次，教育政策的执行还可以看作教育政策施加于教育政策执行环境中的过程，这个过程也是教育政策通过各种教育政策工具而施加于教育政策执行环境的过程。需要特别提出的是，我们看待教育政策的视角应该“覆盖政策出台的前后，贯穿政策实施和再阐释（reinterpretation）的各个阶段”，并“根据政策周期演化中反复的情境变更（recontextualised）而不断地被重新塑造（rearticulated）”的过程①。这就是教育政策执行过程中教育政策和执行环境之间的一种互动改变的过程：一方面，政策有着改变环境的强烈取向；另一方面，具体的执行环境又向教育政策自身的解决方案提出了具体的修正或变更的需求，同时随着政策的逐步执行，环境随着自身的改变也向政策提出新的要求。但这两方面的互动是通过一系列的政策工

① Sandra Taylor，Fazal Rizvi，BobLingard and Mirian Henry. Education Policy and the Politics of Change［M］. Routledge：London and New York，1997：35.

具而达到的。因此，教育政策的执行还可以在客观上看作教育政策和教育政策执行环境之间借着教育政策工具而互动的过程。

再次，作为教育宏观运行机制的教育政策而言，它的执行实际上是以教育政策执行环境为中心的教育政策的执行主体与执行客体之间的相互关系。在这里，教育政策的执行环境就是教育的宏观运行方式及其环境。教育政策的执行就是借着对教育宏观运行环境的改变，来改变三重关系。第一，改变教育政策执行主体和客体相对于教育政策执行环境的关系，这个关系也可以表述为教育政策执行主体和客体相对于教育宏观运行环境的关系。第二，改变的是教育政策执行的主体与客体之间的关系。随着教育政策的执行，其执行环境也必然发生改变，因此教育的宏观运行环境也将发生改变，这个过程既是教育政策自身与其调整对象的改变，同时也是教育宏观运行相关主体之间关系的改变。第三，改变的还有教育政策执行客体之间的关系。教育政策透过对教育宏观运行环境的改变，最终所要调整的是其执行客体内部的关系，从而来塑造新的宏观运行环境，达到其自身的转型机制。

教育政策执行机制的内部关系分析模型如图 14 所示。

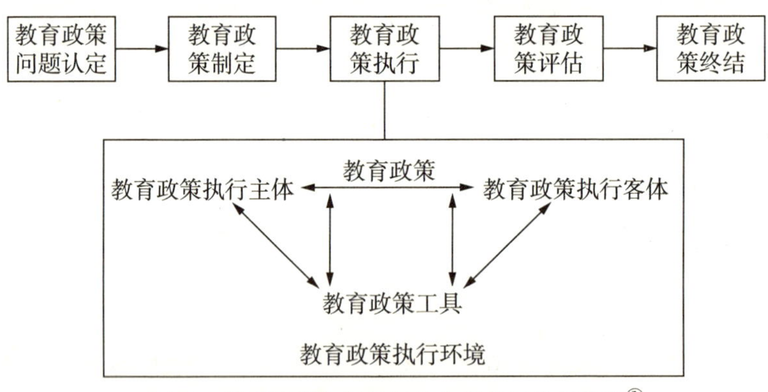

图 14　教育政策执行机制的内部关系分析模型[①]

2. 教育政策的执行与教育政策制定的互动

教育政策的执行和教育政策的制定之间存在着一种互动关系，“政策制定出来并不意味着有关的需要已经在政策中确定下来，在政策过程的执行

① 亮华．教育政策执行偏离的主要影响因素：系统的观点［J］．现代教育管理，2010（2）．

环节，而不是在决策环节，政策经常继续演进”①。教育政策的执行过程中，常常会根据具体的环境在执行过程中对教育政策自身进行重新的诠释，这种诠释可以是对教育政策的具体运用而提出的执行计划，但是还有许许多多的情形是对教育政策原先制定意图的补充或调整，亦即在执行过程中加入了许多制定过程中没有考虑到的因素，有的甚至是对原先的制定意图进行了更改，这就是将政策的执行上升到了与政策的制定平等的互动位置。在某种程度上它相当于英美法学当中的法官造法的概念。但是，这里更加体现的是在政策执行过程中对原先制定意图的完善和演进，而不是对政策本身的更改。因此在某种意义上，由于政策自身的稳定性和灵活性，其最终的定型不是在制定的过程中，而是在执行的过程中。正如斯蒂芬·鲍尔在《教育改革和学校变革》一书中提示我们的：“政策作为有预期的意图陈述和可实践的价值观选择，其政策形成和实施的过程往往是相互纠结的，政策文本的制定整合了实施过程中的不同方面，在实践中对具体政策的再修订、再解释的过程意味着政策制定并不因为法定文本的出台而终结。”②当然，更极端的情形则是政策的执行中发现了教育政策自身存在着必须更改的情形，从而促进了教育政策自身的修订、更改甚至终结。

3. 影响教育政策执行的因素

影响教育政策执行的因素往往可以归纳为两大类：一是政策自身的因素，二是执行过程中的主体性因素。政策自身的因素所指的是教育政策自身中可能包含的逻辑矛盾、与现实的脱节甚至是违反教育规律等内部原因而造成的教育政策执行的困难。这种执行的困难在正常的情形下应该借助于政策评估以及执行过程中的纠正机制来消解这种影响，最为极端的情形是终结不合理的教育政策。

执行过程中的主体性因素是指执行过程中因为相关主体——即执行主体和执行客体各自对政策的理解、抵触、博弈而带来的政策执行的偏差，也包括政策执行的主体和客体之间的关系而造成的政策执行的偏差。目前，我国教育政策执行过程中出现的主要问题是，政策执行主体的过度政治化、行政化，使得教育政策的执行往往脱离教育自身的需求，而走向政绩化、

① 米切尔·黑尧. 现代国家的政策过程［M］. 赵成根，译. 北京：中国青年出版社，2004：6.

② Richard Bowe. Stephen. J. Ball. Reforming Education and Changing Schools：Case Studies in Policy Sociology［M］. London：Routledge，1992：13.

政治化的方向；同时，教育政策的执行客体往往陷入功利化的泥淖当中，最终他们的行为要么迎合政治和行政的需要，要么迎合市场或经济的需要，从而使得教育政策在执行过程中被改变甚至被歪曲。

（三）我国的教育政策与教育改革（转型）

改革开放以前，我国教育长期被极端意识形态话语所宰制，高度强调政策的阶级性。而真正发生教育政策针对教育实践问题的回应与改革，则是在改革开放之后。或者说，改革开放之后，我国真正开始了教育政策的建设过程。

1. 改革开放以来我国教育政策的演进与建设

粉碎“四人帮”，结束了长达10年的“无产阶级文化大革命”。1978年中国共产党十一届三中全会的召开，标志着共和国开始进入建设具有中国特色的社会主义时期。这一时期我国教育政策的沿革略列如下：

（1）拨乱反正

- 提出“尊重知识、尊重人才、尊师重教”（1977年5月，邓小平）；
- 推翻“两个估计”，肯定“十七年的教育工作基本上是红线”，“绝大多数知识分子是自愿为社会主义服务的”（1977年8月8日，邓小平）；
- 恢复统一高考制度（1977年8月，邓小平、国务院）；
- 恢复和重建被破坏的学制系统（1978年1月，教育部）；
- 恢复研究生教育，建立学位制度（1980年2月12日，人大常委会）。

（2）教育体制改革

- 提出“加强教育国际交流合作”（1978年，邓小平）；
- 提出“加强立法，依法治教”（1980年，邓小平）；
- 提出“教育要面向现代化、面向世界、面向未来”（1983年10月，邓小平）；
- 颁布《中共中央关于教育体制改革的决定》，抛弃“教育为无产阶级政治服务”的极“左”思想，提出“教育必须为社会主义建设服务，社会主义建设必须依靠教育”（1985年5月，中共中央）；
- 颁布《中华人民共和国义务教育法》（1986年4月12日，全国人大）。

（3）深化教育改革

- 颁布《中国教育改革和发展纲要》（1993年2月13日，中共中央、国务院）；

• 加快教育立法进度，制定并颁布了《中华人民共和国教育法》（1995 年 3 月，全国人大）；

• 确立“科教兴国”战略（1995 年 5 月，中共中央、国务院）；

• 颁布《义务教育法》（1986 年），《教师法》（1993 年），《职业教育法》（1996 年），《高等教育法》（1998 年）等；

• 颁布《面向 21 世纪教育振兴行动计划》（1998 年 12 月，国务院、教育部）；

• 颁布《中共中央国务院关于深化教育改革全面推进素质教育的决定》（1999 年 6 月，中共中央、国务院）；

• 颁布《国务院关于基础教育改革与发展的决定》（2001 年 6 月，国务院）；

• 提出：“要全面贯彻党的教育方针，坚持育人为本、德育为先，实施素质教育，提高教育现代化水平，培养德智体美全面发展的社会主义建设者和接班人，办好人民满意的教育。”（2007 年，“十七大”报告）；

• 颁布《国家中长期教育改革和发展规划纲要（2010—2020 年）》（2010 年，国务院）。

2. 我国教育政策与教育改革的特征与走向

（1）体制的多元与开放

我国教育政策的一个基本特征与走向是在一定限度内促进教育体制多元与开放的过程。教育体制的多元首先指的是教育系统中主体的多元而导致的利益多元。英博（Dan E. Inbar）等人指出，在发展中国家，虽然不可能具体地说出所有相关的利益群体，但至少可以肯定存在两个利益群体，一是教育的提供者（主要是指教师），二是教育的消费者（家长、学生和雇主）。他认为，前一个群体如果得到很好的组织，就会在支持或者反对教育变革方面形成强有力的力量；后一个群体即消费者的力量也很强大，但其力量被分散，一般可以划分为不同的文化、职业或者社会经济等亚群体，不同亚群体在教育的数量和质量等方面存在不同的利益取向。[①] 一个合理的教育政策必须要考虑到各方面的诉求。改革开放以来，我国教育政策从单一政治主体的诉求逐步走向了考虑多元主体的诉求，尤其是考虑了学生自

① 英博．教育政策基础［M］．北京：教育科学出版社，2003：105，112．

身发展的诉求，甚至顾及了社会经济主体的诉求，使得教育更加符合社会经济发展的需要。但是，这些主体往往被作为利益主体或经济主体看待，许多时候他们只是消费者，所满足的往往是从经济角度出发的诉求。但是对于一些主体的文化诉求、非利益的价值诉求，则还需要进一步地予以放开。由于主体诉求的多元化，所以教育也走向了更加开放的方向。自从1983年邓小平提出“教育要面向现代化、面向世界、面向未来”以来，我国教育政策的导向更加走向国际合作、办学多元以及政策的未来针对性更加明确的方向，这些都是政策开放性的体现。

随着教育对个人发展和社会塑造的功能的日益加强，教育系统的主体必然日益多元化，许多新的主体必然向教育提出更多的诉求，并且参与到教育中来，从而使得教育系统面临更加多元和开放的问题，促使教育政策作出更加多元和开放的调整，这既是社会现代化提出的必然要求，同时也是教育政策所要面对的问题以及发展的方向。

（2）教育的公平与效率

公平与效率的问题是一切社会政策所必须要考虑的核心问题。自从改革开放以来我国教育一直处在公平与效率的两难之中。教育公平包括受教育机会的公平、受教育过程的公平、教育结果的公平，其中，受教育机会的公平和受教育过程的公平在义务教育领域更加突出。义务教育是一个国家教育政策所要保障的基本对象。1948年的《联合国人权宣言》规定，“不论什么阶层，不论经济条件，也不论父母的居住地，一切儿童都有受教育的权利”。2006年新修订的《中华人民共和国义务教育法》规定：“义务教育是国家统一实施的所有适龄儿童、少年必须接受的教育，是国家必须予以保障的公益性事业”“凡具有中华人民共和国国籍的适龄儿童、少年，不分性别、民族、种族、家庭财产状况、宗教信仰等，依法享有平等接受义务教育的权利，并履行接受义务教育的义务。”因此，创造条件保障每一个适龄公民享有基本的义务教育，是国家义不容辞的责任。在我国，一些地区由于经济发展水平和教育投入的问题，导致适龄儿童在义务教育阶段失学的情形依然存在。从教育政策的宏观层面，我国义务教育的投入还存在着地区差异、城乡失衡等方面问题，这些问题导致教育资源分配的严重失衡，导致了义务教育在地区之间、城乡之间不公平现象的存在，这是政策层面上导致儿童享受受教育权利缺失的重要原因。同时，这种失衡还导致了教育结构上的不均衡，使得教育资源在区城结构和城乡结构中不均衡配置，甚至导致教育资源校际间的不公平。一方面导致择校甚至高考移民等风气的盛行，另一方面也导致了儿童在受教育过程中的公平受到侵害。当前，我国义务教育公平在社会转型的特定历史情境下遭遇了一些新的挑战，主要表现为：（1）城乡和区域义务教育发展失衡；（2）校际差距越来越大，教育公共服务日趋不平等；（3）边远贫困地区和少数民族地区儿童、残疾儿童以及进城务工农民子女等特殊群体在追求公平的义务教育过程中正遭遇一些新的因素制约；（4）“权钱”择校扩大了义务教育机会的不公平，降低了人民群众对教育的满意度；同时，在市场经济建设过程中，随着经济收入差距的拉大，人民群众的教育需求也越来越多样化，而现行的公立教育系统难以及时作出回应。① 这些都是我们教育政策急需面对的问题。

同时在追求效率的旗号下，教育产业化也十分盛行，这在高等教育领域尤为泛滥，甚至在义务教育领域也大有蔓延之势，名校办民办等大肆盛行。产业化的措施在追求效率的同时，大大损害了公平，尤其是受教育过程中的公平。由于受教育机会和受教育过程公平的缺失，也必然带来受教育结果公平的缺失。这是社会转型期我国教育政策需要积极面对的极其重要的问题。

四、课程执行：教育系统与教育转型的微观运行机制

（一）以课程为中心的教育微观运行机制

课程在教育系统中处于核心的位置，一切狭义的教育活动都是以课程为中心的。同时，课程在整个教育系统中也是最为明显的结构。因其是教育的基本形式，所以从某种意义上说，认识某种教育的形式甚至本质都离不开对这种教育中的课程的认识。因此可以说，在认识意义上，把握了某种教育的课程，也就把握了这种教育本身所蕴含着的目的诉求、观念理解以及运行方式。因此，在整个教育系统中，课程成为了所有要素会聚的焦点，成为教育各要素最终指向的落实对象。而对于教育微观场域的运行而言，课程的执行有着特殊的位置。学校作为教育执行的机构，其

① 鲍传友．转型时期我国义务教育公平的内涵与政策取向［J］．教育科学，2007（5）．

一切活动都是以课程执行为中心来组织的。因此，可以说课程的执行带动了整个教育的微观运行。由于课程的编制、教材的编写等涉及课程政策等更加宏观的范畴，并且无论是课程编制还是教材编写，最终都是为了并且也要落实为课程执行——可以说在课程的一切要素中，课程的执行乃是核心。所以，当我们考察教育的微观运行时，仅考察课程执行这一要素。

1. 以课程为中心的教育微观运行结构

课程在大的方面受到国家课程政策的影响，但是国家课程政策只是规定了宏观层面课程改革和发展的方向及框架，不可能顾及学校层面具体行为细节上的操作。从微观层面讲，教育主要是由以课程为中心的教育活动。教育活动的结构是由教师、学生和课程执行三个方面所构成的。其中，教师和学生是教育活动中的主体性构成，而课程执行则是联系这两大主体的手段，是他们之间关系的构成形式。正是在课程执行的过程中，产生了教师和学生这两大主体之间教育性的互动，从而产生了教育活动。因此，如果去除主体性因素，单就考虑客观的教育系统而言，课程执行乃是微观教育活动的中心要素，一切微观的教育资源、教育手段和教育关系，都必须依靠课程执行来调动和联结。课程执行是教育微观运行的核心手段，也是一切微观教育手段的中心。教育微观活动结构图式如见图 15。图 15 中的教育关系是指除教师—学生关系之外的所有微观教育关系，例如学校的管理关系等。

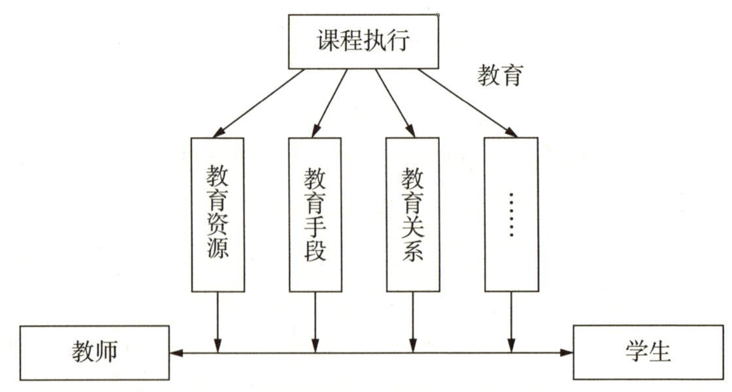

图 15　教育微观活动结构

2. *以课程执行为中心的学校组织及其文化*

学校是课程执行的场所，在这个场所中建构了课堂等课程执行的场域，在其中微观教育活动的主体联结为教育关系，并实施各种微观教育活动。因此，学校这一组织和课程执行之间有着密不可分的关系。一定程度上，学校是课程执行组织和管理的主体，而课程执行则是学校组织和运作的中心，学校的一切活动都是围绕着课程执行而运行的。

首先，学校作为一个教育机构，它是课程管理和实施的主体。学校课程管理主体是指中小学校以课程管理的主体意识与方式，发挥与发展教育者与学习者的主体性。“作为课程管理的主体之一，中小学校应依据国家和地方的课程政策，结合自身的培养目标和办学条件，考虑社区特点、家长期望和学生需求等相关因素，通过对学校课程的整体规划与实施，建立结构合理、富有弹性和充满活力的课程体系与教学局面，以促进教育者与学习者主体性的建构、发挥与发展。”① 因此，在课程的微观运行形态中，学校发挥着极其重要的作用。学校要在自己的层面上，协调社区特点、家长期待和学生需求等各方面的要素，形成具体的教育关系和课程环境，使得教学活动（即课程执行）得以有效地实施。最终课程的执行还是要落实在课堂上的师生关系之中，因此，学校是课程管理和实施的主体，在很大程度上是课程环境塑造和课程关系构造的重要主体。现在，我国的课程体系实施的是国家、地方和学校三级课程机制，因此学校还是校本课程的制定主体，但是除此之外，无论是国家课程还是地方课程，最终都要依靠学校才能真正地落实和实施。学校开展课程规划既是课程政策变革的要求，也是学校实现自身价值的需求，它们共同构成了学校课程规划的驱动力。学校课程规划不只是简单地实施国家课程和开发校本课程，它要求学校将国家课程、地方课程和校本课程作为一个整体来通盘考虑和设计，以反映出一所学校的办学思路和特色。从一定意义上讲，一所学校的课程规划是否合理有效，更取决于两者的合力效应。② 因此，对于学校的运行而言，所要思考的核心问题是如何有效地促进教学活动（课程执行）。

其次，学校这一场所是以课程为中心的活动场域。学校是微观教育实施的主要机构，它存在的核心目的就是为了实施课程，进行有效的教学活动。就其目的而言，学校的一切设置都应该是以课程的实施为中心的。因

① 张相学．学校课程主体论的涵义、困惑与实施［J］．当代教育科学，2009（24）．

② 和学新，乌焕焕．学校课程规划：动力、向度与路径［J］．中国教育学刊，2011（2）．

此，对学校而言，无论是校园环境、空间布局等硬件设施，还是制度建设、文化塑造、主体构成等软件建设，都应该是围绕着这一核心目的而存在的。所以，就学校的客观构成而言，其一切的构成要素都将这一场域塑造成为一个课程实施的场域，这是作为一个场所的学校的核心要义。如果学校的构成要素违背了这一目的，严格地讲都已经超出了学校本身的意涵。同时，所有的对于课程甚至教育的意图或理想，都必须在学校这一场域中才能得到实施。从本质上讲，学校就是课程实施的场域。

再次，学校文化是以课程为中心的文化塑造。“所有的文化……都可以看做人对周围力量施加影响的方式”①，学校文化（或校园文化）归根到底就是为了课程执行而对学校这一场域施加的文化影响。整体建设学校文化推进课程的实施，体现出将课程与学校文化建设有机融合。如有的学校从物质文化、制度文化、精神文化、行为文化、课程文化、教师文化和学生文化等方面进行全方位“空气养人”的校园文化建设。这些都反映出学校对推进课程与学校文化建设相结合的高度认同，是一种大课程观的教育理解。

（二）课程改革与教育转型

在教育系统的一切要素中，教师和学生之间的教学关系是最为基本的教育关系，也是最终的教育关系。一切的观念也好，投入也好，政策也好，最终都要落实在课程上，才能够在有形的教育系统中生根。课程内容和课程模式是教育的基本存在形态，教育的转型最终体现为课程的转型。教育观念的转型带来的最大变革就是课程的转型。课程问题实际上涉及的是为什么教、教什么和怎样教的问题，是教育目的、教育方法和教育过程的具体体现。此外，教育观念只有影响到课程，才能最终成为实现了的观念；教育投入在本质上是对课程的关系主体和客观条件的投入；教育政策最终是要引导课程的实施和方向；教育结构是课程实施在教育宏观层次上的体现。

1. 课程改革与课程自身的转型

综观20世纪70年代以来的课程实施研究，研究者或从课程创新视角分析课程的技术取向、政治取向和文化取向；或从课程转变多元向度分析课

---

① 皮尔森．文化战略——对我们的思维和生活方式今天正在发生的变化所持的一种观点［M］．刘利圭，蒋国田，李维善，译．北京：中国社会科学出版社，1992：17.

程的立场或意向、目标、学生前设行为、评估工具和程序、教学材料、学习者经验、教学策略、内容和反复、时间等要素；或从基于关注采用模式分析课程所处的关注阶段、使用水平、创新形貌；或从影响因素分析创新或变革计划的特征、学校特征或角色、外在因素等。[①] 这些考察其实都关涉着一个核心的要素，就是课程本身。课程改革的基本对象乃是课程自身，其基本目标亦是促进一种更合时代和教育目的的新课程诞生。当今，课程的一个主要变革是从学科课程向经验课程的转变，也即从泰勒所开创的现代课程向后现代课程的一种转变。

学科课程相对于经验课程而存在，两者之间的矛盾关系构成了课程发展的永恒张力。所谓学科课程，是以文化知识为基础，按照一定的价值标准从不同知识领域或学术领域选择一定的内容，根据知识的逻辑体系将所选出的知识组织为学科。[②] 这种课程开发首先遵循"知识最大价值原则"选择课程内容，然后按照知识内容的逻辑规律组织课程。由于它尊重了知识本身的内在发展规律，并根据学习者的心理特点进行了系统组织，所以它能快捷高效地传递人类文化遗产的精华，加速新生一代文化化或文明化的进程。这是学科课程的合理性所在。但是由于学科课程把知识的逻辑规律置于课程开发的中心，而把学习者的个性需要、心理规律置于边缘，这种先天缺陷极易导致学习者的个性发展服从于文化传递或成为文化传递的隶属品，最终可能导致文化对个性发展的控制乃至压制。[③] 而经验课程则认为"在儿童经验的自身里，怎样早已包含着正如组织到系统化的科目中取得那些同类的因素——事实和真理，更重要的是要看到，在儿童经验的自身里，怎样早已包含着在发展和组织教材达到现有水平中已经起着作用的那些态度、动机和兴趣"[④]。

课程的这种转型在本质上是教育关系的根本转变，让学生回归到教育的主体性关系中来，并改变以往学科教育中容易出现的知识本位以致"填鸭式"的教育方式，从而回归到"课程"一词所本有的"学生学"的本然意义中来，同时使得教学的知识模式转变到教学的课程模式中来。

---

① 李子健，黄显华．课程：范式、取向和设计［M］．香港：香港中文大学出版社，2002：311－322.

② 钟启泉，张华．课程与教学论［M］．广州：广东高等教育出版社，1999：215.

③ 张华．课程流派研究［M］．济南：山东教育出版社，2000：106－108.

④ 赵祥麟，王承绪．杜威教育名篇［M］．北京：教育科学出版社，2006：68－69.

2. 课程改革与教育系统的独立性

教育系统外在的各种力量想要来干预教育时，最终都落实为对课程的干预，即干预教什么、怎么教和教的结果。课程改革在本质上是使教育回归到教育关系及其规律中来，并且是回归到教育直接的相关主体的关系中来。同时，由于课程是教育最终要落实的对象，所以也带动了整个教育系统回归到这种教育主体关系中来，使得整个教育建立在自身的关系当中，从而带动了整个教育系统的独立性的形成。课程改革的一个重要目的就是带动整个教育系统独立性的回归。可以说，在当下的中国教育中，如果教育系统都建立在新课改的理想中，那么其内在与课程相应的教育政策等实际上就需要剥离其他社会系统的强势影响，而主要受教育关系的节制，其他社会系统则需要回到从属的位置。

3. 课程改革与政策转型

有研究表明，大多数的改革只涉及某种课程的变化，或在有限范围内引进一些新的教学方法和辅助手段。很少的改革涉及从根本上变革教育体制及其基础和现行的办学模式。[①] 但是当下的课程改革则向教育体制等更深层面提出了新的要求。在教育政策的层面，这种新的要求首先体现在课程政策上。

从结构维度看，课程政策主要包括三层含义：第一，课程政策是规范性规则。课程政策是学校应当教什么的正式的法律法规，是国家为实现课程宗旨而制定的行为准则。它规定了课程行动者在课程活动中“应该而且必须如何”：一方面课程政策是课程行动的蓝图或模板，是指向课程行动者的一串串期望，成为衡量一个课程行动好坏的价值标准；另一方面课程政策以课程权力为强制力，要求课程行为必须如此，否则就会受到相应的惩罚。第二，课程政策是理解性规则：官方的课程知识。作为课程知识，它是课程行动者理解课程世界是什么和应该是什么的方式，也是课程行动者提出课程问题和解决课程问题的视域；作为官方文本，它把官方认可的课程理论变成一种意识形态，并在整个课程领域推广。第三，课程政策是课程资源的权威分配。课程行动的根本目的在于获取有价值的课程资源以维持和增进自己的课程利益。政府的职责就是对“课程资源应该如何分配”

① 库姆斯．世界教育危机——八十年代的观点［M］．赵宝恒，等，译．北京：人民教育出版社，1990：22.

进行权威安排。课程政策就成了政府对课程资源进行权威分配的主要形式。[①] 当下的新课改是一种根本性的教育关系的转变，它首先意味着“教什么”的根本改变，因此必然意味着课程规范的根本转变。世纪初刚实行课改的时候，首先需要做的就是制定新的课程标准和纲要。同时，新课改还意味着“怎么教”的根本转变，这使得课程在实施的过程中必然需要更大的灵活性，这种灵活性造成了课程的规范性规则和理解性规则之间的新的关系，使得理解性规则具有更大的发言空间。最后，新课改还意味着“谁来教”的问题，这使得教育的主要主体不断向下一级延伸，越是下一级的教育主体越是具有更大的主体性，因此教育资源的分配也越是向下一级教育主体扩张。

课程改革还影响着教育投入。因为教育作为形式化的教育，它必然也是实体化的教育，它需要教育投入将课程计划等落实为实体，才能成为真正的教学过程。从另外一个角度，课程作为人的活动，它需要依靠一定的客观物质条件方能实施。因此，一项课程改革的计划形成势必向教育投入提出新的要求。这主要体现在，首先新课改要得到推行必须得到与之相应的资源配置，新的课程方式意味着新的教育手段和新的教育环境，新课程本身的内容对保障这些手段和环境的资源投入提出了更高的要求；同时，新课改要向全国范围内推行，也必然要求教育投入要照顾那些教育资源匮乏的地区。

4. 课程改革与教育关系转型

课程是一种强势的教育载体，它也是调整微观教育活动中主体间关系的重要依据。当教师拿到的课程标准和教材与以往不同时，他们势必要改变自己原有的课程观念，以适应新的课程教学；同时，课程观念的改变势必带来相应的如何教学以及教学是什么的改变，并最终带来学生观念的改变。在新课程的实施中，涉及教师和学生两个主体，教师是教的主体，学生是学的主体，当新课程产生后，带来了新的教与学的关系。这组关系的变化，也带来学生知识观、学习观等的深刻变化。

目前理论界有从“教学论”话语向“课程论”话语转换的趋势[②]。这其中的缘由主要就是这种教学关系的转变而带来的。在教学论的话语中，一切都是以“教学”活动为中心，侧重于“教”的方面，而“学”只是对

① 杨道宇．我国课程政策研究的回顾与反思［J］．教育与职业，2011（12）．

② 陈桂生．普通教育学纲要［M］．上海：华东师范大学出版社，2009：119．

“教”的回应。这种观念在当今的课程文献中受到越来越多的质疑，并对课程的拉丁文词源有了新的理解。“currere”一词的名词形式意为“跑道”，由此课程就是为不同学生设计的不同轨道，从而引出了一种传统的课程体系；而“currere”的动词形式是指“奔跑”，这样理解课程的着眼点就会放在个体认识的独特性和经验的自我建构上，就会得出一种完全不同的课程理论和实践。因此，课程论的话语更接近于“学程”的意涵，使得“教”为“学”而行。新课改应和了这种理论话语的转换，着力塑造一种新的教育关系。

5. 课程改革与学校转型

有论者提到，课程改革是学校变革的核心部分，改革开放三十多年来，学校课程经历了“学科课程的恢复与重置、课程权利共享和类型多样化、基于素质教育的学校课程系统重构”三个变革阶段。权利分享、结构多元、引领素质教育成为当前课程改革的基本趋势，但课程改革同时也面临着缺乏系统支持、教师教学能力转换不及和素质测评技术滞后的困境。[①] 因此，新课改必然对学校层面的系统支持、教师能力和评估手段等提出新的要求，使得学校层面的运作产生合乎新课改需要的转变。

1999 年颁布的《中共中央国务院关于深化教育改革全面推进素质教育的决定》指出：“调整和改革课程体系、结构、内容，建立新的基础教育课程体系，试行国家课程、地方课程和学校课程。”课程教材三级管理模式的运行，使课程权力部分下放到了学校这一层面。在以往单一的国家课程体系中，课程的执行是自上而下的，学校被政治化、行政化所浸染，成为执行国家课程意志的消极主体，在某种程度上是学校主体性缺失的表现。但是新课改课程权力的下放，使得学校成为课程执行的积极主体。这种积极主体不但体现在学校有制定校本课程的权利，更重要的是借着这种权力的下放，使得学校在执行各种课程的过程中具有了更加积极主动的能动性。学校在执行课程的过程中，应“以满足学生教育需求为轴线。满足学生的教育需求是一切形式的校本课程开发活动的终极追求，包括学校对国家和地方确定课程的调适和改变，包括学校新设课程，均需要从学生的教育需求出发”[②]。这实际上是一个使国家课程和地方课程“校本化”的过程。因此，在这种新的课程体制中，学校作为课程执行的积极主体，需要考虑的

① 周彬．学校课程改革 30 年：重建与转型［J］．教育理论与实践，2010（3）．

② 李臣之．校本课程开发：一种广义的认识［J］．课程·教材·教法，2005（8）．

是“关于国家课程、地方课程和校本课程，学校目前还没有做到什么或什么在今天是不可能的？但是如果做了，是否能够根本变革整个课程体系并改善课程对学习者的教育效果？”[①] 这样一类积极性、主体性的问题。总的来说，新课程要求学校具有课程决策能力、课程整合能力、课程实施能力、课程评价能力、课程开发能力和课程研究能力。[②]

此外，课程改革还带来学校社会结构的转型。首先，当学校师生之间教与学的关系产生变化后，势必带来整个学校关系结构的变化，因为教师和学生是学校结构中最主要的要素。同时，新课改还要求学校在微观支持系统上发生转变，所以必然带来学校管理体制等方面的变化，使得整个学校的运行以新的课程关系为核心，也会带来学校层面的学校与教师的管理关系转型，这种转型首先表现在以往的学校管理是以上级教育行政部门为主位的，而现在则应当以教师的教学为主位。

6. *课程改革与教师转型*

每一个课程的实施其实都有其心理、文化、德育等各个方面的目标，而这些目标的实施有赖于对儿童心理、课程结构、课堂社会等各方面知识的了解。因此，尤其对于新课程改革而言，教师的培训非常重要。美国学者本尼斯（W. Bennis）认为：“变革过程中会遇到各种阻碍，其中最大的阻碍便是教师的惰性，这在课程变革中表现得最为明显”。这里的“惰性”，我们可以把它理解为“习惯做法”[③]。有人总结，20 世纪 20—30 年代进步主义教育改革运动，以及 20 世纪 60 年代的布鲁纳课程改革运动，其失败的重要原因之一都是由于教师对改革的新理念没有正确理解、充分把握，而且教师的能力不胜任新任务。[④] 因此，教师自身的素质、教师的课程组织能力以及课堂应变能力，是新课改的关键要求。

有研究者分析，我国现今课程改革所遭遇的教师方面的阻力主要“由于受传统的课程管理体制以及师范教育人才培养模式等因素的影响，中小学教师在课程实施中始终处于‘忠实执行者’的层面，只有选择‘怎样教’的权利，而没有选择‘教什么’的权利，缺乏必要的课程意识和课程生成

① 布拉德利．课程领导——超越统一的课程标准［M］．吕立杰，等，译．北京：中国轻工业出版社，2007：10.

② 朱超华．新课程视角下的教师课程能力的缺失与重建［J］．课程·教材·教法，2004(6).

③ 施良方．课程理论：课程的基础、原理与问题［M］．北京：教育科学出版社，1996：146.

④ 史鉴．教师培训——推进课程改革的关键［J］．课程·教材·教法，2003（2）.

能力。”[①] 因此，新课改也带来了我国教师培养从“师范教育”向“教师教育”的转型。

我国最近几年在政府文件中以“教师教育”替代了长期使用的“师范教育”的概念，提出了“完善以现有师范院校为主体、其他高校共同参与、培养培训相衔接的开放的教师教育体系”。这是对教师教育事业发展的客观反映，是对教师教育未来发展趋势的准确把握。由“师范教育”向“教师教育”的转型是指，由独立的师范教育向依存型教师教育转变；由国家包分配的定向型师范教育向以就业市场为主的非定向型的教师教育转变；由封闭型的师范教育体系向开放型的教师教育体系转变。[②] “师范教育”与“教师教育”不同。“师范教育”具有如下特征：第一，师范院校与教师培养几乎是同一概念，教师由师范院校负责培养，师范院校也只培养教师；第二，师范教育是一个独立、封闭的体系，师范院校从低级到高级自成一体，普遍实行定向招生、定向教育、定向分配和免交学费政策，在我国，还实行师资队伍只向师范生开放的政策，拒绝非师范院校毕业生进入教师队伍；第三，师范院校是单一型院校，综合水平低，学术研究要求不高，社会经济发展的变化对学校影响不直接，学校对社会经济的变化不敏感；第四，教师养成局限于职前培养阶段，终身学习、终身发展的意识尚未建立，教师的专业发展、继续教育缺乏制度保障，教师的职前培养与职后培训相脱离，缺乏整体规划。而“教师教育”的特征则是：第一，教师资格制度替代师范生定向招生、定向分配制度；第二，教师教育的学历层次明显提高，国家明确提出小学教师的学历要求以本科为目标；第三，师范院校从单一型向综合型发展，师范院校综合实力不断加强，学科教育与教师专业教育相分离，教师教育成为师范院校的重要优势和特色；第四，教师专业化和教师教育工作者的专业化成为教师教育的依据和导向，教师教育成为一个专门研究领域和学术领域，教师教育与所有学科一样，逐渐建立起自己的学术规范和学术标准；第五，教师发展终身化和教师教育一体化的“一朝受教，终身受用”观念被更新，教师的持续发展和继续教育被认为是提高教育质量的关键。国家对教师培养和培训从理念、课程到机构、资格制度进行全程规划。[③]

---

① 钟勇为，郝德永．课程意识：蕴含与路径［J］．当代教育科学，2005（8）．

② 陈丽．教师教育“转型”的反思与对策［J］．北方经贸，2008（1）．

③ 袁振国．从“师范教育”向“教师教育”的转变［J］．中国高等教育，2004（5）．

在实践层面上，教师教育的转型是从传统的师范技能教育向教育理念教育的转型。这种转型是课程政策改革提出的必然要求。新课改将课程推向了一个更加开放也更加灵活的状态，这种开放性和灵活性要求教师在教学中要有更大的能动性和组织力，使得教育活动真正回归到课程本身所蕴含的“为不同学生设计的不同轨道”中来。

专题四

教育转型的价值变迁与期待

如何考察教育价值观的变迁呢？萨特（Sartre）说："当我们说人自己作选择时，我们的确指我们每一个人必须亲自作出选择；但是我们这样说也意味着，人在为自己作出选择时，也为所有的人作出选择。因为实际上，人为了把自己造成他愿意成为的那种人而可能采取的一切行动中，没有一个行动不是同时在创造一个他认为自己应当如此的人的形象。……在模铸自己时，我模铸了人。"[①] 在萨特看来，人类的未来形象与命运就攥在每个人的手中，教育的未来也在每个人的价值期待之中。那么，考察教育价值观变迁就要关注每个人的价值期待。这就使这种考察由于价值对象的无穷无尽而变得不可能。恩格斯指出："历史是这样创造的：最终的结果总是从许多单个的意志的相互冲突中产生出来的，而其中每一个意志，又是由许多特殊的生活条件，才成为它所成为的那样。这样就有无数互相交错的力量，有无数个力的平行四边形，由此就产生出一个合力，即历史的结果，而这个结果又可以看作一个作为整体的、不自觉地和不自主地起着作用的力量的产物。"[②] 每个人的活动都是有意识的，有意识的价值选择活动汇成的历史总进程是无目的的，教育的未来不仅不是由每个人来决定，而且通常是违背他们的意志的。恩格斯的历史合力论是有道理的，它揭示了历史发展存在着不以人的意志为转移的规律。但是，如果仅仅关注历史规律造成的历史结果，价值观变迁的考察就变得无意义了。我们似乎进入了一个两难境地，仅仅看个人选择或历史结果都否定了这种考察。

---

① 萨特．存在主义是一种人道主义［M］．上海：上海译文出版社，1988：9.

② 马克思恩格斯选集：第4卷［M］．北京：人民出版社，1995：697.

研究中国社会转型与教育价值观变迁这一问题，似乎还有一条道路，研究社会转型 A 与教育价值观变革 B 的关系：由于 A 中的 a、b、c（社会环境的某一因素）发生了变化，于是 B 中的 a、b、c（观念变革中的某一观念）也发生了变化。这种简单地由 A 引发 B，由 B 又反作用 A 的考察，常常丢掉了未经考察甚至未被注意的言说根据。

社会科学的研究不同于自然科学的研究，自然对自然科学的忍耐是有限度的，自然不会服从一个错误的科学定律；精神对社会科学的忍耐是无限度的，精神常常会服从那些荒诞无稽的假说。因此，社会科学研究者比自然科学研究者应该具有更多的对自己言说的责任感，他应该努力去成为一个不受人迷惑也不迷惑人的人。在研究中，首先要考虑的是言说的根据，此一根据将明确的观念与模糊的意见区分开来。本研究不仅谈价值观变迁，而且谈凭什么来谈价值观变迁。

一、价值与教育价值链

考察价值观变迁问题，要从价值入手。对于价值问题，人们似乎已经很熟悉了，流俗的观点是将价值看作主体需要与客体属性相结合的产物。一方面，价值离不开主体需要，凡是能够满足主体需要的东西，就是有价值的。凡是不能满足主体需要的东西，就是没有价值的。凡是对主体有害的东西，就只有负价值。另一方面价值离不开客体。客体的属性既是价值的物质承担者，又是限制主体满足程度的条件。客体的属性和主体的需要二者的辩证统一，形成价值的实质。这是一种静态的关于价值的观念。这种观点有一个重大的缺陷，即将在主体需要和客体属性两者结合中最重要的“焊接点”——选择自由丢失了，在价值问题上看不到人的自主性。

在有主体需要和客体属性的前提下，是人的自由选择将价值“带入”这个世界，主体的需要并不具有选择自由意义上的自主性，需要含客观性因素。植物需要阳光和水，人需要食品、睡眠等。需要不一定就是“我的”需要（由我决定的），医生能给出患者的需要，教师能给出学生的需要。需要不同于想要，如吸毒者想要的恰恰是医学上、法律上不需要的。教育上满足学生的需要，并不就是满足学生的想要，学生想要的东西，在教育学上可能是不需要的东西。需要是人对客体属性能满足主体的一种客观缺乏的认识。需要不同于选择自由，所以，在价值问题上应该“立”选择自由这一“目”。价值是事物的客观属性、主体需要和选择自由三者结合的产物。从表面上看，水对于机体缺水的人是有价值的，水的属性可以满足机体对水的客观缺乏，这似乎就构成了水的价值。但实际上并非如此，水的价值取决于主体的选择。仅仅对于选择了求生的人，水才具有价值；对于选择绝食而死的人，水则没有价值。由此可见，仅有客观属性和主体需要（特别是生理性需要）还不能产生价值。人的需要是多层面的，人是千百种需要的凝聚体，它不可能一下子满足所有的需要，因此，需要必然是选择了的需要。主体需要和客体属性是被选择自由所激活的，价值不是客体属性和主体需要的被动的一致、适应、结合，而是在这两者基础上人的自由选择的主动追求的结果，是选择自由使价值世界五彩缤纷。

价值属于“应当”范畴，教育价值围绕着“应当”形成了一个价值链。教育是在广义上谈论某种要求，在不涉及任何人的愿望或意愿的情况下谈“应当”。例如，“老师应当有爱心”“师生关系应当是民主、平等的”。这种“应当”可以表述为“一个 A 应当是 B”，“一个不是 B 的 A 是一个坏 A”。在涉及教育时，这种“应当”的要求都被视为有其合理性。有多少价值设定，就有多少这类的“应当”。这类“应当”是教育规范。

在众多的规范中有着价值目标与基本规范，它们保证着教育学科的方向性，统领着其他规范。例如，在教育中“人的全面发展”是价值目标，“以人为本”是基本规范，价值目标和基本规范统领着所有其他规范（师生平等、彼此尊重等）。相对于价值目标和基本规范，其他众多的规范称为派生规范，派生规范有价值目标和基本规范的理念，同时具有与其他规范不同的特殊内容。

在教育中，一旦在一定意义上、一定范围内确定了价值的好与坏，人们会在比较性的价值估量中划分出较好的、好的和最好的与较坏的、坏的和最坏的。进而，人们就会对这个决定发生兴趣，就会去研究哪些内在的和外在的条件为这个意义上的好或坏提供保证，哪些不能提供保证。例如，由师生平等关系的价值设定发展出了主体性教育关系、主体间性教育关系、共同主体性教育关系的理论讨论。这种讨论又产生了有争议的好与坏的探讨。例如，在主体性教育探讨中，有学者认为师生单一主体性的教育关系不如师生双主体性的教育关系好；在主体间性教育探讨中，有学者认为主体间性教育比主体性教育好。这些讨论的目的是为建构平等的师生关系提供保证，可以视为条件性的论证理论。

如果进一步追问：这种好与坏是建立在价值认定基础之上的，然而，这个价值认定的基础是由什么来决定的？我们是否可以把主观随意性排除掉？关于这种问题的研究属于基础性论证。萨特说："我的自由是各种价值的唯一基础，没有任何东西，绝对没有任何东西能证明我应接受这种或那种价值，接受这种或那种特殊标准的价值。我作为诸价值赖以存在的存在，是无可辩解的。我的自由之感到焦虑是因为它成为诸价值的基础而自己却没有基础。"① 在萨特看来，价值是由自我选择赋予的，我是价值的基础。但这个我却没有可依托的基础，即我必须依靠自己的自由选择决定自己，放弃选择本身也是一种选择。如果说人还有什么不自由的话，那就是他"不得不"自由。他在《存在与虚无》中描述的发过誓不再赌的赌徒面对赌桌的焦虑（赌徒发现不赌是一种可能性，正如赌是另一种可能性一样，在赌桌面前他是自由的），就是每个人面对抉择时的存在论状态。他将价值的基础置于自由选择之上，价值就成了主观随意性的东西。

萨特在《存在主义是一种人道主义》的演讲中说过一件事："让我举我的一个学生为例。他是在下述的情况下来找我的。他的父亲正和他的母亲吵架，而且打算当'法奸'；他的哥哥在1940年德军大举进攻时阵亡，这个年轻人怀着一种相当天真但是崇高的感情，发誓要替哥哥报仇。他母亲单独和他住在一起，对他父亲的半卖国行径和长子的阵亡感到极端痛苦；她唯一的安慰就在这个年轻儿子身上。但是她儿子这时却面临着一个抉择，那就是或者去英国参加自由法国军队，或者和母亲在一起，帮助她生活下去。……一个行动很具体，很直截了当，但只是为一个人着想；另一种行为的目标要远大得多，是为全国人民的，但是正因为如此，这个行动变得没有把握了——它说不定会中途夭折。……同样，在来找我之前，他也知道我将会给他什么忠告，而且我只有一个回答。你是自由的，所以你选择吧——这就是说，去发明吧。没有任何普遍的道德准则能指点你应该怎么做：世界上没有任何的天降标志。"② 萨特的自由观会使整个教育的价值问题归于虚无。萨特的这种基础性论证是：我是诸价值的基础，但这个基础本身是无基础的。他为价值提供了一个无基础（无依靠）的基础（自我选择）。

① 萨特．存在与虚无［M］．北京：生活·读书·新知三联书店，1987：72.

② 萨特．存在主义是一种人道主义［M］．上海：上海译文出版社，1988：13－16.

与此相反，宗教用存在观念支撑着应当观念。最高的存在（神）是最真实的存在，同时成为价值等级中的顶峰，存在与完美性结合在一起。"'存在'是一种具有神性的实体，而价值则是这种神性实体的表征。'存在'与'价值'是一体的。具有神性的实体既是万物之本、之源，并先验规定着现实世界中一切事物的存在和发展；同时，它又是万物之规、之矩，自然、社会以及人的全部活动都在这种绝对律令和普遍法则的统摄之下。"① 人应当遵循着神的旨意，诸如"你们希望他人应当施之于你们的，你们自己也同样应当施之于他人"的训诫来自于《圣经》的启示。人从对上帝的信仰中获得价值，上帝是人应当做什么、不应当做什么的最终根据。如果上帝不存在，作为价值的"应当"就失去了根据。宗教虚构出一种存在，从存在中推导出应当。

为了不使价值问题成为无根基的（萨特式的无基础或者宗教式的虚幻基础），必须为它找到一个现实的基础。胡塞尔（Husserl）曾引用了这样一段话："人们应当做什么的问题始终可以被回溯到人们为达到某个目的必须做什么的问题上去；而这后一个问题与另一个问题又是一致的，即：这个目标事实上是如何达到的。"② 说明了"应当"与"是"的关系。这本是一个生活中的常识。马克思主义价值观的"应当"是建立在"是"的基础上的，这个"是"要在社会发展趋势的相关理论中得到说明。

马克思主义哲学认为人类社会的活动有一个理想的"拉"（社会理想的指引——属于"应当"领域）与自然的"推"（历史是一个自然的发展过程——属于"是"的领域）两种力量。理想的"拉"来自于对自然（历史发展过程）的"推"的自觉认识。为什么一个合作、利他的生活比现实生存经验到的生活更值得过？为什么它能够成为一种理想？这不是基于伦理与道德上的纯粹主观考虑。马克思指出：工人阶级"不是要实现什么理想，而只是要解放那些在旧的正在崩溃的资产阶级社会里孕育着的新的社会因素"③。马克思主义哲学认为，人类的自为存在只能作为可能性从客观过程中产生，它从现实发展的客观规律出发去引申出理想问题，让理想从现实中现实地产生出来。从存在上理解价值，是马克思主义哲学的基本特征。

---

① 张军．元价值与规范价值：话语基础之分析［M］．人大复印资料《哲学原理》，2009（1）．

② 胡塞尔．逻辑研究［M］．上海：上海译文出版社，1999：48．

③ 马克思恩格斯全集：第17卷［M］．北京：人民出版社，1963：363．

固然，理想与社会实践的可选特征不可分割地联系在一起，但选择必须合规律。在马克思主义哲学中，理想与现实是统一的，马克思主义哲学中的应当观念（例如，人的自由全面发展的观念）是目的论设定与因果系统的统一，作为应当的理想不是一种纯粹主观上的诉求和预设。唯其如此，才能避免使教育价值变成言人人殊、飘忽不定的东西。

综上所述，教育有一个价值链：基础性论证—价值目标—基本规范—派生规范—条件性论证理论。马克思主义的教育价值链如下：社会发展趋势理论（基础性论证）—人的全面发展（价值目标）—以人为本（基本规范）—民主、平等的师生关系（派生规范 A）—围绕师生关系问题展开的主体性教育关系、主体间性教育关系、共同主体性教育关系理论探讨（由派生规范 A 引发的条件性的论证理论）。马克思主义的教育价值链中派生规范有许多，条件性论证因派生规范的不同也出现了不同情况。这里的“派生规范 A”是为了说明派生规范与其他诸环节的关系，而不意味着只有“派生规范 A”。在这个价值链之外，存在着一个教育研究的价值取向，它影响着教育研究的话语表达方式与教育理论研究者的价值关怀（为什么研究），进而影响到教育价值问题研究的深度。

教育价值链是一个相互联系的整体，存在着一种单方面的奠基关系，派生规范直接奠基于基本规范中、间接奠基于价值目标中、再间接奠基于基础性论证中。这样，教育规范的奠基就分为直接奠基与间接奠基。

同样是一个规范，相对于 A 价值链（例如，马克思主义教育学）来说，可能是一个因素，也可能是一个独立部分。例如，“教师要有爱心”，若它直接奠基于马克思主义的“以人为本”的基本规范之中，就是 A 价值链的一个不可分离的因素。若它奠基于教育现象学的规范中，就是相对于 A 价值链的一个独立部分。这个独立部分可能为 A 价值链借鉴与吸取（例如，马克思主义教育理论可以借鉴教育现象学的方法），可能成为 A 价值链的一个潜在的颠覆因素（例如，从教育现象学的规范走向现象学，使教育价值链的基础性论证成为现象学的论证，进而完全否定马克思主义哲学）。在教育价值理论中，提出基础性论证问题有助于提醒研究者注意，在五花八门的西方哲学思潮纷纷涌入我们的教育理论中来的时候，我们可能在彼此相同的论题中（“教师要有爱心”）说着相互反对的话（例如，基于马克思从现实出发或胡塞尔给现实加括号的基础性论证）。

由于教育规范的奠基关系分为直接奠基与间接奠基，这样，在教育价值链中，规范与奠基者之间就存在着邻居、邻居的邻居、邻居的邻居的邻居的关系状态，在教育价值链中也就形成了直接部分、贴近部分和疏远部分的各部分联系状态。有时教育规范只与奠基层 a 与 b 发生联系，例如，在对教师进行有爱心的教育中，只涉及“以人为本”的基本规范与人的全面发展目标，不会追溯到基础性论证（例如，追溯到马克思主义哲学的劳动创造人的基本原理）。教育价值链中的基础性论证可以在某种规范教育中不涉及，但它不是可有可无的东西。基础性论证这种若隐若现的状态常常使人忽略了它的存在，然而，一旦马克思主义教育学的基础性论证受到损害，教育就偏离了方向。一般来说，只有将教育价值观作为理论专题来把握时，才会将整个教育价值链收入眼帘。

随着社会转型，教育价值观发生变迁，但教育价值链不变。唯其如此，它才能为教育价值观变迁的考察提供一个参照系，使每一种教育价值观思想变迁在不同的层次上得以定位。本研究考察的教育功能发挥——政治功能—经济功能—育人功能的变化，与马克思的“完整的人”——当代教育的价值追求，属于价值目标层次；教育价值的关注点：主体性—主体间性—共同主体性的变化属于条件性论证层次；教育研究的价值取向：意识形态性—学术性—人文性的变化是在价值链之外的教育研究的价值取向。

二、“应当”与“是”的关系

阐述“应当”与“是”的关系是为马克思主义的价值内涵进行补充。教育的培养目标是人的全面发展（教育价值链中的价值目标），这是一种目的论设定活动。对目的论设定活动的探讨由来已久，卢卡奇（Lukacs）指出：“亚里士多德对目的论设定进行了分析，就是将其划分成‘想’和‘做’这两种行为。哈特曼（Hartman）对亚里士多德的这种分析作了补充。他把‘想’这个行为进而分解成‘设定目的’和‘选择手段’，从而在接近认识这个现象方面确实前进了一步；哈特曼还说明，‘想’这种行为的方向是从主体到（纯想象）客体，而‘做’这种行为却是一种‘反向规定’，因为在这种行为当中，导致这种‘反向规定’的那些步骤是从所规划的新的客体出发反向地加以设计的，这样哈特曼就把目的论设定大大具体化了。”[①] 亚里士多德与哈特曼对设定目的这种行为的分析对教育有积极启示意义，可以把教育行为分解为以下几个方面（见图 1）：

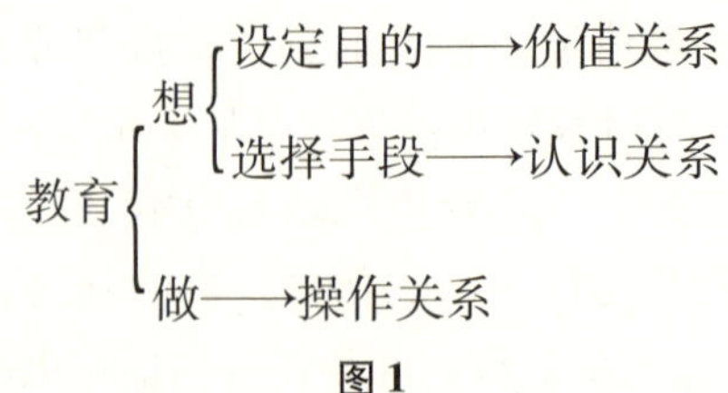

图 1

教育的目的论设定活动有三种关系。一是设定目的的价值关系。教育源自一种对于“完整的人”的渴望，其培养目标和教育的价值观是马克思主义全面发展的人。二是选择手段的认识关系，这是实现目的的思想准备。三是实现目的的操作关系，这是实现目的的实际实施过程。与哈特曼不同，教育的想与做都是从主体到客体、从客体到主体的双向运动，体现为实践与认识的循环往复的上升运动。第一种关系属于价值领域，第二、第三种关系属于“是”的存在领域。

如何理解“应当”观念呢？马克思主义哲学认为应当观念产生于劳动。在劳动中，由目的论设定活动产生了应当与是的关系，理想与目标属于“应当”的价值领域，为了实现目标就要遵循规律。规律属于“是”的存在领域，规律作为必须遵守的东西，在劳动中又成为了应当的东西（即应当按照规律办事）。这就是说，在应当观念中包含着是的因素，即在应然中包含着实然因素。马克思主义价值观点与唯心主义相反，黑格尔曾经指出：“恶无非就是存在对于应该观念的不适应性。”[②] 黑格尔将存在（实然的东西）与应当观念（应然的东西）分离，将应当观念归属于道德领域的一种主观要求。马克思主义哲学在以生产劳动为基础的社会实践（具有目的论设定与遵循因果关系的行为特征）的基础上理解应当，不像黑格尔（还有他所批判的康德）那样，“把应当观念仅仅当作道德表现形式，当作‘应该或要求’的立场，当作一种‘尚不能成为任何存在的东西的……活动来对待’”[③]。在马克思主义哲学看来（区别于传统哲学教科书），应当观念是一种起跨界（跨越了物质与精神界限）作用的因素，它包括主观与客观、精神与物质，这些异质性的东西在应当观念中共属一体地存在着。

---

①②③ 卢卡奇. 关于社会存在的本体论（下卷）［M］. 重庆：重庆出版社，1993：377，75，74.

孙伯鍨指出："应该观念一头联系着价值和意义，一头联系着存在规律（自然因果性）。在设定劳动目的时，价值作为应该观念起作用，若没有一定的价值和意义作为标准，目的的设定就没有依据；而在实施和实现劳动目的时，存在规律则作为应该观念起作用，因为若不根据存在的性质、规律和客观可能性，预定的劳动目的是不可能实现的。"① 这样，应当观念产生于人类劳动之中，它是由劳动的本体论特征（目的性与因果性的统一）所决定的。应当观念要有一定的价值和意义作为标准，然而，这种价值和意义从一定意义上说与规律和客观可能性相联系。

教育的目的论设定活动中的三种关系，体现了应当与是的统一。促进人的全面发展是价值目标，为了实现这一目标又要遵循客观规律。从马克思主义哲学上说，价值是由社会实践的存在论特征决定的。因此，我们需要对以上关于价值的内涵进行补充，仅有主体需要、客体属性和选择自由尚不能构成价值。例如，主体有上大学的需要，名牌大学具有满足这种需要的客体属性，主体可以自由地选择填报哪所大学。但是，学生在填报志愿时，会考虑现实可能性（实现这种可能性就要考虑到各种各样的因果关系）。因此，价值是由主体需要、客体属性、选择自由与客观规律四重因素构成的。

三、教育价值的存在论基础

只有把价值、教育价值链、应当与是的诸如此类问题奠定在存在论基础上，教育价值观问题的言说才有根据。今天流行于学术界的海德格尔的存在论哲学注重事物的横向联系。海德格尔批评费希特哲学"直接与简单"。海氏指出："他当时说：'先生们，请你们思维墙，然后思维那思维墙。'在提出'请你们思维墙'这个要求时，其中已经包含了对实情的构建性强制，包含了一个非现象学的开端。因为在以自然方式对诸物思维时，我们决不会单独思维一个物；当我们专门掌握一个自为之物时，我们是把它从一个它依其实事内涵所归属的关联脉络中凸显出来加以掌握的：墙、房间、周遭环境。"② 海德格尔认为，墙不可能孤立地存在，它只有在与用具

① 孙伯鍨．卢卡奇与马克思［M］．南京：南京大学出版社，1999：401.

② 海德格尔．现象学之基本问题［M］．上海：上海译文出版社，2008：216.

的整体关联中才存在。“用具的整体性一向先于零星用具就被揭示了。”① 他从此在与用具的整体关联中揭示人的存在，展示人的存在的横向联系，对理解人的存在状态有积极的意义。然而，若没有纵向的历史的过程思想，将人的存在视为既定的（这是存在主义的缺陷），仍然不能真实展示人的存在状态。

马克思主义哲学不仅重视事物的横向联系，而且重视事物的纵向联系。纵向联系是考察事物的历史，将事物视为过程。这种考察是一种发生学意义上的哲学考察，从“我们从哪里来？（从无机自然到有机自然再到人类社会——在人类社会中有原始社会、第一社会形态、第二社会形态）我们是什么？（人的本质是一切社会关系的总和，这种总和是不断发展变化的，我们今天处于以交换价值为基础的社会关系总和之中，即经济全球化中）我们往何处去？（由人类史前史到人类历史的开端——第三社会形态发展）”的不断追问又不断回答中思考人的存在。现代西方哲学都没有这种发问，并对这种发问反感。胡塞尔说：“我们知道我们永远处在生活世界中。”这是一种无条件限制的观点，它停止了进一步的追问——生活世界从何而来？叔本华将“意志”、生命哲学将“生命”、海德格尔将人的“本真状态”与“非本真状态”、萨特将“自由”、弗洛伊德将“无意识”等，视为人的根本特征，这些特征是从存在论或认识论基础上构造出来的无时间性与无历史性的东西，掩盖了社会历史形成过程。卢卡奇指出：“在这些唯心主义哲学中，必然极少谈论人的本来的活动领域，即人与自然界进行的物质交换这个领域（人就是从自然中产生出来的，他通过自己的实践，首先是通过劳动，逐渐地支配自然）；相反，它们唯一理解为真正的人的活动，却被它们从本体论上说成是现成地从天而降的，是‘超时间的’，是‘无时间的’。”② 上述理论与马克思主义哲学的区别在于前者表现出强烈的反过程的思想，后者坚持从过程上理解事物。

我们不是裸眼看世界的，对任何事物的理解都有前见。例如，原始部落的人与文明社会的人看到天上的飞机，感知是不同的。文明社会的人用空中运输工具诸如此类的观念一下就把握住了它，原始部落的人可能用图腾崇拜的观念将其设想为一种神秘物。社会转型与教育价值观变迁问题必然要在一定的理论视域内（一定的前见）进行考察。从哪里向哪里转型必

---

① 海德格尔．存在与时间［M］．北京：生活·读书·新知三联书店，1987：85.

② 卢卡奇．关于社会存在的本体论（下卷）［M］．重庆：重庆出版社，1993：25.

定基于一种宏大叙事，这是后现代利奥塔等人所极力反对的。伽达默尔指出："视域就是看的区域，这个区域囊括和包容了从某个立足点出发所能看到的一切。……一个根本没有视域的人，就是一个不能充分登高远望的人，从而就是过高估价近在咫尺的东西的人。反之，'具有视域'，就意味着，不局限于近在眼前的东西，而能够超出这种东西向外去观看。谁具有视域，谁就知道按照近和远、大和小去正确评价这个视域内的一切东西的意义。"① 由此可见，视域是十分重要的。视域不同，对视域内的事物的评价（这涉及价值）就有所不同。关注教育的价值问题，特别是当代中国社会转型的价值研究，需要一个能充分登高远望的视域，此一视域就是马克思主义哲学观，由这一哲学开启了马克思主义教育价值观的问题领域，规定了价值观研究视域的深度和广度。若没有马克思主义哲学的历史过程思想，社会转型的考察就是没有根基的，价值观变迁的考察就是盲目的。在教育价值链中，基础性论证为价值目标奠定基础。

解释存在不仅是当代哲学具有决定性意义的问题，而且是教育得以安身立命的问题。马克思主义哲学不是抽象地言说"存在"，它是以人为中心构建起来的科学体系，它重点言说社会存在。社会存在意味着它如何进行自我再生产。人通过生产劳动而生产和保存自身和类，劳动具有一种根本性的、为一切实践活动奠定基础的重要意义，马克思指出："整个所谓世界历史不外是人通过人的劳动而诞生的历史。"② 马克思主义哲学认为把人与动物区分开来的关键特征是劳动。马克思说："可以根据意识、宗教或随便别的什么来区别人和动物。一旦人们自己开始生产他们所必需的生活资料的时候（这一步是由他们的肉体组织所决定的），他们就开始把自己和动物区别开来。"③ 马克思主义哲学指出劳动创造人，以生产劳动为基础的社会实践产生了人与社会。由此可见，以生产劳动为基础的社会实践是人与社会的存在论基础。

马克思说："我们要考察的是专属人的劳动。蜘蛛的活动与织工的活动相似，蜜蜂建筑蜂房的本领使许多建筑师感到惭愧。但是，最蹩脚的建筑师从一开始就比最灵巧的蜜蜂高明的地方，是他在用蜂蜡建筑蜂房以前，已经在自己的头脑中把它建成了。劳动过程结束时得到的结果，在这个过

① 伽达默尔．真理与方法（上卷）［M］．上海：上海译文出版社，1999：388.

② 马克思．1844年经济学哲学手稿［M］．北京：人民出版社，2000：92.

③ 马克思恩格斯全集：第3卷［M］．北京：人民出版社，1995：24.

程开始时就已经在劳动者的表象中存在着，即已观念地存在着。他不仅使自然物发生形式变化，同时还在自然物中实现自己的目的，这个目的是他所知道的，是作为规律决定着他活动的方式和方法的，他必须使他的意志服从这个目的。”① 这段话包含着无穷丰富的内涵。其一，人区别于动物，动物的活动基于本能，人的活动基于目的论设定。动物可以使自然物发生形式变化，只有人能使自然物发生的形式变化符合自己的目的。达尔文曾描述了蜜蜂在寻找适于用来酿蜜的花朵时的状况，它会在花丛中通过“飞舞”来通知同类。这一活动没有超出受生物性支配的纯粹适应环境的界限。“飞舞”的活动模式没有发展的可能性。只要蜜蜂存在，从古到今，这一活动模式不变，生物性的本能活动是“发展的死胡同”。然而，人在生产劳动中由对外在环境的生物性消极适应转变为改变自然的积极适应，这种积极适应是不断发展变化的，从远古的制造石器的人发展到今天制造宇宙飞船的人，引发了马克思所说的自然限制的不断退却，说明了人的发展有着无限的可能性，只有在生产劳动中才使人走出了生物性本能活动的“死胡同”，才有了社会发展，才会有今天的社会转型。其二，这一目的论设定参与了社会存在的形成。意识在相当长的时间没有去意识到自己本身，没有意识到自己参与了社会存在的形成过程。只有在相当发达的阶段，产生了马克思主义哲学，揭示了“专属人的劳动”的特征——具有目的论设定活动，因此才意识到意识的这种作用。其三，卢卡奇指出了劳动的基本模式是目的论设定与因果性的统一，它成为一切人类活动的最基本形式。这与马克思的思想相一致。当马克思说“这个目的是他所知道的，是作为规律决定着他的活动的方式和方法的，他必须使他的意志服从这个目的”时，这个“目的”就包含着实现目的的手段——遵循客观规律。马克思主义价值观是“应当”与“是”的统一，价值论以存在论为根基。

价值论以存在论为根基，这决定了教育价值目标是一个由诸多概念相互包含的理论网络。这不是随意地把概念 abcd……与价值目标 A 结合在一起，abcd……在理论中的聚合，赋予 A 以丰富的意义，在于它们与 A 的本质联系。只有掌握了理论网络中的概念，才能更好地理解价值目标。具体说来，人的全面发展概念要有相关概念的解释，它要向人 + 全面 + 发展等概念过渡，后者又需要向更为基础的概念过渡。每一次过渡，后面的概念

① 马克思恩格斯全集：第23卷［M］. 北京：人民出版社，1972：202.

都是对前面概念的澄清并且在内容上丰富着前面的概念。这样，人的全面发展就形成了一个定义链（见图 2）。

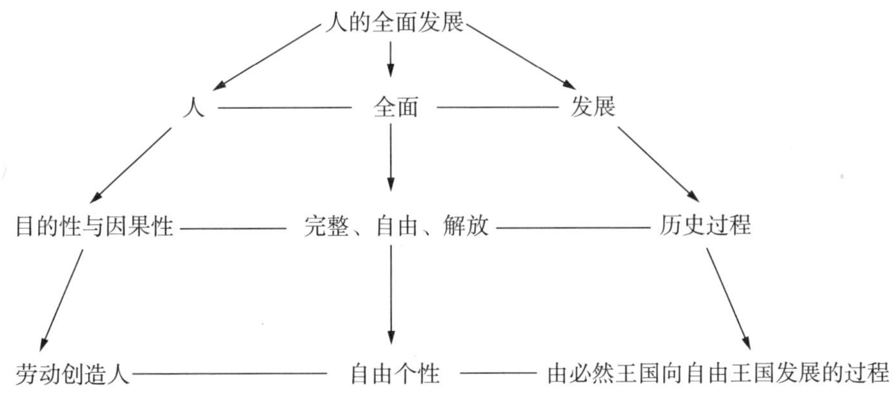

图 2　人的全面发展的理论网络

人的全面发展的定义链有三条线。第一条线是人的存在方式，以生产劳动为基础的社会实践是人的存在方式，目的论设定与遵循因果系列是人的行为的模式，劳动创造人是马克思主义哲学对人与社会存在的重要解说。这部分内容在教育价值的社会存在论基础上得到粗略的说明。第二条线是全面的本真内涵，全面与完整、自由、解放同义，全面是指人全面地从占有欲望中摆脱、解放出来，从而完整具有人的本质——自由自觉的活动。这部分内容在马克思的“完整的人”——当代教育的价值追求中阐述。第三条是人类社会的发展历程，马克思的社会三大形态与卢卡奇的合类性发展及无机自然、有机自然、人类社会三大存在的发展过程展示了这一过程。这部分内容在“人是走向途中的存在”中加以简略地说明。

当然，任何一门学科都达不到这样一种清晰透彻的理论程度：所有概念都是清晰的，所有前提都受到了分析，所有基础都是没有疑虑的。但是，尽可能的清晰明白又是这些学科所必须尽力争取的。对教育价值的有效研究受制于对全面发展的相关概念的清晰规定。

四、人是走向途中的存在

海德格尔曾引用西方一位哲学家的话：“在这里我不是把人看作（生命），不是从他作为一种生命而拥有的属性来看他，而是在这样一种意义上来看他：在某种程度上，人正处于走向上帝的途中。”[①] 这句话的启示在于：人是在途中的存在。人不是一种现成存在，而是“去存在”，不能用感性与理性、肉体与心灵诸如此类的人的属性去解释人，这种解释就像用颜色、硬度、形状等属性来解释一张桌子一样，已然将人视为一个现成物的存在。不论人是否意识到这一点，人就是“去存在”。人类历史发展过程就是从有机界的无目的性到人的有目的性（劳动创造人，在劳动中出现了目的论设定），再从人的社会活动的有目的性（每个人都有自己的目的）到社会历史总进程的无目的性（历史是一个自然的过程），再从社会历史总进程的无目的性到（马克思主义哲学）自觉把握这一进程的改造世界的有目的性的过程，这是一个缓慢的、曲折的、充满矛盾的辩证发展过程。人这一存在者的“去存在”就处于这一辩证发展的过程之中。用马克思的观念看，人就是走向自由人联合体的途中的存在。

卢卡奇的《关于社会存在的本体论》中有一个核心思想就是合类性的发展，他对合类性发展的考察是通过历史回顾去揭示社会规律。马克思指出，人的类特性就是自由自觉的活动。合类性是指人的行为符合人类向这种自由自觉活动的联合体发展的趋势。卢卡奇的合类性发展是一个“宏大叙事”，它涵盖了人类乃至宇宙的历史过程。

卢卡奇指出：“一个无可辩驳的事实是，地球曾一度居住了数不清的小部落，它们几乎丝毫不了解自己的邻邦，但是现在却正在形成一种经济统一体，一种彼此相距极远的各民族的广泛全面的相互依赖。对我们来说，在这种关系中重要的东西仅仅在于，这种一体化是由经济的发展完成的，通常无需参与者的知识，而且它还违反参与者的意志。这种自发地不停息地把人们联合起来成为一个不再是无声的、不再仅仅作为自然的类即联合为人类的活动，是生产力发展的又一个必然的伴随现象。”[②] 这里有几点值得注意：一是历史发展的规律不是由人的目的性决定的（无需参与者的知识，而且它还违反参与者的意志）；二是历史发展是有方向性的（从生物性的人向社会性的人、从分散的原始部落到联合成经济统一体、从片面的人向全面的人的发展）；三是发展的动力是由经济发展、生产力发展决定的，这一动力是不停息的，它使经济过程变成越来越社会化的经济过程，在这一过程中人越来越接近自由人的联合体的社会。

① 海德格尔．时间概念史导论［M］．北京：商务印书馆，2009：177．

② 卢卡奇．关于社会存在的本体论（上卷）［M］．重庆：重庆出版社，1993：763．

卢卡奇的合类性问题借鉴了马克思的思想，合类性最早是由马克思提出来的，“通过实践创造对象世界，即改造无机界，证明了人是有意识的类存在物，也就是这样一种存在物，它把类看做自己的本质，或者说把自身看做类存在物”①。这里的合类性包括两方面：一方面人在社会实践活动中确证自己是类存在物，另一方面这种实践的确证引发了类意识——人把类看作自己的本质或把自身看作类存在物。

依据马克思的理论，卢卡奇指出了整个人类历史发展过程是合类性的发展过程。它经历了两个阶段：第一阶段是人从无声的类向非无声的类转变。无声的类是指在生物学基础上“把许多人纯粹自然地联系起来”的物种，这种类是生物性的类。在动物界中，将动物的个体与整体联系起来的东西就是物种。人在没有成为人之前（猿人），也属于这样的物种。非无声的类是指人脱离动物界后发展起来的，比动物的存在方式更高一级的存在方式，即某种社会共同体——在一定历史发展阶段的某种社会关系的总和。这种类是社会性的类。在人的世界中，将人的个体与整体联系起来的是某种社会共同体。第二阶段是人从“自在的类”（受经济必然性所支配的类）向“自为的类”（马克思的自由个人的联合体）转变。这一转变与马克思所描述的从“必然王国”到“自由王国”的转变相一致。

人的合类性的发展过程与马克思的三大社会形态的发展过程有着内在联系。在马克思看来，人类经过以人的依赖关系为特征的社会到以物的依赖关系为特征的社会，再到自由个人联合体的社会是社会发展的客观规律。三大社会形态的历史发展体现了合类性的发展趋势。马克思主义哲学的当代性体现在它的超越性上，它超越了物化的社会，为未来社会的发展指明了方向。

在第一社会形态中，人依赖于自然界，被自然所支配、所统治。在第二社会形态中，人将自己视为唯一的主体和中心，统治、拷问自然客体。在马克思看来，只有当那种以占有和征服为主要特征的人的存在方式发展到一定程度，构建新的人的存在方式才有了基础。马克思指出：“毫无疑问，这种物的联系比单个人之间没有联系要好，或者比只是以自然血缘关系和统治服从关系为基础的地方性联系要好。同样，在个人创造出他们自己的社会联系之前，他们不可能把这种联系置于自己支配之下。”② 如果不

① 马克思恩格斯全集：第42卷［M］．北京：人民出版社，1979：97.

② 马克思恩格斯全集：第46卷（上）［M］．北京：人民出版社，1979：108.

首先创造出全面物化的社会，人们就不可能把它置于自由人联合体的自觉支配与控制之下，就不会有第三社会形态。

全球化的发展历史，是资产阶级开创世界历史的过程。马克思指出："创造世界市场的趋势已经直接包含在资本的概念本身中。任何界限都表现为必须克服的限制。"① 当今资本主义的经济全球化，创造了"以物的依赖性为基础"的全面联系。社会主义国家参与到全球化进程中来，是世界历史发展的必然。我国处于社会主义初级阶段，改革开放和发展市场经济是要将资本主义的市场机制运用于社会主义实践中来，借鉴发达国家的社会发展经验，缩短与发达资本主义国家的差距，完善社会主义制度，通过发展和壮大国有资本、民营资本、外国资本的途径，为第三社会形态作准备。从第一、第二社会形态向第三社会形态发展是从自在的类向自为的类发展。

以上初步展示了卢卡奇的合类性发展的两个阶段与马克思的三大社会形态。这些理论是对历史发展趋势的描述，我们可以把这些描述视为"仅仅局限在阐明导致个人本质发生必然变化的最具普遍性的原则"。这些最普遍性的原则揭示了人之成为人的过程（从劳动创造人到自由人的联合体）。教育促进人的全面发展，在一定程度上，就是促进人类由"自在的类"向"自为的类"转变。教育的人的全面发展的价值目标是在马克思主义哲学所提供的一个合法性世界（人的发展历程）中被合法化的。

海德格尔指出："'人生存'这句话并不是人是否现实地存在这一问题的解答，而是追究人的'本质'的问题的解答。我们常常把追究人的'本质'的问题自始即提得不对头，无论我们问人是什么还是人是谁，总之不对头。因为在这个谁或这个什么中我们已经眺望着一个人格的东西或眺望着一个对象了。"② 海德格尔的这一思想是有启示意义的，无论是人还是与之相关的教育，人们都不能以眺望着一个现成对象的方式去追问它们是什么。一切追问都要回到生存中去，而生存是历史性的、动态生成的，生存就是去存在。只有马克思主义哲学才揭示了生存的动态生成性。马克思指出人的本质在其现实性上是一切社会关系的总和，我们要从社会关系的总和——从原始社会关系的总和到自由人的联合体的社会关系总和的生成、发展与变化中去考察人与社会。

从原始社会到今天，是一个十分漫长的时间。这里的"时间"不是纯

① 马克思恩格斯全集：第30卷［M］．北京：人民出版社，1995：388．

② 孙周兴．海德格尔选集（上）［M］．上海：生活·读书·新知三联书店，1996：371．

粹的计量单位意义上的时间。例如，我们给今天一个准确的时间定位——公元2011年6月22日10时25分。在看取时间之时，我不是对这些数字感兴趣，甚至不是对这个时间本身感兴趣，我感兴趣的是我写的价值观变革这部分内容何时交稿，我还有多少写作时间。当考察价值观变革的时间时，我感兴趣的是改革开放30年的时间，这段时间的观念变革与每个当下人的“去存在”息息相关。在这种考察中，马克思所揭示的人类社会产生与发展的过程也同时在场。

恩格斯在《劳动在从猿到人转变中的作用》中指出：“和人最相似的猿类的不发达的手和经过几十万年的劳动而高度完善化的人手之间，有多么巨大的差别。骨节和筋肉的数目和一般排列，在两种手中是相同的，然而即使最低级的野蛮人的手，也能做几百种为任何猿手所模仿不了的动作。没有一只猿手曾经制造过一把哪怕是最粗笨的石刀。……手不仅是劳动的器官，它还是劳动的产物。只是由于劳动，由于和日新月异的动作相适应，由于这样所引起的肌肉、韧带以及在更长时间内引起的骨骼的特别发展遗传下来，而且由于这些遗传下来的灵巧性以愈来愈新的方式运用于新的愈来愈复杂的动作，人的手才达到这样高度的完善，在这个基础上它才能仿佛凭着魔力似地产生了拉斐尔的绘画、托尔瓦德森的雕刻以及帕格尼尼的音乐。”① 人从渐渐直立行走到创造艺术作品，手的灵活性在不断增加。手是在长期的历史发展中通过劳动塑造出来的一件特殊艺术品。人的身体是大自然演化与人类长期社会实践活动所塑造出的艺术品。马克思指出：“五官感觉的形成是以往全部世界史的产物。”② 这里的全部世界史包括自然史与人类史，它涉及地球演化史、生命进化史、人类诞生史、人类史前史、人类史前史的结束和人类真正历史的开端的存在历史。人是宇宙演化的一部分，它与宇宙融为一体。今天，每个敲击电脑键盘的手都是这一伟大过程的产物，此时此刻我们的“去存在”就是这一伟大过程的一部分。

价值观变革的考察不是出于好奇，从思想领域中的一个热点跳到另一个热点，然后将这些热点整理归类，拼凑出一个价值观变革理论，再将此一理论追加到社会转型上。无论这种考察能够整理出一个多么严密的体系，都是没有根基的。

价值观变革的考察以马克思主义哲学为指导，以马克思主义哲学的成

---

① 马克思恩格斯全集：第20卷［M］. 北京：人民出版社，1971：17.

② 马克思. 1844年经济学哲学手稿［M］. 北京：人民出版社，1979：79.

人图像（从劳动创造人到自由人的联合体）为主导性线索。只有在理解了成人图像之后，教育才能有正确的方位感（处于什么时期）与价值目标（人的全面发展问题），然后，才能考察教育功能发挥、教育价值关注点、教育研究的价值取向等价值变迁问题。

五、教育功能发挥：政治功能—经济功能—育人功能

马克思主义哲学认为，除了物质资料的生产之外，还有人类自身的生产，教育就是人类自身的生产活动，这决定了教育的本体价值是育人。同时，教育还要为政治、经济服务，这样，教育又具有工具价值。教育价值观从突出政治价值到突出经济价值再到重视育人价值的发展过程，反映了教育价值观由重视教育的工具价值到重视教育的本体价值的转变。

新中国成立后，我们倾向于斯大林模式的政府主导型的集权经济，以俄为师，学习苏联的建国经验。在20世纪50年代引进了苏联凯洛夫（Kairov）教育学，它影响了我国教育理论长达半个世纪之久。凯洛夫认为："教育总是和政治相联系着的，无产阶级社会主义革命必然要消灭阻碍社会向前发展的资产阶级教育，而以共产主义教育来代替它。"① 他试图根据马克思主义哲学来揭示教育的本质，主张教育为政治服务，使教育既"成为反对剥削者斗争的武器"，又"成为建设共产主义新社会的武器"。受这种观念的影响，许多研究者坚信"教育要为阶级斗争服务""学校是无产阶级反对资产阶级的主战场"。50年代中后期，随着"教育必须为无产阶级政治服务，必须与生产劳动相结合"的教育方针的确立，教育随政治运动的波涛而急剧起伏。尽管凯洛夫教育学在20世纪60年代受到过批判，它被定性为"修正主义"学说，但其教育属于上层建筑的观点仍然影响着教育。

桑新民指出："即便在'左'的思潮被当作绝对真理被接受和传播而成为一种'集体无意识'的年代，也还有清醒、正直的学者敢于提出不同意见，比如教育理论界著名的学者曹孚先生在1956年就曾明确提出教育比其他上层建筑更为直接地反映社会生产水平；周扬同志1961年在对刘佛年主编的教育学提纲初稿发表的意见中更明确指出，教育方针、制度与组织属于上层建筑，部分教育内容属于上层建筑，而有一部分则不是上层建筑，

---

① 凯洛夫．教育学（上册）［M］．北京：人民教育出版社，1953：10.

‘生产力对教育的发展、教育内容的变化起直接作用。’但是这些正确的意见不仅难以被接受，甚至受到不公正的批判。”[①] 由此可见，教育是上层建筑在 1978 年以前是一个不容许争论的问题。

这一阶段我们的国家，“完全游离于世界经济体系之外，充满农业共产主义的封闭性，缺乏现代经济的全球性视野。此时中国的经济理性受到国际政治与意识形态斗争的强力扭曲，同时又被西方的经济封锁折断了世界市场的通道，社会的现代性大幅萎缩，‘革命’这种超经济的手段几乎是推动工业化的唯一手段。这里的‘工业化’与‘现代化’在社会制度层面是对立的，因为这一阶段的工业化是在消灭企业家的前提下实行的。没有企业家，就没有真实存在的工商阶层，也就没有真正的现代市场经济。没有市场这个现代化的核心要素，社会的物质、人力、文化资源绝无可能获得充足的发展空间，只能听命于政府权力这个‘看得见的手’”[②]。在从事着“一大二公”的“社会主义革命”时期，将教育归结为上层建筑的观点被不断强化，教育被纳入意识形态的轨道，以致在“文革”中发展到了“停课闹革命”，以政治运动冲击教育。

突出教育的政治功能，与国际形势是联系在一起的。1949 年毛泽东在《论人民民主专政》中指出：“中国人不是倒向帝国主义一边，就是倒向社会主义一边，绝无例外。骑墙是不行的，第三条道路是没有的。我们反对倒向帝国主义一边的蒋介石反动派，我们也反对第三条道路的幻想。”[③] 在长达大半个世纪的所谓“冷战”期间，突出教育的政治功能，是当时国际政治斗争现实的反映。

改革开放以后，确立了“教育必须为社会主义现代化建设服务，社会主义建设必须依靠教育”的方针。教育由过去单纯为政治（特别是阶级斗争）服务转向为发展社会主义经济服务，“科教兴国”是教育的重要任务，此时发展教育首先来自经济发展的需要，教育的经济价值为人们所重视。20 世纪 90 年代中期开始的城市的市场化浪潮，使教育的性质发生了变化，在一定程度上，它由消费性行业转变为生产性行业，与物质生产部门一样，它要讲究经济效应，教育便成了一种可购买和消费的服务。有学者认为，“教育是一种产业，是生产知识、生产科技、生产人才（人力资本）的产业。应该把教育推

---

① 桑新民．呼唤新世纪的教育哲学［M］．北京：教育科学出版社，1993：55.

② 梁永安．重建总体性——与杰姆逊对话［M］．成都：四川人民出版社，2003：261.

③ 毛泽东选集：第 4 卷［M］．2 版．北京：中央文献出版社，1991：1472.

向市场，特别是非义务教育阶段，应积极建立教育产业。这样，可以解决政府教育投入不足的困难，扩大办学规模，满足广大群众求学的需要。持这种观点的还有一种理论，认为教育服务作为一种劳务，是提供特殊的使用价值的一种商品，也可以在市场上进行交换。学生和家长是消费者，所以上学要交学费。把教育推向市场，可以引入市场竞争机制，促进教育改革和办学效率。"① 受此影响，人们把教育视为促进经济增长的手段。

发展经济的目的是为了人的存在与发展，前者为手段，后者为目的。然而，当教育的经济价值重于教育的育人价值，人首先作为人力资源被开发、作为人力资本被估价、作为劳动力被再生产时，手段就变成了目的、目的变成了手段。这种教育实践活动就成为异化的实践活动，人在教育中丧失了主体地位。在发展市场经济中，这种异化的实践时有发生。

1999 年《中共中央国务院关于深化教育改革全面推进素质教育的决定》对素质教育作了全面的阐述："实施素质教育，就是全面贯彻党的教育方针，以提高国民素质为根本宗旨，以培养学生的创新精神和实践能力为重点，造就'有理想、有道德、有文化、有纪律'的德智体美等全面发展的社会主义建设者和接班人。全面推进素质教育，要坚持面向全体学生，为学生的全面发展创造相应的条件，依法保障适龄儿童和青少年学习的基本权利，尊重学生身心发展特点和教育规律，使学生生动活泼、积极主动地得到发展。"从此素质教育成为我国教育国策，教育的育人价值受到重视。

我们的教育目标是在马克思主义哲学的全面发展的成人图像中被合法化的。尽管有学者指出马克思并没有提出德智体等方面的发展，然而，我们是从马克思主义哲学的语境中谈教育的全面发展这是不争的事实。1957 年毛泽东在扩大的最高国务会议上作《关于正确处理人民内部矛盾的问题》的报告，报告提出："我们的教育方针，应该使受教育者在德育、智育、体育几方面都得到发展，成为有社会主义觉悟的有文化的劳动者。"在党的"十七大"会议上，胡锦涛总书记指出："培养德智体美全面发展的社会主义建设者和接班人。"从中可以看到，在一个相当长的历史时期，教育价值的目标设定体现了马克思的全面发展思想，其内容没有发生根本变化。

但是，在这个时间跨度内，教育理论与实践却发生了很大的变化。何以如此？人们对教育目标的理解与选择有着较大的回旋余地。如果把德智

① 顾明远．中国教育科学走向现代化之路纪实［J］．人大复印资料《教育学》，2009（11）．

体等发展理解成为劳动者或建设者和接班人的修饰性定语，教育的落脚点在社会所需要的人才上，那么，随着人们对这种人才的不同理解，就有了“文革”时期突出教育的政治功能的“政治人”的教育、发展市场经济中突出教育的经济功能的开发人力资源的“经济人”的教育。在这种情况下，目的论设定的实施（由于理解上的偏差）就变成了对目的论设定的否定，教育实践中出现了与最高目标设定相悖的结局。在以人为本的指导思想下，教育既要重视学生的全面发展，又要重视社会主义建设者和接班人的培养；既要重视个体的自我完善，又要重视社会对于人才的需要，努力地追求两者的有机统一。只有这种教育，才有助于实现马克思主义的全面发展目标。

六、教育价值的关注点：主体性—主体间性—共同主体性

关于主体教育问题涉及师生关系平等规范的条件性论证，在此一问题的讨论过程中，它与价值目标（人的全面发展）与基础性论证（哲学思维）相勾连。

教育理论发展经历了前主体性阶段、主体性阶段、主体间性阶段与公共性阶段。理论的发展一方面源于社会结构的变化，某一阶段占统治地位的观念与社会变迁之间存在着内在关联；另一方面受哲学思想的影响（主体性、主体间性与公共性属于哲学话语谱系）。

（一）前主体性阶段

前主体性阶段处于计划经济时期。在计划经济社会中，在“左”的思潮被当作绝对真理被接受和传播而成为一种“集体无意识”的年代，政治标准凌驾于学术标准之上，人们崇尚政治权威，缺乏学术对话与竞争，形成了“一唱百和”的理论风气。

在前主体性阶段，在教育关系中，存在着“主述者—指涉物—聆听者”几个要素。主述者（教师）是真理的化身，叙述着关于真理的说法。学生“听”（接受）教师的“说法”，轮到他们说话时，就叙述着关于真理说法的说法。如此，教育中人云亦云、鹦鹉学舌的现象就由此生发出来。在这种教育关系中，教师 A 向学生 B、C、D 进行单一的灌输。教师具有绝对权威，知识、思想、观念由 A 流向 B、C、D（见图 3）。

A ——► B　A ——► C　A ——► D

图3　前主体性阶段教育关系的典型形态

（二）主体性阶段

主体性阶段处于计划经济向市场经济的转变时期。1981 年顾明远在《江苏教育》第 10 期发表了“学生是教育的客体，又是教育的主体”一文，阐述了学生在教育中的主体地位，引起了学术界的讨论。一时间，以人的主动性、创造性和丰富性为基本内涵的“主体性”问题成为教育思考的聚集点。所谓主体性，就是主体与客体交往中表现出的主动的功能特性。在教育中，如何充分发挥教师的主体性与充分调动学生的主体性问题成为争论的热点。有学者曾概括了当时争论中的各种观点：围绕教师和学生谁是主体、谁是客体问题有一场大论战。有教师唯一主体论、学生唯一主体论、师生双主体论。各种观点内部又是“同室操戈”、各自立异。仅双主体论就有“主导主体说”“主导主动说”“轮流主客体说”“双主体主从说”“三体——双中心人物说”“教育主体的滑移位错说”“同时主客体说”，等等。[①] 其争论的激烈与思维的活跃程度，由此可见一斑。

王道俊、郭文安指出：“提出与建构主体教育理论不是企图一概否定原有的教育学理论，而是试图从一个新的角度来研究教育理论，深化教育改革，期望能探索出一条使我国的教育学更科学、更具实践性、更具中国社会主义特色的路子。”[②] 这反映了主体性教育理论体现出了面向“中国问题”的学术意识。王策三指出：“教学实践中关注学生发展的努力，教学理论对教学与认识、教学与发展等问题的探讨，又推动了教与学的关系的重新研究。越来越多的人倾向于确认：学生是在教师的教导下的认识、实践和发展的主体。人们长期受到教师专制、儿童中心论的片面性以及‘教师主导作用和学生主动性结合’原则不彻底性的困扰，对学生主体性的探讨乃是试图摆脱困扰、寻找出路的努力。争论还将继续下去，但这种新的研究成果，引起了教学重心由教向学的转移，引起了教和学的职能、形式（或结构—功能）一系列的变化，还可能引起整个教学体系更深刻的变革。”[③] 人们对主体性教育理论寄予厚望，它成为教育理论变革的生长点。主体性阶

① 魏立言．教育主体性问题论争述略［J］．上海教育科研，1994（3）．

② 王道俊，郭文安．关于主体教育思想的思考［J］．教育研究，1992（11）．

③ 王策三．我国十年来教学理论的进展［J］．高等师范教育研究，1992（2）．

段，教育关系存在着三种形态（见图4）：

A⟶B　A⟶C　A⟶D

教师唯一主体论

A⟵B　A⟵C　A⟵D

学生唯一主体论

A⟷B　A⟷C　A⟷D

师生双主体论

图4　主体性阶段的教育关系多种形态

主体性教育理论的现实基础在于社会由计划经济向市场经济转变，市场经济的特质是根据市场来配置各种社会资源和要素，市场的竞争性需要人的独创性与开拓性，需要个人成为独立、自主、自由的主体，主体性教育理论关注人的主体地位和主体人格是要培养与市场经济相适应的重自立、重创新的主体。

主体性教育理论的理论基础源于哲学思想的影响，1978 年关于实践是检验真理的唯一标准大讨论，破除了把马克思主义教条化的倾向。《实践是检验真理的唯一标准》一文，锋芒指向“两个凡是”。随着讨论的深入，人们关注到了实践标准的价值维度，理论研究由实践评价标准问题发展到了价值论问题。在哲学上，对实践与主体的价值关系思考，推动着人们去探究比实践标准更为根本的问题，即关于人的主体性问题，它成为理论界热点中的热点。袁贵仁指出：“在我国理论界，近年来出现一个明显的倾向，即主体性倾向，提出一个重要原则，即主体性原则。主体性，已经成为当今我国哲学社会科学领域的一面旗帜、一个纲领或一个口号。无论哲学、文学、历史学、经济学、文化学、语言学等，都或先或后，或直接或间接地提出了主体性问题。”① 主体性思想是哲学思想向社会科学包括教育学的“扩散”。20 世纪 80 年代思想界的一个主题是高扬个人主体。主体性教育理论是研究者直面社会现实（市场经济），对时代精神（弘扬主体性）把握和阐释的产物。

然而，主体性教育理论有其局限性。其一，主体性教育理论的讨论主要依据苏联版的传统哲学教科书（辩证唯物主义与历史唯物主义）的思维

① 袁贵仁．主体性和人的主体性［J］．河北学刊，1988（3）．

框架进行，其理论基础是主客二分的哲学认识论（在相当长的一段时间，人们认为教育学的理论基础就是哲学认识论）。它发展以主体性为中心（即以主客体关系为核心）的理性。它以主体的认识与实践为核心，让客体世界围绕着主体而运转，认定主体具有优先和基础地位。仅仅用主客体关系来描述师生关系，使教育从理念到实践都停留在主客二分思维模式中，难以实现师生主体间的和谐交往。由于讨论具有共同的知识背景——主客二分的哲学认识论，讨论具有“同室操戈”的意味，理论研究的视角单一，未能从多视角、多维度、多层面展开教育研究。

其二，主体性教育理论强调为市场经济服务，然而，在当时，人们看重的是市场的竞争性机制在社会发展中的作用，“引入竞争机制”成为教育的流行话语和制定政策的选择方案。这使主体性教育理论高扬个体价值（进取性、独立性、自为性、能动性、创造性等）与自我实现，倡导拼搏精神，价值共识与非市场性的公共价值被人们忽略。当时教育的市场化或教育的产业化具有明显的教育非公共化倾向，它“意味着教育的过程就是通过竞争性的付出而占有潜在的社会资本的过程，是根据分数（学业成绩）获得社会资本储备的过程”①。在教育中，知识功利化倾向较为严重。在这种背景下的主体性教育容易滋生出占有型主体，这种人受物质上的占有欲支配，以占有物质财富的方式从事学习活动，使人与知识（及与之相关的分数、学历、科研成果等）的关系变成占有者与占有物的关系，其学习目的的最终指向是占有物质财富。

（三）主体间性阶段

主体间性阶段处于市场经济发展时期。此时，以政治压倒学术的风气已经完全消失，传统哲学教科书的认识论优势与特权已不存在，人们开始对传统哲学教科书体系进行全面反思，意识到发展马克思主义哲学必须以开放的心态与西方现当代哲学对话。

有学者反思主体性教育理论可能带来的弊端：“不论是主体与客体，还是主导与主体、双主体等观点，都没有脱离二元对立的思维模式，这就是主体与客体对立的模式。……这种对象性的师生关系，使教师与学生成为互相利用、互相占有、互相估算的对象，更可悲的是，这种对象性的教学

① 金生鈜．保卫教育的公共性［J］．教育研究与实验，2007（3）．

关系也只能使学生形成对象性的思维方式和世界观，即努力成为一个思维主体或实践主体，从而把自身之外的一切都看做是对象性实在，进行控制、解析、计算、占有，不论对人生、对社会还是对于自然，都是如此，他们的世界观、人生观都是对象性的，这必然造成自然与人、社会与个体、他人与自我的对立。”[①] 以往的主体性教育理论在“主体—客体”思维模式的影响下忽略了主体间性交往实践，这种教育容易产生偏向，导致“唯我论困境”，这是一种人将自身视为主体，将自然与社会中的人统统视为被占有、被控制、被利用的客体的极端主体性状态，它造成了人与人的关系对立。

主体间性的转向，为主体性问题的解决提供了一个良好的契机。有学者指出：“主体间性是主体间的‘互识’与‘共识’。‘互识’是指主体之间是相互认识和相互理解；‘共识’是指不同主体对同一事物所达成的相互理解，所形成的主体间的共同性和共通性。……主体间性就是对片面主体性的丰富与发展，是对现实生活世界中的人进行重新认识与理解。因此，倡导主体间性对迷恋占有式主体的主体教育可以起到纠偏的作用。”[②] 主体间性教育理论（在 1995 年以后开始流行）认为，教师与学生都是具有主体性的人，在肯定自我是主体的时候，应该尊重和承认他人的主体地位，师生双方是一种我（主体）与你（主体）的关系，而不是我（主体）与它（客体）关系。在教育中要克服交往异化（将他人视为单纯的、被利用的客体），追求交往的合理性，才能在主体间建立起平等的、民主的交往关系。由主体间性教育理论所提倡的师生主体间的平等交流与知识共建理念挑战着传统的师生关系、教学过程、知识本质、学习本质的成见。例如，以哲学认识论为基础的传统教育学将教学过程视为一个认识过程，主体间性教育理论提出教学是一个交往过程，后者大大拓宽了教学过程的研究视野（见图 5）。

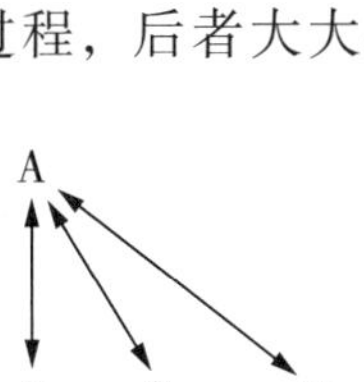

A
B　C　D

图 5　主体间性的教育关系形态

① 金生鈜．超越主客体：对师生关系的阐释［J］．西南师范大学学报：社会科学版，1995（1）．

② 岳伟，王坤庆．主体间性：当代主体教育的价值追求［J］．华东师范大学学报：教育科学版，2004（2）．

主体间性教育理论提倡多元、差异和宽容的承认姿态，旨在转变传统控制与被控制的师生关系，创造一种民主的课程、民主的教育。它发展以人与人的交往为中心的理性，通过“对话”与“交往理性”达到“我—你”之间的视域融合，通过价值商谈达到彼此的价值沟通与价值共识。随着新课改的深入展开，主体间的协商与对话成为课程与教学领域的热门话题，“对话”一词写进了《基础教育课程改革纲要（试行）》。

然而，主体间性教育理论并不完全否定主体性教育理论。根据马克思主义哲学观点，人在生产劳动中形成两种关系：一是人与自然的关系，即主体与客体的关系；二是人与人的关系，即主体与主体之间的关系（这两种关系只有抽象地分开）。前者产生了主体性，后者产生了主体间性。生产劳动形成了“主体—客体”“主体—主体”双重关系的统一，这种统一是人与自然关系、人与人关系的统一，是工具性行为与交往性行为的统一。因此在社会实践活动中，人的主体性与主体间性不可或缺。同样，在教育中，既存在着主客体的对象性关系（人与科学知识的关系）——产生工具理性，又存在着主体间性关系（师生之间、生生之间等主体间性交往）——产生交往理性。教育既需要工具理性，又需要交往理性。

西方人发出了主体性黄昏的感叹，在批判现代性时，将主体性也作为靶子，认为主体性是现代社会之规定和病因，因为主体性理论容易走进“唯我论困境”，这种“困境”引发了我们的教育理论对主体性问题的警觉。当然，在理论上反思主体性问题，不是放弃主体性，回到前主体性，而是要使主体性获得更好的发展，从主体性走上主体间性。

教育由单一的主体性思维模式转向主体间性交往关系思维方式，其现实基础是20世纪90年代中期开始的城市的市场化浪潮，从一元社会走上多元社会，引发了社会结构的变化和重构。加之，中国已经深深卷入全球化进程中。无论是中国社会还是整个世界，价值差异都是一个普遍存在着的事实。如何在价值多元、文化多元中寻找对话机制，如何达成共识和达到何种程度的共识，成为理论研究的热点问题。人们意识到不能以主客体关系作为评价教育关系的依据，教育研究走向了主体间性交往关系的建构。主体间性交往问题已经超越了哲学认识论，人们感觉到（曾经作为教育学研究的理论基础与指导思想）传统哲学教科书的话语已经不能完全解释市场经济社会的教育生活实践，研究者在世界范围内寻找学术资源，拓宽研究视野。胡塞尔的交互主体性、海德格尔的共在、马丁·布伯的我与你、伽达默尔的视域融合、罗尔斯的重叠共识、哈贝马斯的交往理性与商谈伦理等西方现当代哲学思想（这些理论超越了近代笛卡尔以来确立的主客二分思维模式）成为主体间性教育理论的资源。同时，教育研究大量引进与借鉴世界教育的新理念、新经验。教育的国际文化交流日益频繁和扩大。研究者从不同维度、不同界面研究主体间性教育，呈现出多样性、多元性研究范式共在的学术生态，推进和丰富了教育理论。在研究中，研究者保持着宽容的学术心态，不迷恋话语霸权，追寻交往理性，重视商榷、笔谈等交流与对话形式。

（四）公共性阶段

公共性阶段处于进入21世纪以后的“新全球化时代”。公共性于20世纪90年代末出现而在21世纪开始流行，与中国改革进一步推进紧密相关，“社会结构转型引起政党、国家与公民关系模式的重组，进而引发政党、国家政治权力、权威的基础发生转移。首先是公民逐渐成为现代社会的主人。这意味着国家的地位和角色要实现现代转换，国家是为公民提供公共服务的公共权力机构。其次是现代‘公民赋权’观念的普及化。”① 这意味着时代把公共性问题推向了历史发展的前台。21世纪初，教育理论只是个别地提出公共性问题，而今如何谋求教育的“公共性存在”的合理性、正当性成为教育理论审视和解答的时代主题，市民社会和公共领域的理论成为教育探讨公共性的理论资源。

有学者指出：“目前中国大陆的中小学直至大学教育危机重重，从农村教育的困境到大学生的就业僵局，从高考制度的弊病到教育产业化的后患，从教育支出已经成为国民生活支出量最占分量的一部分到越来越多的孩子因为贫困而不能接受最基本的教育……‘教育’问题已经成为今天中国社会最重要同时也是最引人关注的问题领域。”② 随着公众对教育问题关注度的提高，教育问题逐渐超出专业问题而成为日益重要的公共性问题，研究者关注各种急迫的“公共性问题”，有更多机会走向公共领域。在主体性阶段与主体间性阶段，研究者主要是在体制内的专业期刊上言说。在公共性阶段，研究者在专业言说的同时，积极面对体制外的公共媒体，尝试着体

① 韩庆祥，张健．语言分析：新中国60年马克思主义哲学研究的范式转型［J］．江海学刊，2009（5）．

② 许建美，孙元涛．教育学如何面对“公共问题”［J］．教育发展研究，2010（10）．

制外的言说，使教育研究超越学术话语局限，使自己的知识与思想公共化，并将此视为改善教育学学科形象、提升学术影响力的重要途径。研究者的公共关怀与担当公共责任意识在不断增强。

公共性并不消解自我主体性，马克思指出："一个人的发展取决于和他直接或间接交往的其他一切人的发展。"① 自我的主体性只有在我与你的主体间性和我你他的公共性中才能得到发展，个体价值的实现有赖于公共价值的实现。马克思主义人的全面发展的共产主义社会就体现了个体价值与公共价值的辩证统一。经典作家为我们勾画的"公共性社会"美好理想——"自由人的联合体"昭示着公共性与人的全面发展紧密相关，公共性的不断扩大化保障和促进着人的潜能和个性的充分发挥。

当今，适应现代公共社会生活的发展需要，教育的公共性思考涉及教育的公共服务、公共事务、公共治理、公共利益、公民教育、教育公正等许许多多方面。归结起来，大致有以下几个层面。其一，促发和保卫教育的公共性。有学者指出："中国教育的公共性问题，是我们教育面临的一个关键问题。在越来越强调公共性的社会变革中，……促发和保卫我们教育的公共性，培养公民的公共精神，就成为我们教育变革的生命线。"② 作为公益的教育公共性如何实现，如何更多地作出维护和增进教育公共利益的行为选择，成为教育关注点。其二，谋求合理的教育公共治理的框架，使教育资源朝着有利于广大学生全面发展的方向进行配置。有学者提出合作的教育公共治理运行机制："合作使教育获得一种共生机制和持续发展机制。合作的目的是'双赢'，就是将存在于传统竞争关系中的非赢即输、针锋相对的关系改变为更具合作性、共同为谋求更大的利益而努力的关系。""在教育公共治理过程中通过合作，把所有教育观念、教育政策和教育方案都集中到促进人的全面发展上来，纠正由于过度竞争造成的偏差，促进教育的发展。"③ 这反映了教育公共性的价值取向是互利共生、共赢，体现了和谐社会的理念。其三是培养"世界公民"。今天，文明社会的重要标志是形成公共生活世界和与之相应的公共观念，共生共荣、和而不同成为人们的愿景。培育人们的公共理性，启迪人们的公共性人文智慧，塑造融世界性胸襟、气度和民族精神气质于一体的现代理想人格即"世界公民"，是教

---

① 马克思恩格斯全集：第3卷［M］．北京：人民出版社，1976：515.

② 金生鈜．保卫教育的公共性［J］．教育研究与实验，2007（3）.

③ 孟繁华．从竞争到合作——教育公共治理的运行机制［N］．中国教育报，2008－11－13.

育的应有之义。人们认为今天的全面发展教育包含着培养这种“世界公民”的教育理念。上述探讨有助于使教育朝着公共性增长的方向发展。

在公共性阶段，教育强调和谐发展，意识到了仅仅提倡主体性，尚不能培养出具有公共德性、公共理性的公民，教育不仅要弘扬人的主体性，而且要倡导主体间性，矫正过度的个人主体性；不仅要倡导主体间性，而且要培育公共性，由二元交互主体间性（一对一或少数人之间的主体间性关系）走向公共性（大众的、众多的主体间性关系），为中国公共性社会建设作贡献（见图6）。

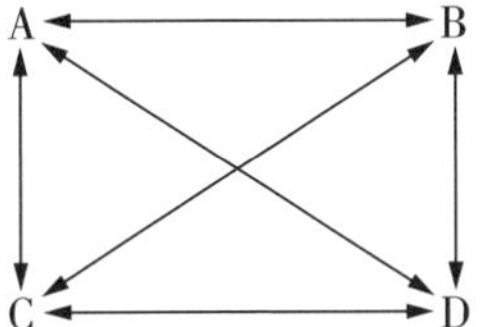

图6　公共性阶段的教育关系形态

只有把人放入宏观的社会历史进程中来理解，才可以把握住主体活动的走向，教育理论经历了从主体性到公共性的发展，不是理论逻辑自身的单纯概念性演进，而是对历史发展趋势的自觉反映，是教育主体现代化的方向。这三个阶段的转换既相互区别又相互联系。从公共性的理论视野出发，主体性、主体间性都可以视为公共性理论的有机环节。公共性既建立在众多的个体主体性之上，又建立在众多个体沟通、协商、对话的主体间性之上。公共性的基础与前提是每一个具有主体性的个人参与，但个人并不将他人作为凝视的客体，而是将他人视为可以与之照面、交流的主体。主体间的交往、对话是通向公共性的现实道路。

七、教育研究的价值取向：意识形态性—学术性—人文性

我国教育研究依其研究的价值取向及所形成的总体风格，大致可以划分为三种形态：作为意识形态的教育研究、作为学术符号的教育研究和作为人文关怀的教育研究。

（一）作为意识形态的教育研究

作为意识形态的教育研究是在传统哲学教科书指导下形成的。借助政治权力垄断学术话语，是苏联的哲学研究模式，这种非学术取向在我国马克思主义哲学研究中长期存在过。继承了苏联20世纪30年代的哲学家们所奠定的“哲学模式”的我国传统哲学教科书，形成了一种体系、一种理解的“定于一尊”哲学理解的格局，忽视马克思主义哲学的学术向度，其研究范式的基础是同一性思维，具有目的论预设、线性进化论和本质主义的方法论弊端。在相当一段时间，由于我们把传统哲学教科书当作马克思主义哲学的唯一解读方式，传统哲学教科书的“立场、观点和方法”成为教育研究的基本原则，研究者们不允许“他者”对这些“绝对真理”质疑。

几十年来，传统哲学教科书的内容没有发生实质性的变化，它以穷尽了一切真理的面目出现，人们只能“照着讲”，不能“接着讲”。这极大地束缚了哲学研究者们的批判精神与创新精神。有学者指出：“我国原有的马克思主义哲学教科书是在20世纪50、60年代集体编写的，这些教材都打上了明显的苏联哲学教科书体系的烙印。虽然后来各地如雨后春笋般出版的教材不计其数，但无论体系还是内容都互相雷同，并无特色和新意。”① 传统哲学教科书指导下的教育学研究也呈现出同样的状况，有学者指出：“整个20世纪80年代出版的教育学教材共计106种，特别是1986—1989年间，出版77种，平均每两个月全国会有两个版本的教育学教材问世。……这些教材就内容体系而言，并没有太大的差异。”② 这种“雷同”反映了研究者们缺乏学术个性，在意识形态面前保持着高度的思想统一。

传统哲学教科书用与宗教传播相类似的手法，将马克思主义哲学浓缩为一系列“原理”，成为主流意识形态话语。在传统哲学教科书指导下，关于教育理论问题的探讨是在“主义”的框架内进行的，教育研究是基于特定政治需要的意识形态谋划。例如，1979年开始的教育本质讨论，“不过是以学术讨论的形式（当时争论的参与者大都是来自于大学和科研院所的教育学研究者）表达出来的新的政治认同和政治诉求，是对于新的政治意识形态的理论诠释”③。作为意识形态的教育研究遵循教育研究为政治服务的

① 杨学功．马克思主义哲学研究30年：回顾与反思［N］．光明日报，2009-01-20.

② 郑金洲．改革开放30年的教育学研究［J］．教育研究，2009（3）.

③ 于述胜．改革开放三十年中国的教育学话语与教育变革［J］．教育学报，2008（5）.

思维逻辑，它是带着主义并为主义而生存、为主义而发展的理论研究。如有学者指出的：研究者们的这种政治情结在当时的表现是“禁区意识”较重，“迎合意识”很浓，“跟风意识”太过。[①] 其所呈现出的特征是“主义”研究有余而“问题”研究不足；“思辨”研究有余而“实证”研究不足；“革命”话语有余而“学术”话语不足。

（二）作为学术符号的教育研究

中国学术界在20世纪90年代中期以后出现了“思想淡出，学术凸显”的状态。这里，“思想淡出”的真实意义是指意识形态淡出。教育研究也呈现出同样的状态，出现了追求学术性的浓厚情结，产生了作为学术符号的教育研究（本研究这样称呼，意在突出理论研究的学术符号价值，此一价值为学者们所看重）。它的产生基于以下背景。一是研究队伍不断扩大。1980年全国人民代表大会常务委员会通过《中华人民共和国学位条例》，建立了学士、硕士、博士三个学位层次。此后，有越来越多的教育学专业的硕士研究生、博士研究生毕业充实到教育学研究队伍中来，这些人渐渐不满足于传统教育的研究范式，对于探讨教育本质、建立教育学的逻辑体系（关于教育本质与教育学逻辑起点问题的研究有着长达十几年的、无结果的大讨论）失去兴趣，试图寻找新的思维方式与话语方式研究教育。二是可借鉴的学术资源增多。90年代以前，马克思主义哲学被传统哲学教科书抽象为几条简单的原则，具有唯我独尊的品格。它成为一门已经完成了的科学，在它之后几乎所有的西方哲学思想都是荒谬的。90年代以后，人们日益感觉到传统哲学教科书的范畴、概念、话语已经无法令人信服地解释市场经济社会的生活实践，人们开始对苏联教科书体系进行全面反思，教科书“一元独尊”的时代已经结束。马克思主义哲学与它所反对的所有思潮之间的对立关系旋即烟消云散，原先处于被批判地位的西方的哲学思潮和学术思潮大量涌入，使研究者们可以在世界范围内寻找学术资源、拓宽研究视野。三是教育学知识生产进入了“规划时代”。有学者指出：教育学知识生产进入了“通过国家以‘研究项目’、‘人才计划’、‘学科建设’、‘职称评定’、‘大学改革’、‘筹备资助’、‘刊物定级’等名义及其相应的制度安排而兑现的‘知识规划’的时代。全国教育科学的‘五年规划’性知识

① 李文阁．回顾与批判：马克思主义哲学在中国［J］．人大复印资料《哲学原理》，2008（8）．

生产从1983年全面展开，并一直持续到现在。教育知识生产的各个环节几乎都在领导小组的规划下进行，教育知识生产的成果也几乎都是这种规划制度的产物”①。在知识生产的规划时代，国内重要的教育学期刊常常以组稿的形式刊发相关研究者们的论文，为学术共同体的形成与学派的建构提供了一定的前提条件。四是自觉地进行教育学知识生产的“大盘点”。例如，《教育研究》发表了《我国教育科研成果现状及其影响力分析》一文，该文通过图表展示了2006—2008年度科研立项数排名、发表学术论文数排名、出版学术著作数排名及科研成果影响力排名的前20名的大学、学者及被引用和转摘的论文②。这种“大盘点”给教育研究带上了排名竞争的游戏气氛。

由作为意识形态的教育研究向作为学术符号的教育研究转变，使理论研究注重学术含金量的思想创造，克服了过去研究方法趋同和写作方式雷同的弊端，研究者们在努力塑造自己的学术个性。此时的理论研究不再是意识形态关注下的研究，摆脱了过去没有学术自主性的困扰。同时，也带来了一定的问题。有学者指出：“20世纪90年代以来，中国大陆人文社会科学学科领域，出现了一次影响深远的学术转向。整个学界中，‘学术’已经逐步获得了话语霸权。而所谓‘学者’则通过这种话语霸权的获得，逐步争取到学术资源，并且掌握了学术权力。正如李泽厚所描述的：‘思想家淡出，学问家凸显。’……学者宣称：不做第一流的思想家，只做第二流的学问家。”③ 学者们在与过去非学术化研究传统的对抗中，将学术性置于首要地位，乃至使学术性抑制了思想性。在当代学术资源（各种项目、奖励、学术期刊——权威期刊、核心期刊以及按这一指标体系所设置的学位评定、职称评审制度等）的配置中，学术成为生存技艺、谋生手段。今天，在学术圈子里“功成名就”有了巨大吸引力。

在理论研究中存在着终结意识形态、淡化政治倾向的反叛情绪，教育价值的生产方式带有浓厚的学术色彩，学者视学术为职业而不是为理想而奋斗的事业。祛魅主义与悬置一切前见的向学之风，导致了无立场、无理想的教育研究，为学术而学术、为理论而理论，最终取消了教育的理想。

---

① 谢廷龙，王澍．现实反思与理想图景：论我国教育知识生产［J］．国家教育行政学院学报，2009（8）．

② 曾天山，高宝立．我国教育科研成果现状及其影响力分析［J］．教育研究，2009（8）．

③ 程广云．从思想转向、学术转向到文化转向［J］．哲学动态，2008（7）．

改革开放前，人们以传统哲学教科书批判西方哲学。今天，人们以西方哲学去批判传统哲学教科书（在当今学术研究中很少见到“批判”两个字，它仅仅适用于传统哲学教科书）。在学术之风盛行的今天，人们迷上了“洋教条”。在打破了同一性集体话语的思想束缚之后，开始了富于个性的学术化自言自语（有多少种西方思潮，就可能有多少种教育理论研究。一些论文读一遍根本不知所云，研究者们的相互理解难度增大）。艾思奇在《大众哲学》中说：“是的，我写作本书的时候，自始至终，就没有想到它走到大学校的课堂里去。如果学生还能‘安心埋头开矿’，‘皇宫里的金色梦’没有‘被打断了’的时候，如果他们没有‘醒过来’‘发觉教科书对于生活上亟待解决的问题毫不中用’的时候，那我只希望这本书在都市街头，在店铺内，在乡村里，给那失学者们解一解知识的饥荒，却不敢妄想一定要到尊贵的大学们的手里，因为它不是装潢美丽的东西，只是一块干烧的大饼。”① 当代的学术研究缺乏这种大众意识。

（三）作为人文关怀的教育研究

作为人文关怀的教育研究是教育研究的第三形态，它要走出“意识形态的困境”，不迷恋话语霸权和“放之四海而皆准”的真理标准，不站在先天原则、永恒本体和终极真理角度上俯视现实生活，用已有的定理和命题剪裁生活，而是从现实、务实和真实的视角审视中国教育，从中国教育实践中汲取智慧。它与作为学术符号的教育研究保持着一定的相融性，具有学术自主精神，但要走出“学术化困境”。它不陶醉于纯粹的学术探讨，不是仅凭自己的学术旨趣来研究自家“自留地”中的问题，而是从马克思的三大社会形态（人的依赖—物的依赖—自由个性）的关联中对历史方位进行科学判断，立足于当代中国历史方位（从传统社会向现代社会转变），着眼于我们所面临的实践的生活世界，开展基于中国立场、凸显中国风格、汇集中国经验的“中国问题”的教育研究。总之，作为人文关怀的教育研究所关注的“中国问题”，最重要的聚集点是“现代化”问题，这种研究要面对建立市场社会30年的社会实践，面对改革实践中出现的根本性、基础性和全局性问题，在全球化和市场化的背景下，建构具有足够解释力和引导能力的新教育学形态，为确立教育在社会发展中的战略性、基础性、先

① 艾思奇．大众哲学［M］．北京：人民出版社，2004：4－5.

导性地位提供理论依据。准确捕捉和回答时代性问题是教育学在21世纪发展的根本途径，教育研究只有正确把握和及时回答社会发展中的教育问题，才能保持其生命力，并在对重大现实问题的解决过程中获得发展。回顾历史，展望未来，可以发现由作为学术符号的教育研究向作为人文关怀的教育研究转变的趋向。今天，教育研究前所未有地要求实现与现实生活世界的沟通，研究者将目光和兴趣转向了一些普遍性的社会问题，正说明了这一点。

教育研究的价值取向影响到教育研究的深度，此一深度不是学术的深邃，而是指对当代社会中教育价值的领悟力。在作为意识形态的教育研究时期，教育价值观单一而稳固（注重政治功能的教育价值观），在教育革命且不断革命的纵向思路中，没有出现任何价值观更新的现象。在作为学术符号的教育研究时期，特别是各种西方思潮引进之后，教育价值观更新是一流行的口号，各种新的教育观念频频出场。今天在作为人文关怀的教育研究中产生了中国问题意识，教育价值观的不断更新逐步切近中国现实。

八、马克思的“完整的人”——当代教育的价值追求

这一论题涉及教育的价值目标，属于人的全面发展的第二条线索。在社会转型期，在教育价值观的变革中，应该把握马克思“完整的人”的具体内涵。今天，关于全面发展教育的论文汗牛充栋，然而，关于“完整的人”的教育思想却鲜有论及，以至于“完整的人”这一马克思的全面发展理论的重要概念，对于许多教育研究者来说，竟是闻所未闻的。可以毫不夸张地说，全面发展教育研究至今还没有达到马克思所揭示出的高度。

（一）完整的人的出处与深刻内涵

为什么完整的人的思想被忽视？在很大程度上是文本的原因。“完整的人”（totaler Menschen）出现于马克思的《1844年经济学哲学手稿》中。马克思指出：“私有财产的积极扬弃，也就是说，为了人并且通过人对人的本质和人的生命、对象性的人和人的作品的感性的占有，不应当仅仅被理解为直接的、片面的享受，不应当仅仅被理解为所有、拥有。人以一种全面的方式，也就是说，作为一个完整的人，占有自己的全面的本质。”对这样一段话，在马克思的《1844年经济学哲学手稿》的中文版中，人民出版社

1979 年版和 1985 年版将 totaler Menschen 译为完整的人，而 2000 年版将其译为“总体的人”。

马克思还有一段话：“我们看到，富有的人和富有的、人的需要代替了国民经济学上的富有和贫困。富有的人同时就是需要有完整的人的生命表现的人，在这样的人的身上，他自己的实现表现为内在的必然性、表现为需要。”对于这一段话，只有人民出版社 1985 年版用了“完整的人”的译法。人民出版社 1979 年版则译为“十分完满的生命表现的人”。

庞世伟指出：“在马克思《手稿》中直接出现‘完整的人’的文本表述的出处只有两次，甚至在马克思以后的著作中再也没有出现过，也就是说，‘完整的人’（totaler Menschen）概念在马克思一生中仅仅用过两次而已。”①

从文本上说，马克思的完整的人的思想被忽视有四个原因。一是一些学者认为《手稿》是马克思未成熟的作品，他们对马克思的全面发展思想的研究关注于《德意志意识形态》及以后的文本。二是在教育研究中，从量和广度上解读马克思的全面发展思想成为主流，完整的人之“完整”与这种“全面”不同。流俗的解读习惯阻碍着人们去发现和把握“完整的人”的深刻内涵，以至于与文本中“完整的人”失之交臂。三是“totaler Menschen”在马克思的文本中只出现过两次。四是尽管出现过两次，只有人民出版社 1985 年版才两次将其译为“完整的人”。

理论上的忽视造成了完整的人与马克思的全面发展理论的断裂。事实上，“完整的人”“总体的人”“十分完满的生命表现的人”这些译法上的差异没有本质上的重要性，关键是它的实质性的内涵。为了加深人们对马克思的“totaler Menschen”思想的印象，本研究只用“完整的人”这一种译法。

什么是完整的人？弄清这一问题必须与马克思所讲的“片面”联系起来。马克思指出：“私有财产使我们变得如此愚蠢而片面，以致任何一个对象，只有当我们拥有它时，也就是说，当它对我们来说作为资本而存在时，或者当我们直接占有它，吃它，喝它，穿戴它，住它等等时，总之，当我们消费它时，它才是我们的。”② 注意：这里的“片面”不是量和广度意义上的片面，而是“拥有欲”替代一切的片面。这种片面的人是异化的人，

① 庞世伟．论“完整的人”——马克思人学生成论研究［M］．北京：中央编译出版社，2009：25－26．

② 马克思．1844 年经济学哲学手稿［M］．北京：人民出版社，1979：77．

他的“一切肉体的和精神的感觉都被这一切感觉的简单的异化即拥有感所代替”①。

马克思的完整的人是建立在这样的基础上的：“私有财产的扬弃，是人的一切感觉和特性的彻底解放；但这种扬弃之所以是这种解放，正是因为这些感觉和特性无论在主体上还是在客体上都变成人的。眼睛变成了人的眼睛。”② 这里，完整的人必须扬弃异化，恢复人与世界的真实关系。完整的人就是全面发展的人，它以全面的方式（不是片面的、拥有欲支配下的方式）“占有自己全面的本质”。完整的人虽然在马克思文本中只出现了两次，却贯穿在马克思全面发展思想的始终。人若不能完整地从拥有欲中走出来，就永远达不到全面。

（二）马克思的“完整的人”对今天教育的启示

第一，正确地理解全面与片面。流俗的全面发展教育理论，将全面与片面理解为量和广度上的，全面就是 A + B + C + D + E（当然是加得越多越好）。片面就是指只突出一项。然而，马克思的全面发展的人不是简单地各个局部的累加。如果局部本身是拥有式的，累加成的全面就是拥有式的全面，这样的人就是拥有型的人，这种人拥有得越多就越片面。全面也不是“全才”，在某一领域，若一个学者的研究活动不再受功利性的拥有欲的支配和专业性的奴役（职能的痛苦的承担者），他在这一“局部”就不再“愚蠢而片面”，就能达到“全面”：他全面获得自己的本质——自由自觉的活动。“全面”具有纯粹、完全之意。人在局部就可以达到全面！马克思的全面发展的人，是一个完整的人。完整的人不是“完人”“圣人”，而是摆脱了以拥有感替代一切的人。

片面的人就是被拥有感所支配的人，我不等于我之所是（自身的素质、能力、品格），而等于我之所拥有（财产、名誉、头衔等）。在现实的教育中，存在着拥有式的教育，即以拥有物质财富的方式从事教与学的现象，在这种现象中人与知识的关系是拥有者与拥有物的关系。拥有式教育以拥有的感觉替代一切，是物质上的拥有欲向教育领域渗透的表现。弗洛姆曾指出过这种拥有心态：“谁一无所有，谁就一无所是。”当今的教育界不是人人都听过这话，但人人都能体会到“没有”的尴尬。从小学生沉重的书

①② 马克思.1844 年经济学哲学手稿［M］. 北京：人民出版社，1979：77，78.

包到大学老师沉重的科研负担，这个与知识打交道的庞大群体从下到上都能不同程度地感受到“拥有量”的压迫。在拥有量面前，创造性已显得微不足道，重要的是有分数、学历、科研成果。在拥有式教育中，人的学习指向拥有：拥有知识交换分数、拥有分数交换学位、拥有学位交换与之大致相符的社会地位与财富。从本科到硕士到博士再到博士后，一步步攀爬旨在拥有。为拥有而拼命地读书、拼命地拿学位、拼命地写论文，这种极用功的学生可能会成为“拥有典型”，最终成为学历最高、论文最多而最无创见的人。拥有者自身的价值感因学历的提高、科研成果拥有量的增多而不断提高，同时自身的价值却在不断地下降。拥有者不是有价值地生存而是要拥有许多价值。

长期以来，人们对全面发展的人的理解没有走出量的关系的误区！至少，没有人指出马克思的全面不只是一个量或广度上的概念。只有在质上达到全面（完整地摆脱了拥有感），量和广度上的全面才有意义。这种误区带来了一种危险：有时在有些地方，全面发展教育理论与实践不是激励人去克服自身的局限性，走向自为的、完整的人，而是激发起人的片面性动机并且要把人巩固在这种片面性水平上。

第二，有助于抵御消费主义价值观的消极影响。在电子大众媒介时代，信息的即时的全球可获得性改变着社会，为全球范围内的贸易和生产的扩展提供了便利。鲍德里亚（Baudrillard）指出：“富裕的人们不再像过去那样受到人的包围，而是受到物的包围。”[①] 购物中心堆积的商品给人以用之不竭的挥霍形象。消费者被消费文化的广告持续不断地轰炸。广告成为一种杰出的大众媒介，广告人创造了超越使用价值和交换价值的符号价值。正如凯尔纳（kellner）所言：商品并非“仅仅具有使用价值和交换价值的特点，而且还有符号价值——即风格、威信、豪华、权力等的表现和标识，这一符号价值成为商品和消费的一个日益重要的组成部分”[②]。人的身份通过符号价值（如名牌形象）的拥有而建立起来，消费变成了以时尚为代表的符号价值消费。当前，消费主义价值观在世界范围内得到传播。有学者指出：“中国目前正处于由生产性社会向消费性社会的过渡阶段。近年来随着全球化进程的深入，各种生产要素在世界范围内流动，促成了不同文化之间的交融。这种跨国家和地区的经济和文化的交流与渗透，使消费主义

---

① 鲍德里亚．消费社会［M］．南京：南京大学出版社，2008：1.

② 凯尔纳．波德里亚：一个批判性读本［M］．南京：江苏人民出版社，2008：5.

价值观在世界范围内得到传播，同时也悄然地走进中国。在我国社会生活中，消费主义被许多人所接受，尤其是受到暴富阶层和一些年轻人的青睐。由资本操纵的商业文化通过大众传媒，在客观上将发达国家的消费模式、享乐主义的生活方式树立为中国消费者的理想消费模式。”① 在这样的社会背景下，时尚系统的操纵性商业宣传，不是促进人的个性的真正发展，而是使人的个性发生异化。“在消费社会，由于时尚消费和符号价值的作用，使人的价值、地位也发生了扭曲。‘我是谁’的问题是通过他消费来做出回答。衡量一个人的地位和价值不是看你对社会的贡献，而是看你穿什么、吃什么，甚至看你‘扔’什么。‘告诉我你扔的是什么，我就会告诉你你是谁！’……在这里，衣和饭的使用价值已经不重要了，重要的是它的牌子以及由牌子赋予的面子。人们吃什么、穿什么，主要不是为了填饱肚子、御寒遮体，而是为了使自己获得一个受人尊敬的外表。吃饭和穿衣不再是目的，而是手段，人的价值、地位被包裹在花花绿绿的行头之中。”② 由资本操纵的商业文化通过谈话节目、杂志、广告、时装设计展和日常话语而起作用，使人通过吃饭、穿衣等表现自己的个性。随着工业文明的迅猛发展，消费主义价值观的影响日益增强，把消费作为获得身份、确证自我的手段的现象成为大众消费中的一种时尚。

消费主义价值观把消费作为人的根本意义，借用马克思的话说，它把消费“理解为直接的、片面的享受”，“理解为享有、拥有”，人通过对对象的拥有即“占有它，吃它，喝它，穿戴它，住它等等”来表现自己的个性，这样，人的一切感觉和特性都异化了。在消费主义价值观逐渐流行的现在社会，马克思的完整的人的思想在全面发展教育中的意义更显突出。在教育中，只有塑造完整的人，才能防止人的“碎片化”——个性表现在领带上、名牌香烟上、高级轿车上，等等。

正如法国的思想家德波（Dobord）曾指出的：今天的异化不仅有从创造性的活动向拥有活动的坠落现象，而且有从拥有活动向显现活动的坠落现象（拥有物让位给了它的以符号形式出现的表征）。这不仅体现在消费领域，而且体现在教育领域。例如，学者不仅积攒着他的拥有物——科研成果，而且这种拥有物的价值取决于能否被计算从而进入一个特殊的编码系统（学校的科研等级分类）。不能被计算的拥有物将变得毫无价值。而这种

①② 路日亮．消费社会的悖论及其危机［J］．人大复印资料《哲学原理》，2009（4）．

计算是为“显现”服务的。有学者指出：“如今，对于一个学者学术创造水平的认定，已主要不是学界的口碑和业内专家品评，而是各种量化指标和表格：一个通文识字、能熟练进行程序化操作的普通行政人员，只要把某人套入表格，根据他占有的经费的多少、在特定级别刊物上发表论文的数量和相关获奖等级，就足以认定他是半斤还是八两了。”① 这使今天高校的学术研究追求“能够得以显现”的科研产量，使教师的科研活动像企业的生产活动。每个人都可以在这样的编码系统中（量化指标和表格）找到自己的位置，知识富有者与知识贫乏者在这里被定位和“显现”。学校教师的特定级别的论文、专著愈多，生产量愈高，学校办得就似乎愈好，其争取到的荣誉就愈多。

犹如消费社会中企业追求声誉形象、品牌产品一样，现在学校需要品牌专业、教学名师、教学团队、精品课程（校级、省级、国家级）等荣誉称号，以增强学校的“广告宣传”力度。这些原本是提高人才培养质量的系统工程，在一些学校的眼中，却变成了能够突出身价的符号。消费社会刺激人们不断购买新产品，“你自愿地购买商品 A→购买商品 B→购买商品 C，这恰好是你自己实现‘自我价值’和‘成功人士’地位的欲望逻辑”②。学校的管理刺激人们不断地增强新数字，不断地争取品牌 A→名师 B→团队 C→精品 D，由此组成炫耀式的景观表象，这是实现提升学校形象的欲望逻辑。在教育中，大家都在忙着“显现”——一种炫耀、一种攀比。

（三）如何做一个“完整的人”

第一，要有历史的眼光。海德格尔指出：“因为马克思在体会到异化的时候深入到历史的本质性的一度中去了，所以马克思主义关于历史的观点比其余的历史学优越。但因为胡塞尔没有，据我看来萨特也没有在存在中认识到历史事物的本质性，所以现象学、存在主义也没有达到这样的一度中，在此一度中才有可能有资格和马克思主义交谈。”③ 马克思在理解异化的人时已经深入到历史的本质性的一度中去了。马克思在《1857—1858 年经济学手稿》中根据人的发展状态，提出了三大社会形态理论，他指出：

---

① 于述胜．改革开放三十年中国的教育学话语与教育变革［J］．人大复印资料《教育学》，2009（1）．

② 张一兵．反鲍德里亚［M］．北京：商务印书馆，2009：36．

③ 孙周兴．海德格尔选集（上）［M］．上海：上海三联书店，1996：383．

“人的依赖关系（起初完全是自然发生的），是最初的社会形态，在这种形态下，人的生产能力只是在狭窄的范围内和孤立的地点上发展的。以物的依赖性为基础的人的独立性，是第二大形态，在这种形态下，才形成普遍的社会物质交换，全面的关系，多方面的需求以及全面的能力的体系。建立在个人全面发展和他们共同的社会生产能力成为他们社会财富这一基础上的自由个性，是第三阶段。第二阶段为第三阶段创造条件。”① 异化的人是以物的依赖性为基础的社会的产物，异化现象本身是社会实践的产物，它由人的市场经济的实践活动而产生，并随着社会实践的发展（达到第三社会形态）而最终消亡。今天，我们仍然处于第二社会形态——市场经济社会，生产与交换是这种社会的根本特征。做一个完整的人要掌握马克思的历史唯物主义，了解到异化并非是一种永恒的现象。同时，意识到今天生活水平的不断提高仍然会导致异化现象的不断产生。例如，张一兵指出：“在我们的身边，今天这个实质为强迫性控制的消费逻辑正借由丰厚的节日形象（‘黄金周’、‘长假’）和集体性的隐喻，以排山倒海之势，激发着中国老百姓（消费者）内心产生连锁性的心理反应。有趣的是，在中国今天的文化史批判领域，唯独对消费‘异化’的批判是整体缺席的。”② 这说明“消费异化”在我国是一种新现象，我们尚未开辟一个反思与批判消费“异化”的探索性空间。

今天的异化现象主要在日常生活中发生，衡量一种理论意义的尺度恰恰在于它对日常生活反思与批判的深刻程度。马克思的社会三大形态理论将人类历史视为一个发展过程，这是马克思的总体性观点。在马克思看来，总体始终保持着对部分的优越性，部分因总体而有意义。孤立杂陈的日常生活事件、事实，如果脱离了总体就成为不可理解的。只有掌握马克思的总体性观念，才能理解人的“异化现象”的历史制约性。在日常生活中，人必须为赞成或反对生活中的异化做出抉择。在教育中，以历史唯物主义为指导，分析日常生活中的异化现象，抵制消费主义价值观，建立科学、合理的消费价值观对塑造完整的人有重要意义。

第二，弄清以物的依赖性为基础的社会之“物”的含义，理解人受抽象统治的现实。通常人们认为，在市场经济社会存在着“物化”现象，似乎“物化”就是异化。人们并没有真正意识到以物的依赖性为基础的社会

① 马克思恩格斯全集：第46卷（上）［M］．北京：人民出版社，1979：104.

② 张一兵．反鲍德里亚［M］．北京：商务印书馆，2009：36.

之“物”的含义。卢卡奇在《关于社会存在的本体论》中对“物化”作了明确的规定，他“把‘物化’一词限定在两个基本规定上：一是指作为价值对象性的‘物’，即凝结在商品中的必要劳动时间的量，指一般的人类劳动，这是劳动在社会规定性上的物化；二是指劳动在其自然规定性上的物化，即劳动者在自然物上打上自己劳动的烙印，如劳动引起了自然存在物的某种变化，使其原有的自然规定改变了，获得了新的规定性”①。前者是社会关系的物化，人与人之间的关系变成了以交换价值为基础建立起来的关系，变成了物与物（金钱）的关系。后者是对象化意义上的物化。劳动者在目的论设定的劳动中，改变着自然物，使自然物的变化符合自己的愿望，这是人的目的论设定的对象化，这种对象化也可以称为对象化意义上的物化。前者的“物化”是人类暂时性现象（主要处于第二社会形态），它导致了“异化”现象（商品拜物教、货币拜物教、资本拜物教与消费异化）。后者的“物化”是人类的永恒现象，即使到共产主义社会仍然有对象性意义上的物化。

只有对物化进行明确的规定，才能理解以物的依赖性为基础的社会的“物”为何物，它指作为价值对象性的“物”。这种“物”不是作为商品的使用价值的物，它不是实体性的、可以感觉的物理学意义上的存在物，而是一般等价物，它代表着商品的价值。马克思将价值称为“幽灵般的对象”。这一“幽灵”不服从物理、化学规律，它不是物理学意义上的物。然而，虽然它是感觉不到的，但它却真实地存在着，具有经济现实性。由于“幽灵般的对象”是客观存在的，马克思指出：“个人现在受抽象统治。”②

西方马克思主义者阿多尔诺（Adorno）和科西克（Cosieo）从不同方面描述了人受抽象统治的状态。阿多尔诺指出：“交换原则把人类劳动还原为社会平均劳动时间的抽象的一般概念，因而从根本上类似于同一化原则。商品交换是这一原则的社会模式，没有这一原则就不会有任何交换。正是通过交换，不同一的个性和成果成了可通约的和同一的。这一原则的扩展使世界成为同一的，成为总体的。”③ 这说明商品交换把个别的东西转换成一般的东西，把千差万别的使用价值变成同一性的交换价值。商品的交换价值所固有的同质化使现实生活抽象化。科西克深刻地指出：“把人降为抽

① 孙伯鍨. 卢卡奇与马克思［M］. 南京：南京大学出版社，1999：324.

② 马克思恩格斯全集：第46卷（上）［M］. 北京：人民出版社，1979：111.

③ 阿多尔诺. 否定的辩证法［M］. 重庆：重庆出版社，1993：143.

象物的不是理论，而是实在本身。”①

在时下流行的生活化德育理论中，人们认为理论是抽象的，生活是具体的，生活化德育就要从抽象理论回归具体生活。殊不知，现代世界的日常生活在本质上就是抽象的。马克思主义理论用思维的抽象将现实的抽象科学地表述出来。从这种意义上说，德育要把握社会现实就必须要有抽象思维，德育要善于向学生讲述这种“抽象道理”，因为理论的抽象是由现实的抽象决定的。从德育方法论上说，在教育方法上应该将抽象道理具体化，将抽象道理与学生具体生活结合起来。然而，在理想与信念的教育中，讲授具体道理的目的是为了理解抽象道理，具体道理是理解抽象道理的手段。如果德育醉心于具体道理，以讲授具体道理为目的，进而摒弃抽象道理，就是本末倒置。

为什么一些人不喜欢抽象道理呢？因为理解马克思主义的抽象道理需要艰苦的精神劳动。仅仅将商品的使用价值与价值、具体劳动与抽象劳动、对象化意义上的物化与社会关系意义上的物化、对象化与异化等概念区分清楚就需要抽象思维。在此基础上，将资本视为一种“普照的光”（马克思语），将资本的扩张与经济全球化联系起来、与我国发展市场经济与对外开放联系起来，以此来揭示当代中国人的历史性存在，达到人生意义的澄明，这需要花费更多的精神劳动。

第三，确立生活世界的唯物史观，驱散胡塞尔的生活世界迷雾。今天的教育理论常常冠以“生活化”的名称。有学者指出：“新一轮基础教育课程改革是一场充分借助专家学者智慧而进行的整体变革，大量专家参与到‘品德与生活’、‘品德与社会’、‘思想品德’、‘思想政治’课程标准研制过程中，并且研制组的组长都是著名德育专家，所以，生活世界这一重要旨向进入到德育政策中，成为当下中小学德育最重要的主导价值与核心追求，并对德育功能产生积极影响。”② 固然，教育课程标准研制应该坚持理论联系实际、联系生活的价值导向。然而，在当今的生活世界的教育理论中，存在着一种现象：胡塞尔的现象学十分流行，马克思的生活世界极少被关注。

胡塞尔指出：“每一实践的世界，每一种科学，都以生活世界为前

① 科西克．具体的辩证法［M］．北京：社会科学文献出版社，1989：33.

② 张晓东．回归生活：学校德育政策的视界转换［J］．教育研究与实验，2010（3）.

提。”[①] 如此，市场经济社会中的生活世界就不是实践的对象，人们就不能以实践的态度（认识世界与改造世界）来对待这个世界。这种理论就默认了市场经济社会中的生活世界的永恒性。以这种哲学思想为基础的所谓生活化的教育理论对人的发展问题所作出的回答的水平必然是低层次的，它无法认清我们这个时代人的发展问题，阻碍着人对异化现象进行深刻的、触及本质的反思与批判。

其实，最早提出“日常生活”这一概念的人是马克思而不是胡塞尔（这是研究者很少关注到的）。马克思在《资本论》中指出：“只有当实际日常生活的关系，在人们面前表现为人与人之间和人与自然之间极明白而合理的关系的时候，现实世界的宗教反映才会消失。只有当社会生活过程即物质生产过程的形态，作为自由结合的人的产物，处于人的有意识有计划的控制之下的时候，它才会把自己神秘的纱幕揭掉。”[②] 现代性社会下的日常生活关系远未达到在人与人、人与自然方面的极明白合理的关系。在市场经济社会中“人受抽象的统治”，日常生活仍然有神秘的纱幕，人们的日常生活实践被一些不能被彻底把握的未知之物（资本的逻辑等）所包围。只有掌握历史唯物主义，深入到历史的本质性的一度中，才能揭开日常生活神秘的纱幕。

胡塞尔的现象学将现实“加上括号”，从根本上逃避了社会现实问题的研究。卢卡奇指出：“任何一组现象，一旦把它们的现实置入括号，那么它们的整体性、过程性、相互关系等就会立即消失。是的，从根本上说，这种做法本身就意味着现象本身的孤立化。因此，‘置入括号’已经变成了一种相当通俗而又时髦的认识论方法。”[③] 这一20世纪60年代所说的话语像是针对我们今天的教育说的。今天，人们纷纷从胡塞尔的生活世界探讨教育，以亲历性和可感性为教育回归生活世界的指向，关注教育事件和经验叙事，排斥规律、排斥宏大叙事，甚至借用后现代思想把马克思的“人的解放”的社会历史理论称为“解放故事”。这种教育研究加重了人的局限性。在胡塞尔的现象学与后现代理论在当今教育理论界成为时髦的时代，马克思的完整的人与全面发展思想被西方物化了的意识形态深深地遮蔽了。

今天，任何一种教育理论的性质都取决于它对由社会发展所提出的人

---

① 胡塞尔选集（下）［M］. 上海：上海三联书店，1997：1088.

② 马克思. 资本论［M］. 北京：人民出版社，1975：96－97.

③ 卢卡奇. 关于社会存在的本体论：下卷［M］. 重庆：重庆出版社，1993：723.

的发展问题所作出的回答的水平、方向、意图等。在我国，发展市场经济就是建立起以物的依赖为基础的交往关系，对外开放是融入世界的经济全球化进程中去。社会主义初级阶段的建设面临着双重任务：通过发展以物的依赖为基础的交往关系尽快克服传统的以人的依赖为基础的社会关系，走出落后的自然经济，实现现代化；通过以人为本的科学发展观去克服以物的依赖为基础的异化的社会关系，建设和谐社会。前一个任务在客观上增强着人的拥有感，后一个任务涉及如何克服拥有感，实现以人为本的目标——人的全面发展。这双重任务使教育面临着一个“人的发展”问题：如何克服人的片面性。在胡塞尔的生活世界在我们今天的教育中引发巨大的反响的时代，教育需要历史唯物主义的重新启蒙，揭示马克思的完整的人的思想、切中市场经济社会现实中的人的发展问题，实现全面发展的教育。

第四，必须有为社会进步事业奉献的精神。马克思在 17 岁时，在中学毕业论文《青年在选择职业时的考虑》中说：“在选择职业时，我们应该遵循的主要指针是人类的幸福和我们自身的完美。不应认为，这两种利益会彼此敌对、互相冲突，一种利益必定消灭另一种利益；相反，人的本性是这样的：人只有为同时代人的完美、为他们的幸福而工作，自己才能达到完美。……如果我们选择了最能为人类而工作的职业，那么，重担就不能把我们压倒，因为这是为大家做出的牺牲；那时我们所享受的就不是可怜的、有限的、自私的乐趣，我们的幸福将属于千百万人，我们的事业将悄然无声地存在下去，但是它会永远发挥作用，而面对我们的骨灰，高尚的人们将会洒下热泪。”马克思选择了最能为人类而工作的职业，使他超越了可怜的、有限的、自私的乐趣，为人的解放事业奋斗一生。弗罗姆指出：“马克思是一个富有创造力、非异化的、独立的人，他的著作把他作为一个新社会的人的形象栩栩如生地展现了出来。”① 个性是从个人与社会错综复杂的相互作用中产生的，做一个完整的人必须使自己的个性塑造凝聚着追求个人与社会之间的某种特定关系的意向，这种特定关系蕴含着人类的幸福和我们自身的完美。今天，一个人只有献身于符合历史发展的趋势的进步事业，将自己与人类发展的某种重大问题有机地联系起来，才能走上克服自身片面性的道路。否则，他就永远停留在片面性水平，受各种异化现象的侵扰。

---

① 弗罗姆．马克思关于人的概念［M］//西方学者论《1844 年经济学哲学手稿》．上海：复旦大学出版社，1983：86.

后　记

20 世纪 80 年代以来，社会转型不仅是当代中国社会发展的现实和趋势，而且也已成为中国人文社会科学研究的显学。教育转型是社会转型的重要组成部分，但相对于已成为显学的社会转型而言，教育转型的研究显然不足，甚至“教育转型”尚没有得到认可，人们习惯于使用的是“转型期的教育”或“社会转型中的教育”，而不是“教育转型”。但作为一个社会现象，教育转型已经发生或正在发生。

南京师范大学的教育学原理学科在“211 工程”三期建设中，把“中国教育转型”作为学科建设的重大项目研究，鲁洁教授和冯建军教授主持了这个项目的子课题“教育转型的元研究”。在两年多的研究中，课题组成员孙迎光、王建华、李刚和吕丽艳多次召开小型研讨会，共同研讨，达成了基本的共识，在这个基础上，课题组成员分工合作完成了这本《教育转型：理论、机制与建构》。各专题的作者分别是：

序言：南京师范大学鲁洁教授；

专题一，教育转型的理论分析：南京师范大学冯建军教授；

专题二，影响教育转型的外部因素：南京师范大学王建华教授；

专题三，教育转型的内部机制：南京师范大学吕丽艳副教授；

专题四，教育转型的价值变迁与期待：南京师范大学孙迎光教授。

在研究中，虽然课题组就一些基本问题达成了共识，但各专题在撰写过程中，各位作者还是表现了自己的思想特色，因此，全书还存在着一些思想上的差异和表达方式上的差异。我们愿意将这本书看作该课题研究的专题文集，所以，分别以专题论文的形式呈现。

鲁洁教授主持了课题研究的全过程，冯建军教授通读和修改了全部书稿，吕丽艳副教授作为课题组秘书承担了课题研究的具体事务。本书出版得到了南京师范大学“211工程”三期建设项目和南京师范大学“江苏省高校优秀学科建设工程（教育学）”的资助，得到了教育科学出版社的鼎力支持。在此，我们谨向提供资助的机构和教育科学出版社表示真诚的感谢。研究中存在的问题和错误，也敬请各位同行专家批评指正！我们期待着伴随着教育转型的深入，能够有更多的同行参与到对教育转型的研究中来。

课题组

2012年5月

出 版 人　所广一
责任编辑　刘明堂
版式设计　贾艳凤
责任校对　贾静芳
责任印制　曲凤玲

图书在版编目（CIP）数据

教育转型：理论、机制与建构/鲁洁，冯建军等著. —北京：教育科学出版社，2013. 11
ISBN 978 -7 -5041 -7297 -6

Ⅰ. ①教…　Ⅱ. ①鲁… ②冯…　Ⅲ. ①教育改革—中国—文集　Ⅳ. ①G521 -53

中国版本图书馆 CIP 数据核字（2013）第 009264 号

教育转型：理论、机制与建构
JIAOYU ZHUANXING：LILUN JIZHI YU JIANGOU

出版发行	教育科学出版社		
社　　址	北京·朝阳区安慧北里安园甲 9 号	市场部电话	010 -64989009
邮　　编	100101	编辑部电话	010 -64989419
传　　真	010 -64891796	网　　址	http://www.esph.com.cn
经　　销	各地新华书店		
制　　作	北京金奥都图文制作中心		
印　　刷	北京中科印刷有限公司		
开　　本	169 毫米×239 毫米　16 开	版　　次	2013 年 11 月第 1 版
印　　张	17	印　　次	2013 年 11 月第 1 次印刷
字　　数	274 千	定　　价	45.00 元

如有印装质量问题，请到所购图书销售部门联系调换。